A RUSSIAN COURSE

by
Alexander Lipson
in cooperation with
Steven J. Molinsky

Part 1

1981 Edition
Slavica Publishers, Inc.

For a list of some other books from Slavica, see the last page of this book. For a complete catalog, with prices and ordering information, write to:
Slavica Publishers, Inc.
P.O. Box 14388
Columbus, Ohio 43214

ISBN: 0-89357-080-X.

Text set by Pamela Worner.

Printed in the United States of America.

This book comes in three parts, of which you are reading Part 1. Part 1 covers Chapters 1 through 6, which represents at least one semester's college work. The appropriate appendices, answer sheets, glossaries, and indices are also included.

This version of the book is a retyped edition of the Second Preliminary Edition, and pages 1 to 262 have the same content as the corresponding pages in the SPE. This allows one to use the same tapes and the same Teacher's Manual without confusion. Pages 263 forward have been renumbered to provide continuous numbering throughout the volume.

Parts 1 and 2 represent what was called Volume 1 in the SPE, and Part 3 is what was Volume 2 and has been available until now only in a multilith version. Parts 2 and 3 will be published in the autumn of 1981. The Teacher's Manual should be available at the same time.

WHAT THE BOOK COVERS

Parts 1 and 2 cover all of the basic noun, adjective, pronoun, and verb forms, and prepares students to read simple graded texts. Each of the first two parts normally requires about one semester of a 3-hour a week course in college, or about 3/4 of a semester of a 5-hour a week course. This is the maximum pace, and many teachers will want to go more slowly. High schools should complete each part in about one year.

Part 3 adds the grammar needed for reading ungraded texts. Much attention is devoted to the principles of word building — prefixation and suffixation. It normally requires one additional semester of a college course, about twice that for high school courses.

For classes that would like to start reading ungraded texts as early as possible, an appendix has been added to Part 2 (part is also given in Part 1). This appendix, selected from the grammatical material of Part 3, contains the essentials of imperatives, subjunctives, comparatives and superlatives, participles, and verbs of motion. It will require six to eight hours of a college course to complete.

TEACHING AND LEARNING AIDS

Answers to Exercises: answers have been provided to all drills and exercises. They appear on pages 288 to 304. Answers to the translations at the end of each chapter have not been provided.

A *Teacher's Manual*, by Steven J. Molinsky, is
available. It contains detailed instructions for
teaching each lesson of Parts 1 and 2 and includes
lesson plans, additional drills, sample tests, and
answers to the translation exercises at the end of
each chapter. It will be available from the publisher
in the autumn of 1981; write to Slavica, PO Box 14388,
Columbus, Ohio 43214.

Tapes are available from:

James Geddes Jr. Language Center
685 Commonwealth Ave., Room 540
Boston University
Boston, Mass. 02215.

They are *not* available from the publisher, so please
do not write to Slavica.

There is no separate student workbook, since the
workbook forms an integral part of the textbook itself.

GRAMMATICAL STRATEGY

In the first chapters, a wide range of grammatical forms have been introduced in simple form. This
is to give students an opportunity to feel comfort-
able with as much of the basic grammar as possible
early in the course. By the end of Chapter 3, the
book has introduced nominative, genitive, accusative,
and prepositional cases; gender; number; present,
past, and future tenses; verb aspects; and relative
clause formation. In later chapters, grammar is
developed with more attention to detail and more ex-
tensive drills.

STORY MATERIAL

The early chapters have large numbers of short
stories with interconnected plots and repetition of
vocabulary. Later chapters have fewer stories with
more complex plot development.

ACKNOWLEDGEMENTS

Pamela Worner did a superb job of retyping a
difficult text and putting in the drawings.   Useful
lists of corrections were received from Robert Chan-
non, Catherine V. Chvany, and David Hanson. Had he
lived to make the planned revision of this book,
Professor Lipson would also have wished to thank all
those persons who have sent in suggestions and corrections over the years, the colleagues with whom he
discussed the book, and above all the students who
studied from the book and whose reactions to it were
of the greatest help in writing and revising it.

THE RUSSIAN ALPHABET

Letters	*Transcription System used in this book*

Letters	Transcription
а А (*а,А*)	a
б Б (*б,Б*)	b
в В (*в,В*)	v
г Г (*г,Г*)	g
д Д (*д,Д*)	d
е Е (*е,Е*)	je or ₎e
ё Е (*ё,Е*)	jo or ₎o
ж Ж (*ж,Ж*)	zh
з З (*з,З*)	z
и И (*и,И*)	ji or ₎i
й Й (*й,Й*)	j
к К (*к,К*)	k
л Л (*л,Л*)	l
м М (*м,М*)	m
н Н (*н,Н*)	n
о О (*о,О*)	o
п П (*п,П*)	p
р Р (*р,Р*)	r
с С (*с,С*)	s
т Т (*т,Т*)	t
у У (*у,У*)	u
ф Ф (*ф,Ф*)	f
х Х (*х,Х*)	x
ц Ц (*ц,Ц*)	t͡s
ч Ч (*ч,Ч*)	ch
ш Ш (*ш,Ш*)	sh
щ Щ (*щ,Щ*)	shch
ъ (*ъ*)	
ы (*ы*)	i
ь (*ь*)	
э Э (*э,Э*)	e
ю Ю (*ю,Ю*)	ju or ₎u
я Я (*я,Я*)	ja or ₎a

The alphabet and transcription system are treated in detail in Chapter 1.

THE ALPHABET ARRANGED ACCORDING TO SOUND GROUPS
(Russian on the left, transcription on the right)

VOWELS

$\left.\begin{array}{l}\text{а}\\\text{я}\end{array}\right\}\underline{a}$ $\left.\begin{array}{l}\text{о}\\\text{ё}\end{array}\right\}\underline{o}$ $\left.\begin{array}{l}\text{э}\\\text{е}\end{array}\right\}\underline{e}$ $\left.\begin{array}{l}\text{у}\\\text{ю}\end{array}\right\}\underline{u}$ $\left.\begin{array}{l}\text{ы}\\\text{и}\end{array}\right\}\underline{i}$

PAIRED CONSONANTS

	Voiced	*Voiceless*
Dentals:	$\text{д}\left\{\begin{array}{l}\underline{d}\\\underline{\d{d}}\end{array}\right.$	$\text{т}\left\{\begin{array}{l}\underline{t}\\\underline{\d{t}}\end{array}\right.$
	$\text{з}\left\{\begin{array}{l}\underline{z}\\\underline{\d{z}}\end{array}\right.$	$\text{с}\left\{\begin{array}{l}\underline{s}\\\underline{\d{s}}\end{array}\right.$
Labials:	$\text{б}\left\{\begin{array}{l}\underline{b}\\\underline{\d{b}}\end{array}\right.$	$\text{п}\left\{\begin{array}{l}\underline{p}\\\underline{\d{p}}\end{array}\right.$
	$\text{в}\left\{\begin{array}{l}\underline{v}\\\underline{\d{v}}\end{array}\right.$	$\text{ф}\left\{\begin{array}{l}\underline{f}\\\underline{\d{f}}\end{array}\right.$
Velars:	$\text{г}\left\{\begin{array}{l}\underline{g}\\\underline{\d{g}}\end{array}\right.$	$\text{к}\left\{\begin{array}{l}\underline{k}\\\underline{\d{k}}\end{array}\right.$ $\text{х}\left\{\begin{array}{l}\underline{x}\\\underline{\d{x}}\end{array}\right.$

- -

Other:	$\text{н}\left\{\begin{array}{l}\underline{n}\\\underline{\d{n}}\end{array}\right.$	$\text{м}\left\{\begin{array}{l}\underline{m}\\\underline{\d{m}}\end{array}\right.$
	$\text{л}\left\{\begin{array}{l}\underline{l}\\\underline{\d{l}}\end{array}\right.$	$\text{р}\left\{\begin{array}{l}\underline{r}\\\underline{\d{r}}\end{array}\right.$

UNPAIRED CONSONANTS

Hard	*Soft*
ж – $\underline{zh}$	ч – $\underline{ch}$
ш – $\underline{sh}$	щ – $\underline{shch}$
ц – $\underline{ts}$	й – $\underline{j}$

Signs

ь – soft sign
ъ – hard sign

TABLE OF CONTENTS

---

^{1}*WK* = 'Workbook' - explained on p. 5
^{2}*Rit* = 'Ritual' - explained on p. 17

Chapter 5

Answer Book

Glossary

Indexes

CHAPTER 1

Уда́рники*
Shock-Workers

Как живу́т уда́рники?	How do shock-workers live?
Уда́рники живу́т хорошо́.	Shock-workers live well.
Где они́ рабо́тают?	Where do they work?
Они́ рабо́тают на заво́дах.	They work in factories.
Как они́ рабо́тают?	How do they work?
Они́ рабо́тают с энтузиа́змом.	They work with enthusiasm.
Что́ они́ де́лают в па́рках?	What do they do in parks?
В па́рках они́ ду́мают о жи́зни.	In parks they think about life.
О како́й жи́зни?	About what life?
О жи́зни на заво́дах.	About life in factories.
Вот как живу́т уда́рники!	That's how shock-workers live!

*уда́рник: defined as "a leading worker of socialist in-
dustry, one who overfulfills the norms, masters the
machinery, and sets examples of industrial discipline."

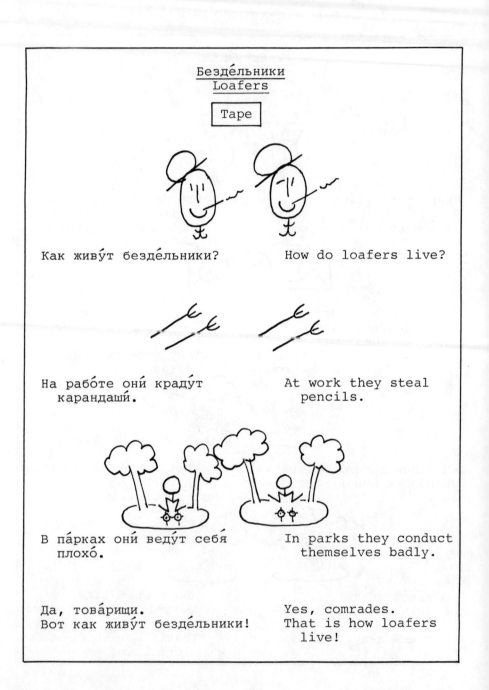

Безде́льники
Loafers

Tape

Как живу́т безде́льники?

How do loafers live?

На рабо́те они́ краду́т
карандаши́.

At work they steal
pencils.

В па́рках они́ веду́т себя́
плохо́.

In parks they conduct
themselves badly.

Да, това́рищи.
Вот как живу́т безде́льники!

Yes, comrades.
That is how loafers
live!

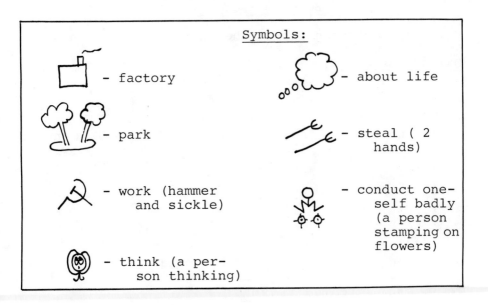

HOW TO PREPARE THE STORIES IN CHAPTER 1

Stage 1: Learning to repeat the sentences.

Use the tape to learn to repeat the sentences
in the story.

(1) The word or group of words is read on the
tape.
(2) During the pause repeat what you hear.
(3) The word or group of words is read a second
time. Compare this to what you have just
said.

Stage 2: Learning to produce the sentences.

This is the opposite of stage 1, i.e., first you
will produce the sentence, and then listen
to the sentence on tape. Specifically:

(1) Looking at the English sentence, say it in
Russian as well as you can.
(2) Listen to the tape.
(3) During the pause, say the Russian sentence
again.
(4) Then listen again.

Вопро́сы - Questions

Below are questions about the stories on pp. 1 and 2.

Directions:

<u>1st reading -</u>
<u>   Questions</u>

<u>Pause</u>

<u>2nd reading -</u>
<u>   Answers</u>

Listen to the
question.

Answer it in
Russian.

Compare your answer
to the answer on
the tape.

<u>Question words</u>

    как   - how
    где   - where
    что́   - what
  о чём - about what

Tape

1. Как живу́т уда́рники?

2. Где они́ рабо́тают?

3. Как они́ рабо́тают?

4. Что они́ де́лают на заво́дах?

5. Что они́ де́лают в па́рках?

6. О чём они́ ду́мают?

7. О како́й жи́зни они́ ду́мают?

8. Где они́ ду́мают о жи́зни на заво́дах?

9. Что де́лают безде́льники на рабо́те?

10. Где они́ краду́т карандаши́?

11. Где они́ веду́т себя́ пло́хо?

12. Как они́ веду́т себя́ в па́рках?

13. Что они́ де́лают в па́рках?

14. Как живу́т безде́льники?

15. Как живу́т уда́рники?

In this book, grammatical material is usually introduced in two stages.

(1) The first occurrence of a grammatical point is
    usually made in the form of a simple, brief de-
    scription accompanied by a few short drills.
    Following this brief introduction, the gramma-
    tical point is illustrated in stories and con-
    versations to give you the opportunity of using
    the structure and coming to feel comfortable
    with it.

(2) In a subsequent lesson - often several weeks la-
    ter in the course - there is a thorough-going
    treatment with detailed discussion and exten-
    sive written exercises. These sections are
    called Workbooks. The Workbooks are designed
    to give a coherent and integrated explanation
    of a given topic.

How to Use the Workbooks

The Workbooks are self-instructional. Each Workbook
unit contains a grammatical statement, accompanied by
exercises. Answers to the exercises are provided in
the Answer book.

Check your answers as you go rather than at the end of
the exercise. This will help you discover your mistakes as early as possible in the exercise.

The Workbook material in Chapters 1 and 2 of the book
will teach you:
>   (1) How to pronounce the sounds of Russian, i.e.,
>   how to read, and
>   (2) How to represent the sounds of Russian, i.e.,
>   how to write.

WORKBOOK: AN INTRODUCTION TO RUSSIAN SOUNDS

The Russian alphabet is an excellent system for representing the sounds of the Russian language. However,
just as one English letter may represent more than one
English sound (e.g., "c" in cat and ace, "a" in fat and
fate), so one Russian letter may represent more than
one Russian sound. Therefore, learning the alphabet
involves more than simply learning a list of letters. It
means learning how the alphabet works, so you can know
which pronunciation of a letter to use in a given word.
To help you do this, in the first two chapters of the

book, we will employ a transcription, i.e., a repre-
sentation of Russian sounds using English letters. The
transcription will occasionally be used in later chapters as well to show underlying grammatical regulari-
ties.   To help distinguish transcription from Russian
letters, transcription will always be underlined.

We are concerned here only with the major phonetic
facts of Russian. For many people, the best way to
learn how to make these sounds is to imitate the speaker on the tape. For those who are interested in phonetic description, we have included additional information in brackets.

1. Soft and Hard Consonants

    Russian contains two kinds of consonants - soft and
hard. A soft sound is made with the tongue flat a-
gainst the roof of the mouth, and has a "y"-like quality; a hard sound does not. Soft consonants are often
referred to as "palatalized" consonants, since in their
articulation the tongue is raised to the hard palate.
In the transcription, soft consonants are written with
a cedilla - "ţ"; hard consonants without one - "ţ".

2. Paired Consonants

    Most consonant sounds are paired, i.e., come in sets
of two, one hard and one soft: s/ş   l/ļ   t/ţ   etc.

> In English the consonant sounds p,t,k, are often
> followed by a puff of air (called aspiration).
> Test this by putting your hand in front of your
> mouth and pronouncing:
>   *pa,   tar,   car*
>
> Now pronounce the words:
>   *spa, star, scar*
>
> In these words, p,t,k are not followed by a puff
> of air. This is the pronunciation of Russian p̱,
> ṯ, ḵ.

3. Vowels

    There are five vowel sounds: a̱, o̱, u̱, e̱, i̱.
a̱ is pronounced approximately as in English father.
o̱   "   "   "   "   "   "   "   "   " bought.
u̱   "   "   "   "   "   "   "   "   " soon.
e̱   "   "   "   "   "   "   "   "   " met.
i̱ is more difficult and will be discussed below.

English "u", as in s*oo*n, is actually a diphthong, i.e., a combination of u + w. Test this by saying s*oo*n slowly and notice that your lips move while articulating "u". Russian u̲ is a pure vowel and has no "w" following it.

Pronunciation Exercise

Each syllable will be read twice, with a pause between readings.

During 1st reading	During pause	During 2nd reading
Listen to the syllable, while looking at the book.	Repeat what you hear.	Listen again.

Tape

(1)	(2)	(3)	(4)	(5)
d̲ - d̲̣	t̲ - t̲̣	z̲ - z̲̣	s̲ - s̲̣	b̲ - b̲̣
da	tu	ze	se	ba
ḍa	ṭu	zu	ṣa	ḅa
do	ta	ẓu	sa	ḅo
ḍo	ṭa	za	su	bo
du	to	ẓa	ṣu	bus
ḍu	ṭo	zo	su	bu
ḍe	ṭe	ẓo		ḅu

(6)	(7)	(8)	(9)	(10)
p̲ - p̲̣	v̲ - v̲̣	f̲ - f̲̣	k̲ - k̲̣	g̲ - g̲̣
pa	vut	fa	kak	gan
po	ṿed	fu	kot	gon
pu	ṿes	f̣u	ku	g̣e
p̣u	ṿot		ḳe	
p̣a	vo			
p̣e				

(11)	(12)	(13)
n̲ - n̲̣	m̲ - m̲̣	l̲ - l̲̣
na	mo	la
ṇa	ṃo	ḷa
no	ṃe	l̲̣o
ṇo	mum	ḷo
nu	ṃum	l̲̣u
ṇu		ḷu
		l̲̣e

4. The Consonant x:

Pronounced approximately like the German "ch" in
doch; Scottish "ch" in *loch*; Hebrew ח in לחם.

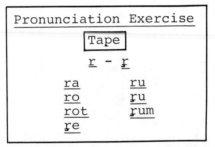

Pronunciation Exercise		
Tape		
x - x̱ Distinguish k/ḵ - x/x̱		
xa	xa	kot
xo	ka	xot
xu	xul	ḵe
xo	kul	x̱e
x̱e		

5. The Consonant r:

Pronounced as in Spanish, Italian - NOT as in
French or German. The sound is a trilled dental, i.e.,
a trill made just behind the teeth.

Pronunciation Exercise	
Tape	
r - r̠	
ra	ru
ro	r̠u
rot	r̠um
r̠e	

6. The Vowel Sound i has two pronunciations:

(1) After soft consonants it is pronounced approximately as in English *teeth*.

> English "i", as in t*ee*th, is actually a diph-
> thong, i.e., a combination of i + y. Russian
> i is a pure vowel, and has no "y" following it.
> Test this by saying *teeth* slowly and notice
> that your tongue moves in the mouth while say-
> ing "i". In Russian the tongue does not move.

(2) Its pronunciation after hard consonants has no
equivalent in English. It is pronounced somewhat like
the "i" in B*i*ll; however, the tongue is drawn further
back in the mouth. Impressionistically, it has a
dull, hollow, sound.

i is the only vowel whose pronunciation after hard
consonants differs significantly from its pronunciation after soft consonants.

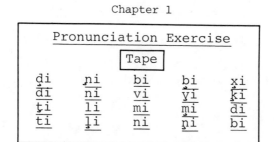

WORKBOOK: AN INTRODUCTION TO RUSSIAN SPELLING

ALPHABET

Vowels

Hard vowel letter: a
Soft vowel letter: я } $\underline{a}$ о
ё } $\underline{o}$ у
ю } $\underline{u}$ э
е } $\underline{e}$ ы
и } $\underline{i}$

Paired Consonants

Letter	Transcription

Letters that are like English:

т   { $\underline{t}$ $\underline{ţ}$

к   { $\underline{k}$ $\underline{ķ}$

м   { $\underline{m}$ $\underline{ṃ}$

Letters that do not resemble English:

г   { $\underline{g}$ $\underline{ǥ}$

з   { $\underline{z}$ $\underline{ẓ}$

б   { $\underline{b}$ $\underline{ḅ}$

д   { $\underline{d}$ $\underline{ḍ}$

п   { $\underline{p}$ $\underline{p̣}$

ф   { $\underline{f}$ $\underline{f̣}$

л   { $\underline{l}$ $\underline{ḷ}$

Letter	Transcription

Letters that look like English,
but are pronounced differently:

В   { $\dfrac{v}{\underline{v}}$

Н   { $\dfrac{n}{\underline{n}}$

С   { $\dfrac{s}{\underline{s}}$

Х   {   · $\dfrac{x}{\underline{x}}$

р   { $\dfrac{r}{\underline{r}}$

Each vowel sound is represented by one of two vowel
letters: <u>a</u> is represented by the letter a or я.

Each consonant letter represents one of two consonant
sounds: т represents the sound <u>t</u> or <u>t</u>.

┌───┐
│ Soft vowel letters are written after soft consonants.   │
│ Hard vowel letters are written after hard consonants.   │
└───┘

<u>ta</u> is written та - hard consonant + vowel <u>a</u>.
<u>ta</u> is written тя - soft consonant + vowel <u>a</u>.
<u>mu</u> is written му - hard consonant + vowel <u>u</u>.
<u>mu</u> is written мю - soft consonant + vowel <u>u</u>.

Therefore, the vowel letters have two functions:

(1) They show <u>vowel</u> sound:

        a and я represent <u>a</u>.
        y and ю represent <u>u</u>.

(2) They show the quality of the preceding
<u>consonant</u> sound:

        a and y show that the preceding con-
                sonant is hard.
        я and ю show that the preceding con-
                sonant is soft.

Exercise 1

Write in Russian.

(The letters т,к,м are like English.)

1. t̲a̲ _____	8. t̲e̲ _____	15. m̲i̲ _____
2. t̲a̲ _____	9. t̲i̲ _____	16. m̲i̲ _____
3. t̲o̲	10. t̲i̲ _____	17. m̲u̲ _____
4. t̲o̲ _____	11. k̲a̲k̲	18. m̲u̲ _____
5. t̲u̲ _____	12. k̲o̲t̲ _____	19. m̲e̲ _____
6. t̲u̲ _____	13. t̲a̲k̲ _____	20. k̲t̲o̲ _____
7. t̲e̲ _____	14. k̲i̲ _____	

Exercise 2

Write in Russian.

(The letters г,з,б,д,п,ф,л are not like English.)

1. d̲a̲ _____	8. g̲d̲e̲ _____	15. l̲o̲ _____
2. z̲a̲ _____	9. b̲o̲t̲ _____	16. d̲e̲l̲ _____
3. z̲a̲ _____	10. b̲e̲z̲ _____	17. d̲u̲l̲ _____
4. b̲a̲ _____	11. b̲o̲m̲b̲a̲ _____	18. f̲a̲k̲t̲ _____
5. d̲a̲m̲a̲ _____	12. p̲i̲ _____	19. f̲l̲o̲t̲ _____
6. d̲u̲t̲ _____	13. p̲i̲ _____	20. f̲u̲t̲b̲o̲l̲ _____
7. d̲u̲ _____	14. p̲l̲o̲ _____	_____

Exercise 3

Write in Russian.

(The letters в,н,с,х,р look like English, but are
    pronounced quite differently.)

1. yi _____	11. xu _____	21. ploxo _____
2. vi _____	12. xi _____	22. gde _____
3. vut _____	13. krad _____	23. park _____
4. vod _____	14. rabot _____	24. rabote _____
5. yed _____	15. ra _____	25. v parkax _____
6. ni _____	16. do _____	26. kradut _____
7. ni _____	17. do _____	27. oni _____
8. se _____	18. na _____	28. na zavodax _____
9. su _____	19. na _____	29. yedut seba _____
10. su _____	20. vot _____	30. udarniki _____

Exercise 4

Write the following sentences in Russian.

1. Udarniki ne kradut na zavodax.
   (Shock-workers don't steal in factories.)

   _____

2. Oni ne yedut seba ploxo v parkax.
   (They don't conduct themselves badly in parks.)

   _____

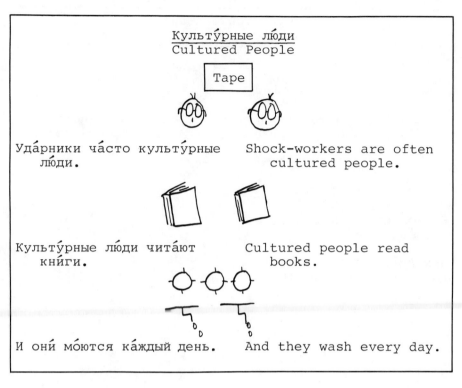

Культу́рные лю́ди
Cultured People

Tape

Уда́рники ча́сто культу́рные лю́ди.

Shock-workers are often cultured people.

Культу́рные лю́ди чита́ют кни́ги.

Cultured people read books.

И они́ мо́ются ка́ждый день.

And they wash every day.

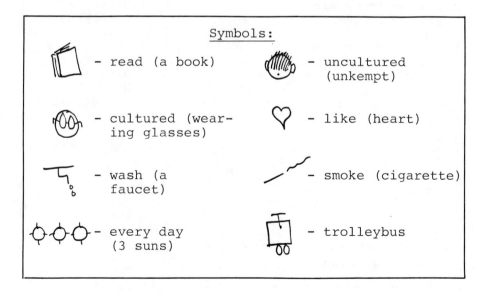

Symbols:

- read (a book)

- cultured (wear-ing glasses)

- wash (a faucet)

- every day (3 suns)

- uncultured (unkempt)

- like (heart)

- smoke (cigarette)

- trolleybus

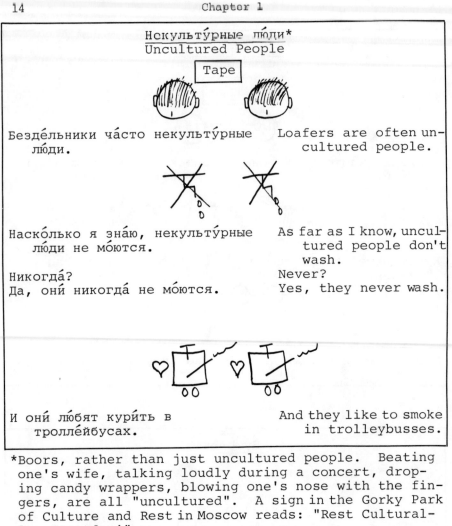

Нскульту́рные лю́ди*
Uncultured People

Безде́льники ча́сто некульту́рные лю́ди.

Loafers are often un-cultured people.

Наско́лько я зна́ю, некульту́рные лю́ди не мо́ются.

As far as I know, uncul-tured people don't wash.

Никогда́?
Да, они́ никогда́ не мо́ются.

Never?
Yes, they never wash.

И они́ лю́бят кури́ть в тролле́йбусах.

And they like to smoke in trolleybusses.

*Boors, rather than just uncultured people. Beating one's wife, talking loudly during a concert, drop-ing candy wrappers, blowing one's nose with the fin-gers, are all "uncultured". A sign in the Gorky Park of Culture and Rest in Moscow reads: "Rest Cultural-ly, Comrades!"

Вопро́сы

Two additional question-words

каки́е - which, what sort of
когда́ - when

Tape

1. Что́ де́лают культу́рные лю́ди?
2. Каки́е лю́ди мо́ются ка́ждый день?
3. Когда́ мо́ются культу́рные лю́ди?
4. Когда́ мо́ются некульту́рные лю́ди?
5. Каки́е лю́ди никогда́ не мо́ются?

6. Где они́ лю́бят кури́ть? ⊟

7. Что́ они́ лю́бят де́лать в тролле́йбусах? ⁄〜

8. Каки́е лю́ди не лю́бят кури́ть в тролле́йбусах? ⓪

WORKBOOK: THE SOFT SIGN (ь)

Hard and soft consonants may occur without vowels following them.

Soft: ku<u>r</u>i<u>t</u> nasko<u>l</u>ko   *Hard:* <u>l</u>u<u>b</u>a<u>t</u> s<u>d</u>ela<u>l</u>

In such cases, the letter ь (the soft sign) is written after soft consonants; no ь is written after hard consonants.

Soft: кури*ть* наско*ль*ко *Hard:* любят сделал

Pronunciation Exercise
Tape
Final hard vs. soft consonant   1 - 1

at	nu<u>t</u>i	la	kul
a<u>t</u>	<u>n</u>u<u>t</u>	lu	pul
nos	<u>b</u>i<u>t</u>	lin	ku<u>l</u>
no<u>s</u>	<u>b</u>it	lin	ku<u>l</u>t
kus	<u>b</u>i<u>t</u>	<u>l</u>ub	ku<u>l</u>t
ku<u>s</u>	bi<u>t</u>	<u>l</u>a<u>l</u>a	a<u>l</u>a
ga<u>s</u>	o<u>n</u>	<u>l</u>is	a<u>l</u>a
ku<u>t</u>	a<u>n</u>	li<u>s</u>	skol
ku<u>t</u>	un	<u>l</u>u<u>s</u>	sko<u>l</u>
ku<u>t</u>i	un	<u>l</u>us	ku<u>l</u>
		pul	ku<u>l</u>i
			ku<u>l</u>

Exercise 1
Write in Russian.

1. at _____   6. <u>r</u>it _____   11. nasko<u>l</u>ko _____

2. a<u>t</u> _____   7. <u>r</u>i<u>t</u> _____   12. <u>den</u> _____

3. kul _____   8. ku<u>r</u>i<u>t</u> _____   13. <u>del</u> _____

4. ku<u>l</u> _____   9. skol _____   14. <u>bezdelnik</u> _____

5. ku<u>l</u>t _____ 10. sko<u>l</u> _____   _____

Exercise 2
Write in Russian.

1. nul̦ _____   6. zavod _____

2. nul̦a _____   7. zavoda _____

3. nul̦u _____   8. zavodu _____

4. nul̦om _____   9. zavodom _____

5. nul̦i _____   10. zavodi _____

Exercise 3
Subtract the final vowel sound. Write what remains
in Russian.

                Ex.   неделя :   недель
                      (nedel̦a)   (nedel̦)
                      final vowel sound is a

1. слово _____   4. дыня _____

2. стиля _____   5. князю _____

3. комната _____   6. живу _____

Exercise 4
Add the sounds a, u, om, i, ax. Write in Russian.

        Ex.   троллейбус + a : троллейбуса

                троллейбус   нуль   спортсмен

    a   _____   _____   _____

    u   _____   _____   _____

   om   _____   _____   _____

    i   _____   _____   _____

   ax   _____   _____   _____

RITUALS

A ritual is a set of patterned responses; whenever you
hear a line of a ritual you are to say the next line.
Rituals contain grammatical material introduced before
the rules they exemplify. Their purpose is to make
these rules meaningful before you reach them. For example, Ritual 1 below exemplifies:

    (1) Past tense formation
    (2) Perfective aspect
    (3) Feminine accusative of adjectives and nouns
    (4) Verbal agent suffix
    (5) Noun-adjective agreement

When these points of grammar are treated in later
chapters, rituals will help you understand and remember the rules covering them. You are learning the examples before the rules.

To be effective, a ritual sentence must be an automatic response to the preceding sentence; e.g., "Excuse
me!" might be your automatic response to "Ouch! You
stepped on my toe!" Similarly, "Ах, простите, дорогой
учитель!" (line 2 below) should be your automatic response to "Конечно, нет!" (line 1 below).

"Stage directions", which are given in square brackets
[ ], are whispered by the group to announce the attitude of the speaker, usually before his last line. In
the ritual below, [tenderly] shows that the teacher
is tolerant and forgiving, that his apparent hostile
attitude is softened.

Turning the rituals around: Initially the teacher says
the first line, a student the second. But the rules
of rituals are such that if a student confronts a
teacher with the first line, the teacher is obliged
to answer with the second. For example, in the following ritual, the teacher would apologize to the student.

Symbols used in rituals:

    [ ] - stage directions.

    / / - literal translation.
          Thus, the word грубую, which is
          translated as "terrible", literally
          means "coarse" or "vulgar".

    ( ) - feminine forms.
          In the ritual below, сделал is
          masculine, сделала is feminine.

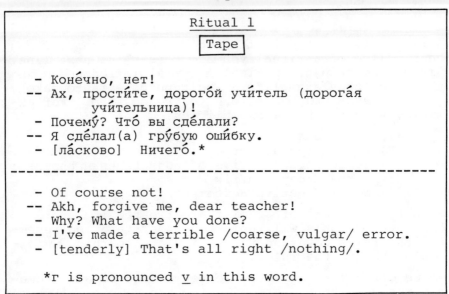

Ritual 1

Tape

- Конéчно, нет!
-- Ах, простúте, дорогóй учúтель (дорогáя
        учúтельница)!
- Почемý? Чтó вы сдéлали?
-- Я сдéлал(а) грýбую ошúбку.
- [лáсково] Ничегó.*

- Of course not!
-- Akh, forgive me, dear teacher!
- Why? What have you done?
-- I've made a terrible /coarse, vulgar/ error.
- [tenderly] That's all right /nothing/.

  *г is pronounced <u>v</u> in this word.

WORKBOOK: THE CONSONANT j

1. The soft vowel letters я, ю, и, ё, е

(a) When immediately preceded by a consonant letter they show that the preceding consonant is soft:

люб<u>я</u>т - <u>luḁ</u>at (where ю and я represent ˌu and ˌa)

(b) When not immediately preceded by a consonant
letter, they show the presence of j:

знаю   - znaju

я   - ja

культурны<u>е</u> - kuḁturnije

(where ю, я, е represent <u>ju</u>, <u>ja</u>, <u>je</u>)

˛ + vowel in: кур<u>и</u>ть - ku<u>ri</u>t

люб<u>я</u>т - <u>luḁ</u>at

j + vowel in: мо<u>ё</u> - mo<u>jo</u>

дума<u>ю</u>т - duma<u>ju</u>t

<u>е</u>сть - <u>jes</u>t

Exercise 1

A. Which of the underlined soft-vowel letters in the words below are not immediately preceded by a consonant letter? (Write numbers.) _____

B. Transcribe.

1. мо<u>ё</u> _____   8. <u>я</u>зык _____   15. <u>ю</u>г _____

2. н<u>ё</u>с _____   9. кухн<u>я</u> _____   16. мо<u>и</u> _____

3. н<u>е</u>т _____   10. Аз<u>и</u>и _____   17. т<u>и</u>гр _____

4. сво<u>е</u>й _____   11. Аз<u>ии</u> _____   18. <u>е</u>сть _____

5. д<u>е</u>лают _____   12. он<u>и</u> _____   19. грубу<u>ю</u> _____

6. люд<u>ое</u>д _____   13. крад<u>ё</u>м _____   20. р<u>ю</u>мка _____

7. л<u>ю</u>бят _____   14. по<u>ё</u>т _____

2. *Letters → Transcription: Recognizing ĵ*

The presence of ĵ is revealed in the spelling by:

(a) The presence of the letter й:

каждый, троллейбус

(b) The presence of a soft vowel letter which is not immediately preceded by a consonant letter:

я, дума*ю*т, *е*сть, мо*ё*, мо*и*

Exercise 2

A. Which of the words below contain ĵ? (Write numbers.) _____

B. Transcribe.

1. новая _____   6. тройка _____

2. новый _____   7. сёла _____

3. ведёт _____   8. моё _____

4. мой _____   9. мои _____

5. конь _____   10. троллейбус _____

3. *Transcription → Letters: Writing j*

j̲ is written as:

    (a) Soft vowel letter, when followed by a vowel:

        zna̲*j*u̲ - знаю   n̦eku̲l̦turni̲*je* - некультурны*е*

    (b) Й when not followed by a vowel:

        trolle̲*j*bus - троллейбус

    Therefore, j̲ - й, but j̲ + vowel - я, ю, ё, е, и.

Exception: u̲ at the beginning of a word represents
          i̲, not j̲i̲:

                   u̲ (and) - i̲
                   Иван - I̲van

        Initial i̲ is always written и.

                i̲l̦i̲ - или

Exercise 3

A. Which j's are followed by a vowel? _____
B. Write in Russian.

1. o̲j̲a̲ _____	6. mo̲j̲ _____	11. j̲o̲ _____
2. o̲j̲ _____	7. mo̲j̲a _____	12. o̲j̲ _____
3. u̲j̲u̲ _____	8. mo̲j̲i _____	13. o̲ _____
4. j̲u̲ _____	9. stro̲j̲ _____	14. j̲o̲j̲ _____
5. vu̲j̲ _____	10. stro̲j̲i _____	15. j̲e̲j̲o̲ _____

Exercise 4

Write in Russian.

1. j̲ama _____	6. i̲skal _____	11. russk̦i̲j _____
2. j̲eri _____	7. s̲iskal _____	12. drug̦i̲je _____
3. i̲d̦ot _____	8. p̦isațel̦ ____	13. ma̲j _____
4. mo̲j _____	9. n̦i _____	14. obrazu̲j _____
5. țigr _____	10. i̲ _____	15. obrazu̲j̦te _____

Exercise 5

Transcribe:

мой	_____	конь	_____
моя	_____	коня	_____
мою	_____	коню	_____
моём	_____	конём	_____
мои	_____	кони	_____
моей	_____	коней	_____

Exercise 6

Subtract the final vowel. Write in Russian.

Ex.   мою = мой

1. икра   _____   7. место   _____
2. коня   _____   8. здания _____
3. боя   _____   9. поля   _____
4. люблю   _____   10. жёны   _____
5. еду   _____   11. кухни   _____
6. думаю   _____   12. партии _____

Exercise 7

Add a, u, om, i. Write in Russian.

Ex.   идол + a : идола

	идол	нуль	мой
a	_____	_____	_____
u	_____	_____	_____
om	_____	_____	_____
i	_____	_____	_____

<u>кото́рые</u> - (who, that) as a relative.

Лю́ди, кото́рые рабо́тают на заво́дах,...
(people who work in factories)

DRILL: COMMUNITY N

G.G. Gubkin, in a psycho-sociological study of Community N, has shown an interesting correlation between mass transit behavior and the relation of the individual to his total environment. Gubkin's studies have isolated two predominant subgroups:

(1) Лю́ди, кото́рые чита́ют в тролле́йбусах: Stable individuals, well-adjusted to their environment.

(2) Лю́ди, кото́рые мо́ются в тролле́йбусах: Compulsive individuals with inner conflicts, often characterized by an inability to concentrate.

Below we summarize the results of his penetrating study.

Tape

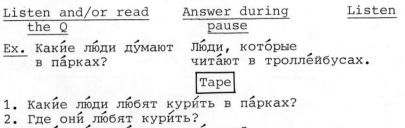

лю́ди, кото́рые...

	в па́рках	на заво́дах
чита́ют в тролле́йбусах	ду́мают	рабо́тают
мо́ются в тролле́йбусах	лю́бят кури́ть	ду́мают

Вопро́сы

Listen and/or read the Q	Answer during pause	Listen
Ex. Каки́е лю́ди ду́мают в па́рках?	Лю́ди, кото́рые чита́ют в тролле́йбусах.	

Tape

1. Каки́е лю́ди лю́бят кури́ть в па́рках?
2. Где они́ лю́бят кури́ть?
3. Каки́е лю́ди ду́мают в па́рках?

4. Что они делают на заводах?
5. Какие люди не работают с энтузиазмом?
6. Что они делают на заводах?
7. Что они любят делать в парках?
8. Какие люди не любят курить в парках?
9. Что они делают в парках?
10. Где они работают с энтузиазмом?
11. Какие люди не читают в троллейбусах?
12. Какие люди не моются в троллейбусах?

P.P. Papirosin, a student of Gubkin, has extended the study to include transients in Community N. He has designated this group:

 *

Люди, которые живут в троллейбусах.

Papirosin has found some suggestive correlations between their behavior and that of the two groups described in Gubkin's earlier study (i.e., subgroup 1: and subgroup 2.). Papirosin's

studies show that subjects in this third group display behavior patterns both typical on the one hand and atypical on the other of both groups above respectively; specifically:

Люди, которые...

* Symbol: - live (an amoeba)

Вопросы

Tape

1. Где любят курить люди, которые живут в троллейбусах?

2. Как они работают?

3. Где?

Combining the results of the two sets of studies, we
find:

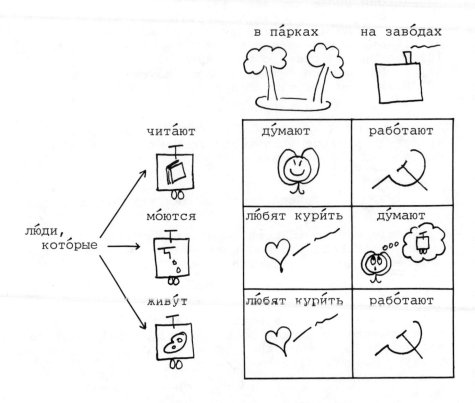

Вопро́сы

1. Каки́е лю́ди рабо́тают на заво́дах с энтузиа́змом?

2. Каки́е лю́ди лю́бят кури́ть в па́рках?

3. Каки́е лю́ди не лю́бят кури́ть в па́рках?

4. Каки́е лю́ди лю́бят кури́ть в па́рках, но (but)
      не рабо́тают на заво́дах с энтузиа́змом?

5. Каки́е лю́ди рабо́тают на заво́дах и ду́мают в
      па́рках?

6. Каки́е лю́ди рабо́тают с энтузиа́змом на заво́дах,
      но (but) не ду́мают в па́рках?

Now that you know most of the letters of the alphabet, it will not be too difficult to learn how to write what you have learned to say.

Exercise

Using the English translation as a cue, write out the stories on pp. 1, 2, 13, and 14.

You will encounter the following letters which have not yet been treated:

Letter	Transcription	As in...
ш	sh	хорошо
ж	zh	живут, каждый, жизни
ч	ch	часто, читают (the word что is, untypically, pronounced shto)
щ	shch	товарищи

WORKBOOK: VELARS + i

Velars (k, g, x) + i

The consonants k, g, x are called velars. The vowel i always softens preceding velars. Softening of velars will not be shown in the transcription, since such softening is fully automatic:

ki = "ķi",   gi + "ģi",   xi = "x̧i"

It follows that the letter ы will never be written after velars. The spellings кы, гы, хы do not exist.

Spelled	Pronounced	Transcribed
ударники	"udarņiķi"	udarņiki
книги	"kņigi"	kņigi
химик	"x̧im̧ik"	xim̧ik

k, g, x are always hard before the vowels a, o, u. ķa, ķo, ķu, etc. do not occur in Russian. It follows that the letters я, ё, ю will never occur after velars.

Exercise 1

Write in Russian.

1. <u>ki</u> _____   5. xixika<u>t</u> _____

2. <u>gi</u> _____   6. <u>dorog</u>im _____

3. <u>xi</u> _____   7. so<u>y</u>etskij _____

4. <u>park</u>i _____   8. <u>ye</u><u>l</u>ikije _____

Exercise 2

Join <u>i</u>. Write in Russian.

     Ex.- стол - столы

1. вопрос _____   5. грех _____

2. парк _____   6. писатель _____

3. дорог _____   7. философ _____

4. тигр _____   8. ударник _____

A Note on the Letters e and э

The letter э is rare in Russian words; e appears instead. Э is limited to:

    (1) some foreign words (поэ́т - poet, энтузиа́зм - enthusiasm)

    (2) a few exclamations (Эх! Эй!)

    (3) forms of the word э́тот - this/that.

This means that the vowel sound <u>e</u> causes preceding consonants to soften.

    <u>te</u> does not occur in Russian words - only
        <u>t</u><u>e</u> (те)

Товáрищ Бородúн
Comrade Borodin

Tape

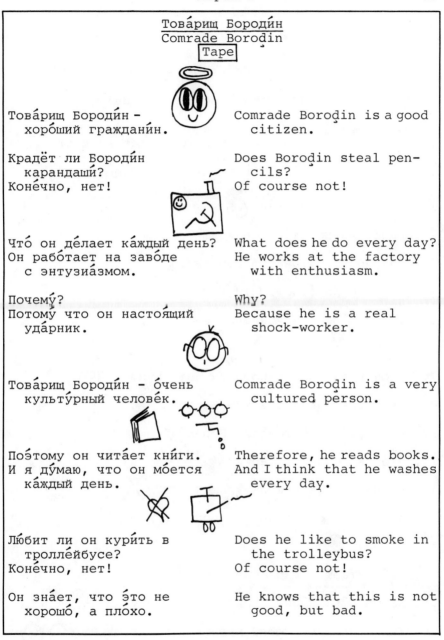

Товáрищ Бородúн -
   хорóший гражданúн.

Comrade Borodin is a good
   citizen.

Крадёт ли Бородúн
   карандашú?
Конéчно, нет!

Does Borodin steal pen-
   cils?
Of course not!

Чтó он дéлает кáждый день?
Он рабóтает на завóде
   с энтузиáзмом.

What does he do every day?
He works at the factory
   with enthusiasm.

Почемý?
Потомý что он настоящий
   удáрник.

Why?
Because he is a real
   shock-worker.

Товáрищ Бородúн - óчень
   культýрный человéк.

Comrade Borodin is a very
   cultured person.

Поэтому он читáет кнúги.
И я дýмаю, что он мóется
   кáждый день.

Therefore, he reads books.
And I think that he washes
   every day.

Любит ли он курúть в
   троллéйбусе?
Конéчно, нет!

Does he like to smoke in
   the trolleybus?
Of course not!

Он знáет, что это не
   хорошó, а плóхо.

He knows that this is not
   good, but bad.

Symbol: ⬭   - good (a halo)

Вопро́сы

Two additional question words:

кто - who
како́й - which, what sort of

Tape

1. Кто това́рищ Бороди́н?

2. Крадёт ли Бороди́н карандаши́?

3. Где рабо́тает това́рищ Бороди́н?

4. Когда́ он рабо́тает?

5. Что он де́лает на заво́де?

6. Почему́?

7. Како́й граждани́н рабо́тает с энтузиа́змом?

8. Како́й граждани́н това́рищ Бороди́н?

9. Как ведёт себя́ това́рищ Бороди́н?

10. Что он де́лает в па́рке?

11. Когда́ мо́ются некульту́рные лю́ди?

12. Когда́ мо́ется това́рищ Бороди́н?

13. Почему́?

14. Что чита́ет това́рищ Бороди́н?

15. Каки́е лю́ди лю́бят кури́ть в тролле́йбусах?

16. Каки́е лю́ди не лю́бят кури́ть в тролле́йбусах?

17. Како́й челове́к това́рищ Бороди́н?

18. Где он не лю́бит кури́ть?

19. Почему́ он не лю́бит кури́ть в тролле́йбусах?

Note the following singular-plural contrasts:

Singular	Plural
он ведёт	они́ веду́т
он рабо́тает	они́ рабо́тают
он ду́мает	они́ ду́мают
он де́лает	они́ де́лают
он чита́ет	они́ чита́ют
он крадёт	они́ краду́т
он мо́ется	они́ мо́ются
----------	------------
он лю́бит	они́ лю́бят
на заво́де	на заво́дах
в па́рке	в па́рках
в тролле́йбусе	в тролле́йбусах
культу́рный	культу́рные
челове́к	лю́ди
како́й челове́к	каки́е лю́ди

These endings will be treated in the next chapter.

"is/are"

"Is/are" is expressed by a short pause, which is sometimes represented in writing by a dash. For all prac-
tical purposes, there is no word for is/are.

Това́рищ Бороди́н - хоро́ший граждани́н.
Они́ - уда́рники.

PRONUNCIATION OF UNSTRESSED O AND A

Many vowels are pronounced one way when stressed and
another way when unstressed. The pronunciation of
the sounds represented by unstressed letters o and a:

(a) *One syllable before the stress*, o and a are
     both pronounced like short "a".

     Ex.- вопро́с is pronounced approximately
          "vaprós"

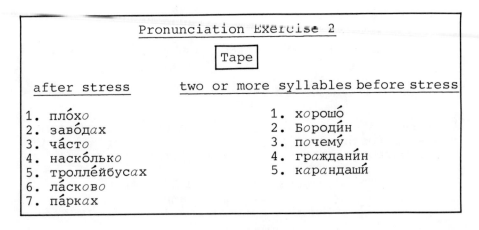

Pronunciation Exercise 1

| Tape |

During 1st reading:	During pause:	During 2nd reading:
Listen, while looking at the book.	Repeat what you hear.	Listen again.

1. вопро́с
2. никогда́
3. това́рищ
4. прости́те
5. челове́к
6. тролле́йбус

7. кото́рые
8. хоро́ший
9. мото́р
10. наско́лько
11. рабо́тает
12. тала́нт

(b) *In all other unstressed positions*, o and a are both pronounced "uh", approximately as in English *around*, *about*.

Pronunciation Exercise 2

| Tape |

after stress	two or more syllables before stress
1. пло́хо	1. хорошо́
2. заво́дах	2. Бороди́н
3. ча́сто	3. почему́
4. наско́лько	4. граждани́н
5. тролле́йбусах	5. карандаши́
6. ла́сково	
7. па́рках	

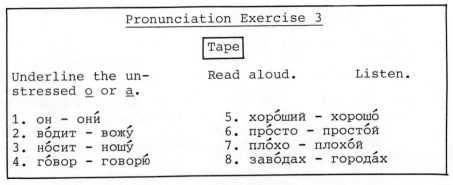

Pronunciation Exercise 3

| Tape |

Underline the unstressed o or a.	Read aloud.	Listen.

1. он - они́
2. во́дит - вожу́
3. но́сит - ношу́
4. го́вор - говорю́

5. хоро́ший - хорошо́
6. про́сто - просто́й
7. пло́хо - плохо́й
8. заво́дах - города́х

WORKBOOK: UNPAIRED CONSONANTS

Six Russian consonants are unpaired: 3 are always
soft, 3 are always hard. Since the softness or hard-
ness of these six consonants is automatic, it will
not be shown in the transcription. In other words,
no cedilla will appear under any of these consonants
in the transcription, even when they are phonetically
soft.

j, which is always soft in pronunciation, has already
been discussed. The other five are:

		Transcribed	Pronounced	Approximately as in English
always hard	ш	sh	sh	*sh*oe
	ж	zh	zh	a*z*ure
	ц	t͡s	ts	ca*ts*
always soft	ч	ch	ch	*ch*eap
	щ	shch	shch	fre*sh ch*eese

> Hard sh and zh do not exist in
> English. In pronouncing English
> sh and zh, the tongue is close to
> the hard palate; in Russian, the
> tongue is more concave.

Pronunciation Exercise

During 1st reading:	During pause:	During 2nd reading:
Listen to the syllable while looking at the book.	Repeat what you hear.	Listen again.
	Tape	

hard		soft	hard and soft	
sha	zhu	cha	sha	she
zha	shu	shcha	cha	shche
t͡sa	t͡su	che	zhu	chu
sho	t͡se	shche	shchu	zhu
zho	zhe	cho	t͡se	shchu
t͡so	she	shcho	che	t͡su
		chu	zhe	shu
		shchu		

After hard unpaired consonants, the sound i̲ has the same sound as after other hard consonants. This is the sound normally represented by the Russian letter ы.

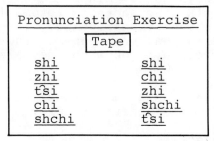

Pronunciation Exercise

Tape

shi̲	shi̲
zhi̲	chi̲
t͡si̲	zhi̲
chi̲	shchi̲
shchi̲	t͡si̲

Spelling Vowels after the Unpaired Consonants

After paired consonants the vowel letters have two
  functions:

  (1) They show the vowel sound;
  (2) They show whether the preceding consonant is
       hard or soft.

After unpaired consonants, the vowel letters have only one function: they show the vowel sound. They lose their second function here, since the unpaired consonants are already either hard or soft. The spelling of vowels after unpaired consonants does not reflect their soft or hard characters.

The following spelling conventions determine how the vowel sounds are spelled:

ш, ж, ц, ч, щ +

	a̲	u̲	i̲	o̲	e̲
	а	у	✕	✕	✕
	✕	✕	и	ё	е

After all 5 of these consonants, both the 3 hard ones
ш, ж, ц and the 2 soft ones ч, щ -
              a̲ and u̲ are written а, у
              i̲, o̲, e̲ are written и, ё, е

a̲ is spelled а: *часто* (often)   *шар* (sphere)

u̲ is spelled у: *журнал*(magazine)   *чума*(plague)

i̲ is spelled и: *живут* (live)   настоя*щ*ий (real)

o̲ is spelled ё: *жёлтый* (yellow)   *чёрный* (black)

e̲ is spelled е: *человек* (person)   *целый* (whole)

Exceptions:

(1) In a few words, unpaired consonant + <u>o</u> is spelled o rather than ё, as in хорошо́.

(2) <u>t͡s</u> + <u>i</u> is sometimes spelled цы. This spelling will be treated later.

Exercise 1

Write in Russian.

1. <u>sha</u> _____	9. <u>chi</u> _____	16. <u>zhon</u> _____
2. <u>zha</u> _____	10. <u>shchi</u> _____	17. <u>chom</u> _____
3. <u>t͡sa</u> _____	11. <u>boļshim</u> _____	18. <u>chest̺</u> _____
4. <u>cha</u> _____	12. <u>sochi</u> _____	19. <u>oshibku</u> _____
5. <u>shcha</u> _____	13. <u>uļit͡sam</u> _____	20. <u>zhuk</u> _____
6. <u>shi</u> _____	14. <u>tovaŗishchi</u> _____	21. <u>karandashi</u>
7. <u>zhi</u> _____		
8. <u>t͡si</u> _____	15. <u>xuzhe</u> _____	22. <u>nastojashchij</u>

Exercise 2

Add <u>u</u>, <u>it</u>, <u>at</u>. Write in Russian.

	<u>u</u>	<u>it</u>	<u>at</u>
1. <u>ļezh</u>	_____	_____	_____
2. <u>konch</u>	_____	_____	_____
3. <u>slish</u>	_____	_____	_____
4. <u>smotŗ</u>	_____	_____	_____
5. <u>govoŗ</u>	_____	_____	_____
6. <u>pishch</u>	_____	_____	_____

Exercise

Using the English translation as a cue, learn to write
the story on p. 27 in Russian.

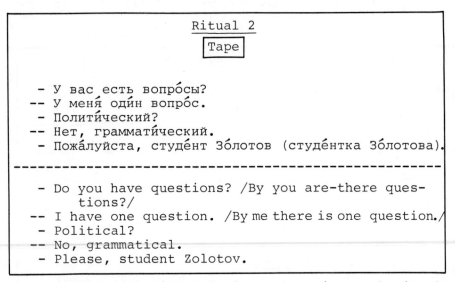

Ritual 2

Tape

- У вас есть вопросы?
-- У меня один вопрос.
- Политический?
-- Нет, грамматический.
- Пожалуйста, студент Золотов (студентка Золотова).

- Do you have questions? /By you are-there ques-
      tions?/
-- I have one question. /By me there is one question./
- Political?
-- No, grammatical.
- Please, student Zolotov.

Beginning with Ritual 2, learn to write each ritual
in Russian, just as you have done with each story.
This means going back to p. 18 for Ritual 1.

YES - NO QUESTIONS

A yes-no question is one whose answer may start with
"yes" or "no", e.g., "Are you going?", "Do you know?"
Questions with interrogatives are not yes-no questions, e.g., "Who is it?", "What did he say?", "How
will she take it?"

In Russian, yes-no questions are commonly identical
to direct statements, differing only in intonation.

          Statement: Товарищ Бородин работает. (Comrade
                  Borodin works.)
          Question: Товарищ Бородин работает? (Does Com-
                  rade Borodin work?) (With question
                  intonation)

Yes-no questions may also be formed by:
      (1) placing the verb first in the sentence, and
            then
      (2) inserting the particle ли after it.
The rest of the word order remains the same.

Statement: Това́рищ Бороди́н чита́ет.
Question: Чита́ет ли това́рищ Бороди́н?

Statement: Они́ ду́мают в па́рках.
Question: Ду́мают ли они́ в па́рках?

Ли questions normally express doubt, and the speaker
usually assumes a negative answer to his question.

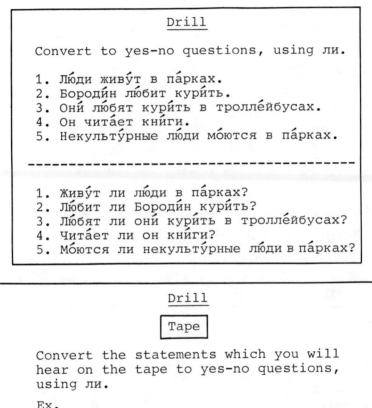

QUESTIONS CONTAINING QUESTION-WORDS

Questions containing question words do not have ли.
Как живу́т уда́рники?

We have had the following question words:

где   что   как   когда́   кто   како́й   каки́е

```
┌─────────────────────────────────────────────────────┐
│                        Drill                         │
│                      ┌──────┐                        │
│                      │ Tape │                        │
│                      └──────┘                        │
│ Form a question with the question-word which is appro-│
│ priate to the underlined word in each statement below.│
│ Ex.                                                  │
│       Statement: Они́ рабо́тают на заво́дах.           │
│       Question:  Где они́ рабо́тают?                   │
│                                                      │
│ 1. Они́ лю́бят кури́ть в тролле́йбусе.                  │
│ 2. Он живёт пло́хо.                                   │
│ 3. Он ду́мает.                                        │
│ 4. Он ду́мает в па́рке.                                │
│ 5. Он мо́ется ка́ждый день.                           │
│ 6. Хоро́ший граждани́н рабо́тает с энтузиа́змом.        │
│ 7. Некульту́рные лю́ди никогда́ не мо́ются.            │
│ 8. Культу́рный челове́к мо́ется ка́ждый день.          │
│ 9. Он ведёт себя́ хорошо́.                             │
│ 10. Това́рищ Бороди́н - хоро́ший граждани́н.           │
│ 11. В тролле́йбусах они́ чита́ют.                      │
│ 12. Они́ чита́ют кни́ги.                               │
│ 13. Лю́ди, кото́рые мо́ются в тролле́йбусах, лю́бят      │
│         кури́ть в па́рках.                             │
└─────────────────────────────────────────────────────┘
```

STRESS

Most Russian words are stressed, i.e., they contain a
stressed vowel. The stress will be marked in words
of more than one syllable to show which syllable is
stressed.

    живу́т is stressed on the second syllable
    ча́сто is stressed on the first syllable

Russian books do not mark stress.

Что

The word что has two meanings and two pronunciations.
    (1) It may mean "what", as in "Что́ он де́лает?"
        in which case it is pronounced "shto".
    (2) It may mean "that", as in "Я ду́маю, что он зна́ет."
        in which case it is pronounced "shtuh".
To distinguish these two words, we have marked stress
over the first and not over the second.

Pre-Translation - This exercise will prepare you for
the English - Russian translation on p. 40.

In the blanks translate symbols into Russian words.

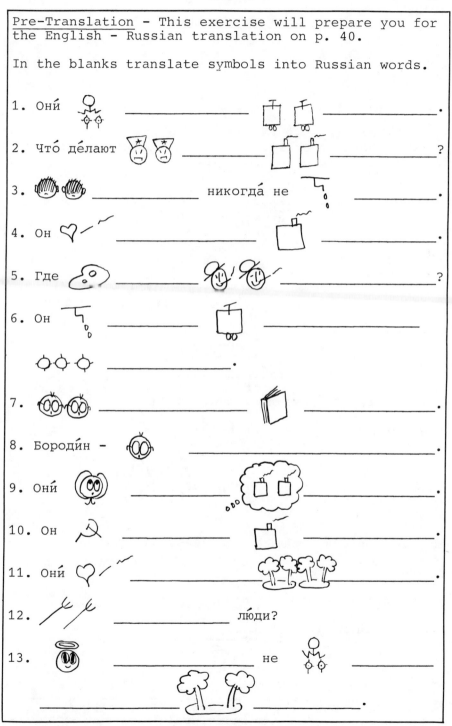

1. Они _____ _____ .

2. Что делают _____ _____ ?

3. _____ никогда не _____ .

4. Он _____ _____ .

5. Где _____ _____ ?

6. Он _____ _____

_____ .

7. _____ _____ .

8. Бородин - _____ .

9. Они _____ .

10. Он _____ _____ .

11. Они _____ _____ .

12. _____ люди?

13. _____ не _____

_____ _____ .

Comprehension Drill: Блинск*

Listen to the story on tape until you can answer the
questions below.

New Vocabulary:

You are not responsible for learning new words found
in Comprehension Drills. They will appear as vocabulary items in upcoming lessons.

го́род - city
как изве́стно - as is well-known
в Бли́нске - in Blinsk
то́же - also
да́же - even
це́лый - whole
чи́стый - clean, pure
ах! - a sign of emotion
(in this case, ecstasy)

Вопро́сы:

Tape

1. Почему́ Блинск культу́рный го́род?

2. Почему́ культу́рные лю́ди живу́т в Бли́нске?

3. Лю́бят ли они́ кури́ть на заво́дах?

4. Почему́?

5. Лю́бят ли они́ кури́ть в па́рках?

6. Почему́?

7. Лю́бят ли они́ кури́ть в тролле́йбусах?

8. Почему́?

9. Что они́ де́лают це́лый день?

10. Где они́ мо́ются?

да́же

11. Да́же в тролле́йбусах?!

---

*Background note: Trolleybusses in the imaginary city
Blinsk are outfitted with individual faucets at each seat.

Разгово́р

┌Tape┐

- Здра́вствуйте! Как вы пожива́ете?
-- Хорошо́, спаси́бо. А вы?
 - То́же хорошо́, спаси́бо.

        [нело́вкая па́уза]

 - Ну, мне пора́ идти́.
-- До свида́ния.
 - До свида́ния.

A Conversation

 - Hello. How are you?
-- Fine, thanks. And you?
 - (I'm) fine, too, thank you.

        [awkward pause]

 - Well, it's time for me to go.
    /for-me it's time to-go/
-- Good-bye.
 - Good-bye.

Translation

Translate the following sentences into Russian.
Mark stress.

1. What do shock-workers do in factories?

2. As far as I know, they work with enthusiasm.

3. Comrades, what do cultured people do in parks?

4. They, of course, conduct themselves very well.

5. They know that he reads. They don't know what he
        reads.

6. Why does he steal pencils at work?

7. Because he doesn't know that this is not good,
        but bad.

8. What kind of citizen is Comrade Borodin?

9. What does a good citizen do at the factory?
        He works with enthusiasm.

10. A real shock-worker never conducts himself badly
        in the park.

11. I don't think that he likes to smoke.

12. People who read books wash every day.

13. I don't think that they like to smoke in parks.

14. What sort of people live in trolleybusses?

15. They think about life in parks.

16. Does he live in the park? I don't know.

RUSSIAN ALPHABET

		Name of letter					Name of letter	
а	А	а	*а А*	р	Р	эр	*р Р*
б	Б	бэ	*б Б*	с	С	эс	*с С*
в	В	вэ	*в В*	т	Т	тэ	*т Т*
г	Г	гэ	*г Г*	у	У	у	*у У*
д	Д	дэ	*д или д Д*	ф	Ф	эф	*ф Ф*
е	Е	е	*е Е*	х	Х	ха	*х Х*
ё	Ё	ё	*ё Ё*	ц	Ц	це	*ц Ц*
ж	Ж	же	*ж Ж*	ч	Ч	че	*ч Ч*
з	З	зэ	*з З*	ш	Ш	ша	*ш Ш*
и	И	и	*и И*	щ	Щ	ща	*щ Щ*
й	Й	и кра́ткое[1]	*й*	ъ	Ъ	твёрдый знак[2]	*ъ*
к	К	ка	*к К*	ы	Ы	еры́	*ы*
л	Л	эл	*л Л*	ь	Ь	мя́гкий знак[3]	*ь*
м	М	эм	*м М*	э	Э	э оборо́тное[4]	*э Э*
н	Н	эн	*н Н*	ю	Ю	ю	*ю Ю*
о	О	о	*о О*	я	Я	я	*я Я*
п	П	пэ	*п П*				

Literal translation of letter names

[1] short i
[2] hard sign
[3] soft sign
[4] backwards e

HANDWRITING

1. TALL LETTERS: б - *б*   в - *в*   д - *д*

любит - *любит*   живёт - *живёт*   да - *да*

2. NOT TALL LETTERS: л - *л*   ы - *ы*   целый - *целый*

3. BELOW THE LINE: д - *д*   з - *з*   р - *р*   у - *у*   ф - *ф*

4. ABOVE THE LINE: З - *З*   У - *У*   (capital letters)

5. PRECEDED BY A HOOK: л - *л*   м - *м*   я - *я*

This hook is less pronounced when the letter is joined to a preceding one.

люди - *люди*   делают - *делают*

я - *я*   говорят - *говорят*

моются - *моются*   фамилия - *фамилия*

6. JOINING LETTERS:

All letters are joined on both sides, except:

(a) *б* and *д* are not joined to the following letter: бал - *бал*   да - *да*

(b) *л , м , я* are not joined after о:

ол - *ол*   ом - *ом*   оя - *оя*

7. DO NOT CONFUSE:

(a) г(*г*) and ч(*ч*). г has a rounded top, ч has a squared top like English *л* :
где - *где*   когда - *когда*   человек - *человек*

(b) м(*м*) and и(*и*): и has no preceding hook:
мимо - *мимо*

(c) The long tail in у(*у*) and the short ones in ц(*ц*) and щ(*щ*):
абзац - *абзац* товарищ - *товарищ* думаю - *думаю*

8. DIFFICULT TO MAKE:

(a) ж(*ж*) "spread out": *жс*   даже- *даже*

(b) ф(*ф*) "spread out": *ф*   философ- *философ*

(c) я(*я*) "spread out": *я*   любят- *любят*

(d) э(*э*) First *Ɔ* , then ~   это- *это*

9. OPTIONAL:

(a) The lines above т(*т*) and below ш(*ш*) are optional, but common.

пишите - *пишите*   OR *пишите*

There is no line below щ(*щ*).

товарищ - *товарищ*

(b) *д* and *ð* are both common ways of writing д. You may use either.

да - *да*   OR *да*

CHAPTER 2

POSSESSIVES

For most of the nouns which we have had so far, the possessive (genitive case) is formed by adding a:

па́рка	(of the park)
заво́да	(of the factory)
това́рища	(of the comrade)
учи́теля	(of the teacher)

в па́рке това́рища Ивано́ва   (in the park of comrade Ivanov OR in comrade Ivanov's park)

Drill 1

Translate into Russian. [director - дире́ктор]

1. the director of the factory _____

2. the director of the park _____

3. comrade Petrov's park _____

4. in comrade Petrov's park (in the park of...)

  _____

5. the director of Gladkov's factory (...of the factory of Gladkov) _____

HOW TO PREPARE STORIES IN THIS BOOK

THE INSTRUCTIONS BELOW APPLY TO ALL REMAINING STORIES IN THE BOOK

Stage 1: Before listening to the tape, read the story out loud, mistakes and all. This is to give you a general idea of the story and to suggest some of the things to listen for in Stage 2. Refer to the English translation when needed.

Stage 2: Using the tape, listen and repeat one sentence or phrase at a time. Create your own pauses by starting and stopping the tape. Be sure you understand what you are saying.

Stage 3: The opposite of Stage 1. Proceeding one sentence at a time, (1) Look at the English; (2) Say the sentence in Russian; (3) Play the tape to hear if you have said it correctly.

Stage 4: Answer the questions on tape. This step prepares you to understand and use the sentences
of the story in the environment you will encounter in class, i.e., as answers to questions.

Stage 5: After working with the tape, write the story
out in Russian to be sure you can spell what
you can say; i.e., make a written translation from English to Russian and check as you
go.

Парк директора Бородина

Tape

Товарищ Бородин - директор парка.
Люди никогда не ведут себя плохо в парке директора
Бородина.
Почему? Потому что они знают, что Бородин - активист.[1]
Да, никто не ведёт себя плохо в парке директора
Бородина.*
*Даже бездельники ведут себя хорошо в парке директора
Бородина.

The Park of Director Borodin

Comrade Borodin is the director of a park.
People never conduct themselves badly in director
Borodin's park.
Why (not)? Because they know that Borodin is an
activist. Yes, nobody conducts himself badly in
director Borodin's park.*
*Even loafers conduct themselves well in director
Borodin's park.

Вопросы:

Tape

1. Кто Бородин?
2. Как ведут себя бездельники?
3. Как они ведут себя в парке директора Бородина?
4. Почему?
5. Кто ведёт себя плохо в парке директора Бородина?

---

[1] "A member of the most progressive, politically
steeled and active section of the (Communist)
party or other social organization."
(Quote from a Soviet dictionary.)

WORKBOOK: ё/е

When not stressed, the letter ё is written without the
two dots.

Transcription		Russian
vol		вёл
v̮odú	["вёду́"]	веду́
kradót		крадёт
znájot	["зна́ёт"]	зна́ет
píshot	["пи́шёт"]	пи́шет

We will sometimes refer to the letter as ё/е, to re-
mind you to spell it е when unstressed.

Whenever you see ё in a word, you know that it is
stressed; if it were not, it would be written е.

> крадёт is necessarily stressed on the last
> syllable; if it were not, it would be writ-
> ten "кра́дет".

For that reason, words that contain the spelling ё
do not require and will not have a stress mark:

> живёт, not "живёт".

Exercise 1

A. In the following words, the missing vowel is ё/е.
   Put in the correct spelling, i.e., ё or е, depending on the stress.

   1. крад__т   8. пиш__т
   2. ста́н__т   9. ж__н
   3. жив__т   10. ж__на́
   4. пад__т   11. с__стра́
   5. оде́н__т   12. с__стры
   6. рабо́та__т   13. с__ло́
   7. пла́ч__т   14. с__ла

B. Which of the above words do not require stress
   marks? _____

   Why? _____

PRONUNCIATION: UNSTRESSED E AND Я

The sounds represented by the letters е,я are pronounced like short и.*

Pronunciation Exercise

During 1st reading   During pause   During 2nd reading

Listen, while look-   Repeat.   Listen again.
ing at the book.

(Reduced e and я are italicized)

[Tape]

1. веду́   8. не зна́ете
2. несу́   9. те́ло; тела́
3. ста́нет   10. ре́ки; река́
4. зна́ет   11. снял; сняла́
5. де́лает   12. тяну́л
6. не ду́маю   13. мо́ет
7. не зна́ет   14. язы́к

*In grammatical endings, я is pronounced "juh".

INTRODUCTION TO VERB CONJUGATION

The Stem. For almost every verb of Russian there is
a form from which all other forms of the verb can be
predicted. This form, called the stem, will be employed throughout this book as the basic form of the
verb. The stem will be followed with "+" to show that
endings must be joined to convert it into an occurring word of the language.

Stems ending in consonants are called consonant stems;
stems ending in vowels are vowel stems; all the verbs
we have encountered except люби+ (like) and кури+
(smoke) are consonant stems. Remember that й is a
consonant.   Below is a list of all the consonant
stems we have encountered.

вёд+	(conduct)
крад+	(steal)
рабо́тай+	(work)
де́лай+	(do)
знай+	(know)
ду́май+	(think)
чита́й+	(read)
жив+	(live)

THE PRESENT TENSE OF CONSONANT STEMS

The present tense of consonant stems is formed by joining у, ёшь, ёт, ём, ёте, ут to the stem.

Singular

я	жив + у	→	живу́	(I live)
ты	жив + ёшь	→	живёшь	(you live)
он/она	жив + ёт	→	живёт	(he/she lives)

*The ь here does not change the pronunciation of the preceding ш. It is merely a spelling convention found in this ending.

Plural

мы	жив + ём	→	живём	(we live)
вы	жив + ёте	→	живёте	(you live)
они	жив + ут	→	живу́т	(they live)

YOU

ты and вы are both rendered in English as "you"; grammatically, ты is singular, вы is plural.

1. When referring to more than one person, вы must be used.

>   Тов́арищи! Вы зна́ете.

2. When referring to one person, either ты or вы may be used.

>   ты is informal: (like French <u>tu</u>)
>   Ма́ма! Ты зна́ешь.

>   вы is not: (like French <u>vous</u>)
>   Тов́арищ Боро́дин! Вы зна́ете.

In general, use ты when addressing (a) a child, (b) members of your own family, (c) a close acquaintance, (d) an animal.

A good rule of usage is to answer as addressed.

Stems ending in й

знай+

я	зна́ю	мы	зна́ем
ты	зна́ешь	вы	зна́ете
он/она́	зна́ет	они́	зна́ют

Stems ending in the consonant й differ from other consonant stems in the following ways:

1. *Spelling*

Since j + vowel is spelled as a single vowel letter,
the й of the stem is lost in the spelling.

Transcription: <u>znaj</u> + <u>u</u> → <u>znaju</u>
Russian: <u>знай</u> + <u>у</u> → <u>знаю</u>

2. *Stress*

Stems ending in й* are stressed on the stem; stems
ending in other consonants are stressed on the ending.

Note that endings which contain ё are spelled with
e whenever the endings are not stressed.

Compare the stems and the spelling of ё/e in:

знай+	жив+
зна́ю	живу́
зна́ешь	живёшь
зна́ет	живёт
.	.
.	.
.	.

The stem вёд+

In the forms of the verb introduced so far, the
stem vowel has been unstressed and has therefore
been written e:

ведёт, веду́т

However, it is important to know that the verb
stem is вёд+, so that when a stressed form <u>does</u>
occur (e.g., вёл - he conducted), you will know
to spell and pronounce it as ё.

3. *Rendition into English*

The present tense in Russian corresponds to the
English simple present and present progressive.

он рабо́тает   -   { he works
                    { he does work
                    { he is working

---

* As are stems in н, discussed later.

Drill 2

Translate into Russian.

1. they live _____

2. we live _____

3. you live (вы) _____

4. you live (ты) _____

5. he steals _____

6. I steal _____

7. they work _____

8. I am working _____

9. he works _____

10. we know _____

11. you think (вы) _____

12. you know (ты) _____

13. I read _____

14. she is reading _____

15. you conduct yourself badly (вы) _____

16. I do _____

17. he does _____

18. we do _____

19. you do (ты) _____

20. they do _____

Numbers

Listen and repeat.

оди́н, 1	3, 4
два, 2	3, 4
три, 3	5, 6
четы́ре, 4,4	3, 4, 5, 6
пять, 5	1, 2, 3, 4, 5, 6
шесть, 6	1, 2, 3, 4, 5, 6
1, 2	

<u>Где живу́т ти́гры?</u>

Tape

- Ма́ма, где живу́т ти́гры?
-- Ти́гры живу́т в А́зии.
- Я живу́ в А́зии?
-- Нет, ты не живёшь в А́зии.
- А ты и па́па, вы живёте в А́зии?
-- Нет, мы не живём в А́зии.
- Как так?
-- Так как мы не ти́гры.

<u>Where Do Tigers Live?</u>

- Mommy, where do tigers live?
-- Tigers live in Asia.
- Do I live in Asia?
-- No, you don't live in Asia.
- And you and Daddy, do you live in Asia?
-- No, we don't live in Asia.
- How come?   /how so?/
-- Because (inasmuch as) we're not tigers.

Verb Conjugation Drill

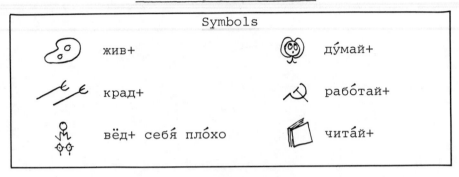

Symbols

жив+		ду́май+	
крад+		рабо́тай+	
вёд+ себя́ пло́хо		чита́й+	

Tape

Answer in Russian during the pause. The number will
identify the question; do not repeat the number.

Ex.-

	Tape	Answer during pause	Listen
Оди́н.	Что́ он де́лает?	Он крадёт.	
Два.	Что́ вы де́лаете?	Я краду́.	

1.   1.   1.   1.   1.

2.   2.   2.   2.   2.

3.   3.   3.   3.   3.

4.   4.   4.   4.   4.

5.   5.   5.   5.   5.

6.   6.   6.   6.   6.

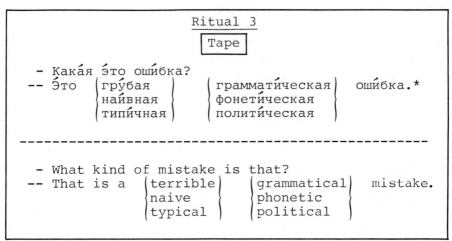

Ritual 3

Tape

- Кака́я э́то оши́бка?
-- Э́то (гру́бая   ) (граммати́ческая) оши́бка.*
       {наи́вная } {фонети́ческая   }
       (типи́чная) (полити́ческая   )

- What kind of mistake is that?
-- That is a (terrible) (grammatical) mistake.
            {naive   } {phonetic   }
            (typical) (political   )

*Combine any adjective from the first column with
any from the second.

PLURALS

1. The (nominative) plural of most nouns is formed by
   joining <u>i</u>. Remember that <u>i</u> is spelled ы or и, depending on the preceding consonant.

Singular	Plural
заво́д	заво́ды
вопро́с	вопро́сы
парк	па́рки
уда́рник	уда́рники
безде́льник	безде́льники
това́рищ	това́рищи

2. Nouns ending in -ор usually join stressed á.

дире́ктор	директора́*
инспе́ктор	инспектора́

3. Exception:

челове́к	лю́ди

*Note: plural: директора́
         possessive: дире́ктора

Plural Drill

Tape

Convert from singular to plural.

1. заво́д _____

2. тролле́йбус _____

3. парк _____

4. дире́ктор _____

5. Инспе́ктор не краде́т. _____

6. Челове́к рабо́тает. _____

-----

1. Уда́рник рабо́тает. _____

2. Конду́ктор зна́ет. _____

3. Това́рищ ведёт себя́ хорошо́. _____

_____

4. Что́ он де́лает? _____

5. Он не зна́ет, что он ведёт себя́ пло́хо. _____

_____

The relative кото́рый   (who/that/which):

(sg) Ка́ждый челове́к, кото́р*ый* чита́ет
в па́рке...

(pl) Лю́ди, кото́р*ые* чита́ют в па́рке...

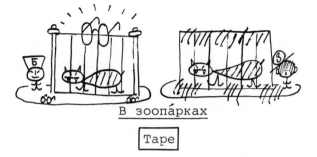

В зоопарках

Tape

Где живу́т ти́гры, кото́рые не живу́т в А́зии?
Наско́лько мы зна́ем, ти́гры, кото́рые не живу́т в А́зии,
    живу́т в зоопа́рках.

Това́рищ Бороди́н - инспе́ктор в зоопа́рке.
Това́рищ Зо́лотов - то́же инспе́ктор в зоопа́рке.
Что э́то зна́чит?
Э́то зна́чит, что това́рищи Бороди́н и Зо́лотов -
    инспектора́ в зоопа́рках.

Оди́н тигр живёт в зоопа́рке това́рища Бородина́.
Друго́й тигр живёт в зоопа́рке това́рища Зо́лотова.

Где лю́бят жить ти́гры?
Лю́бят ли ти́гры жить в зоопа́рках?

Как изве́стно, зоопа́рк това́рища Бородина́ чи́стый и
    культу́рный.
Зоопа́рк това́рища Зо́лотова не о́чень чи́стый и не
    о́чень культу́рный.

Поэ́тому тигр, кото́рый живёт в зоопа́рке това́рища
    Зо́лотова, не лю́бит жить в зоопа́рке това́рища
    Зо́лотова.

О чём ду́мают ти́гры, кото́рые живу́т в зоопа́рках?

Тигр, кото́рый живёт в зоопа́рке това́рища Зо́лотова,
    ду́мает о жи́зни в зоопа́рке това́рища Бородина́.

Тигр, кото́рый живёт в зоопа́рке това́рища Бородина́,
    ду́мает о жи́зни в А́зии.

In the Zoos

Where do tigers live who don't live in Asia?
As far as we know, tigers who don't live in Asia live
    in zoos.

Comrade Borodin is an inspector in a zoo.
Comrade Zolotov is also an inspector in a zoo.
What does that mean?
That means that comrades Borodin and Zolotov are in-
    spectors in zoos.

A certain tiger lives in comrade Borodin's zoo.
Another tiger lives in comrade Zolotov's zoo.

Where do tigers like to live?
Do tigers like to live in zoos?

As is well-known, comrade Borodin's zoo is clean and
    cultured.
Comrade Zolotov's zoo is not very clean and not very
    cultured.

Therefore, the tiger who lives in comrade Zolotov's
    zoo doesn't like to live in comrade Zolotov's zoo.

What do tigers who live in zoos think about?

The tiger who lives in comrade Zolotov's zoo thinks
    about life in comrade Borodin's zoo.

The tiger who lives in comrade Borodin's zoo thinks
    about life in Asia.

Вопро́сы

Tape

1. Где живу́т ти́гры, кото́рые не живу́т в А́зии?

2. Где живу́т ти́гры, кото́рые не живу́т в
     зоопа́рках?

3. Мы ти́гры, кото́рые не живём в А́зии.
     Где мы живём?

4. Я тигр, кото́рый не живёт в зоопа́рке.
     Где я живу́?

5. Кто това́рищ Бороди́н?

6. Кто това́рищ Зо́лотов?

7. Что́ э́то зна́чит?

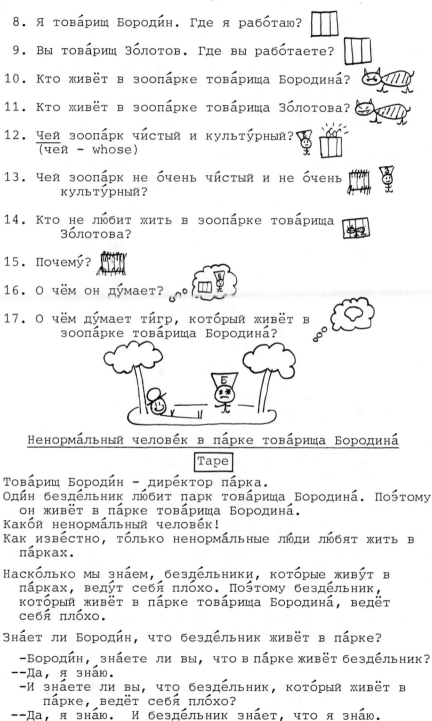

8. Я товарищ Бородин. Где я работаю?

9. Вы товарищ Золотов. Где вы работаете?

10. Кто живёт в зоопарке товарища Бородина?

11. Кто живёт в зоопарке товарища Золотова?

12. Чей зоопарк чистый и культурный?
    (чей - whose)

13. Чей зоопарк не очень чистый и не очень
    культурный?

14. Кто не любит жить в зоопарке товарища
    Золотова?

15. Почему?

16. О чём он думает?

17. О чём думает тигр, который живёт в
    зоопарке товарища Бородина?

Ненормальный человек в парке товарища Бородина

Tape

Товарищ Бородин - директор парка.
Один бездельник любит парк товарища Бородина. Поэтому
   он живёт в парке товарища Бородина.
Какой ненормальный человек!
Как известно, только ненормальные люди любят жить в
   парках.

Насколько мы знаем, бездельники, которые живут в
   парках, ведут себя плохо. Поэтому бездельник,
   который живёт в парке товарища Бородина, ведёт
   себя плохо.

Знает ли Бородин, что бездельник живёт в парке?

   -Бородин, знаете ли вы, что в парке живёт бездельник?
   --Да, я знаю.
   -И знаете ли вы, что бездельник, который живёт в
      парке, ведёт себя плохо?
   --Да, я знаю. И бездельник знает, что я знаю.

The Abnormal Person in Comrade Borodin's Park

Comrade Borodin is the director of a park.
A certain loafer likes comrade Borodin's park.
Therefore, he lives in comrade Borodin's park.
What an abnormal person!
As is well-known, only abnormal people like to live
in parks.

As far as we know, loafers who live in parks conduct
themselves badly. Therefore, the loafer who lives
in comrade Borodin's park conducts himself badly.

Does Borodin know that a loafer is living in the
park?

  -Borodin, do you know that a loafer is living in
      the park?
 --Yes, I do. /Yes, I know./
  -And do you know that the loafer who is living in
      the park conducts himself badly?
 --Yes, I know. And the loafer knows that I know.

Вопросы

Tape

1. Кто товáрищ Бородúн?

2. Какóй человéк живёт в пáрке товáрища Бородинá?

3. Почемý он живёт в пáрке товáрища
   Бородинá?

4. Какúе лЮди лЮбят жить в пáрках?

5. Как ведýт себя́ бездéльники, котóрые живýт в
   пáрках?

6. Как ведёт себя́ бездéльник, котóрый живёт в пáрке
   товáрища Бородинá?

7. Почемý ведёт себя́ плóхо бездéльник, котóрый живёт
   в пáрке товáрища Бородинá?

8. Знáет ли Бородúн, что в пáрке живёт бездéльник?

9. Знáет ли Бородúн, что бездéльник, котóрый
   живёт в пáрке, ведёт себя́ плóхо?

WORKBOOK: CONSONANT + j

j is usually found after vowels (znaju - знаю, mojo - моё) or initially (jest - есть , ja - я). It may also occur after consonants.

1. Letters → Transcription: Recognizing consonant + j

We have noted that the soft vowel letters я, ю, е, etc. may represent one of two things:
   (1) Immediately after a consonant letter, they show soft consonant + vowel.
          тя - t̪a

   (2) Elsewhere, they show j + vowel.
          я - ja   моя - moja

   The soft sign (ь) and hard sign (ъ) are not consonant letters. Therefore ь or ъ + soft vowel letter represents j + vowel.

   Consonant letter + я = a   тя - t̪a
   Anything else   + я = ja

   (nothing + я)   я - ja
   (vowel letter + я)   ая - aja
   (ь + я)   тья - t̪ja
   (ъ + я)   тъя - tja

ь shows that the consonant preceding j is soft or unpaired; ъ shows that it is hard.*

       soft consonant + j:
                         воробьёв - vorobjov
                            пью - pju
                         дьявол - d̪javol

       unpaired consonant + j:
                         сошьём - soshjom
                         ружьё - ruzhjo
                         чья - chja

       hard consonant + j:
                         отъезд - otjezd
                         объём - objom
                         въехал - vjexal

In short, when you see a soft vowel letter without an immediately preceding consonant letter, j is present.
                 ----
*It is often true that consonants preceding ъ are now pronounced soft. In such cases, the choice of ь or ъ is conventional, not phonetic. Certain grammatical forms have ъ, others have ь. See p. 61.

Exercise 1

A. Which of the underlined soft vowel letters in the words below are not immediately preceded by a consonant letter? (Write numbers) _____

B. Transcribe.

1. тё _____   6. пью_____   11. *e* _____   16. шё _____

2. *ё* _____   7. юг _____   12. тe _____   17. шьё _____

3. оё _____   8. тю _____   13. тъe_____   18. чью_____

4. тьё_____   9. аю _____   14. тьe_____   19. жи _____

5. тъё_____   10. тъю_____   15. оe _____   20. жья_____

Exercise 2

Transcribe.

1. крадёт _____   6. дьявол _____

2. подъём _____   7. чудо _____

3. статьи _____   8. чью _____

4. памяти _____   9. жён _____

5. дядя _____   10. ружьё _____

2. *Transcription* → *Letters*

When you see a consonant + j in transcription, be sure to write ь or ъ before the soft vowel letter.

dja	дъя	hard C + j
d̦ja	дья	soft C + j
shja	шъя	unpaired C + j

Exercise 3

Write in Russian.

1. țja _____   6. cha _____   11. pen̦ija _____

2. d̦jo _____   7. da _____   12. pen̦ja _____

3. tja _____   8. d̦a _____   13. vol _____

4. djo _____   9. d̦ja _____   14. objom _____

5. chja _____   10. dja _____   15. zhițjo _____

Exercise 4

What is the final consonant of the following words?
Write the consonant in transcription.

Ex.: дыня - n̦

1. мойка _____	4. статья _____	7. мытьё _____
2. Саша _____	5. здоровья _____	8. полю _____
3. неделя _____	6. здания _____	9. веселью _____

---

3. The function of ъ

The letter ъ is used when adding prefixes ending
in a consonant to stems beginning with j:

из + ясни - iz + jasn̦i

If из were followed directly by ясни, the first
consonant of the stem - j - would be lost in
spelling:

изясни - iẓasn̦i

The letter ъ keeps this from happening:

изъясни - izjasn̦i

Exercise 5

Write in such a way that the first consonant of the
stem is not lost.
Ex.: pod + exa+ - подъеха+

(a) pod+

1. еха+ _____
2. писа+ _____
3. нимай+ _____
4. ём+ _____

(b) iz+

1. бегай+ _____
2. ясни+ _____
3. мени+ _____
4. езди+ _____

(c) ob+

1. ясни+ _____
2. работай+ _____
3. общи+ _____
4. ём+ _____

(d) v+

1. ходи+ _____
2. ед+ _____
3. ший+ _____
4. еха+ _____

Товáрищ Воробьёв

Товáрищ Воробьёв, кáжется, - плохóй человéк.

Воробьёв и Муравьёв - инспекторá.
Инспéктор Воробьёв крадёт карандашú.
Он крадёт карандашú дáже на своём завóде.
Да, у́тром он крадёт карандашú на своём завóде.
А вéчером он крадёт карандашú на завóде инспéктора
    Муравьёва.

Но Муравьёв, кáжется, óчень дóбрый человéк, но
    плохóй инспéктор.
Он не хóчет ду́мать, что лю́ди краду́т.
Муравьёв, кáжется, дéлает ошúбку.

Comrade Vorobjov

Comrade Vorobjov, it seems, is a bad person.

Vorobjov and Muravjov are inspectors.
Inspector Vorobjov steals pencils.
He steals pencils even at his own factory.
Yes, in the morning he steals pencils at his own
    factory.
 And in the evening he steals pencils at inspector
    Muravjov's factory.

But Muravjov, it seems, is a very kind man, but a
    bad inspector.
He doesn't want to think that people steal.
Muravjov, it seems, is making a mistake.

Вопро́сы

Tape

1. Како́й челове́к това́рищ Воробьёв?

2. Почему́ я ду́маю, что он плохо́й челове́к?

3. Когда́ он крадёт карандаши́ на своём заво́де?

4. Когда́ он крадёт карандаши́ на заво́де инспе́ктора Муравьёва?

5. Когда́ крадёт инспе́ктор Муравьёв?

6. Каку́ю оши́бку де́лает Муравьёв?

BUT: a and но

Both a and но correspond to English "but".

a is often used when contrasting:

не на заво́де, *а* в па́рке
(not in the factory, *but* in the park)

It is sometimes translated as "and":

У́тром он рабо́тает на заво́де, *а* ве́чером в па́рке.
(In the morning he works at the factory, *and* in the evening in the park.)

но is stronger, and has the meaning of "however".

Но Муравьёв о́чень до́брый челове́к.
(*But* Murayjov is a very kind person.)

WORKBOOK: THE STRUCTURE OF NOUNS

A. *Cases*

Russian words appear in one of 6 *cases*, of which we have encountered four. The form of these four cases in the word заво́д are:

	Singular	Plural
Nominative	заво́д	заво́ды
Accusative	заво́д	заво́ды
Genitive	заво́да	(not yet treated)
Prepositional	заво́де	заво́дах

заво́д is said to be in the nominative or accusative singular, *заво́да* in the genitive singular, etc.

<u>Nominative case</u>: The forms a word takes when it serves as the subject of the sentence.

Заво́д - чи́стый.   (The factory is clean.)
Заво́ды - чи́стые.   (The factories are clean.)

<u>Accusative case</u>: [identical in this word to the nominative case] The forms which a word takes when it serves as the direct object of a verb.

Он лю́бит *заво́д*.   (He likes the factory.)
Он лю́бит *заво́ды*.   (He likes the factories.)

<u>Genitive case</u>: Has possessive meaning, and may be translated "of".

дире́ктор *заво́да*   (director of the factory)

<u>Prepositional case</u>: found after certain preposi-tions. Two of them are на and в.

на *заво́де*   (in/at the factory)
на *заво́дах*   (in/at the factories)

в *па́рке*   (in the park)
в *па́рках*   (in the parks)

B. *Endings and Stem*

1. <u>Endings</u>. The <u>a</u> in заво́да is called the genitive singular <u>ending</u>, the <u>i</u> in заво́ды the nom. and acc. pl. endings, etc. Endings will be written in transcription whenever they are discussed as such. Like all transcription, they will be un-derlined.

2. <u>Stem</u>. The word заво́ды consists of two parts:
    заво́д + <u>i</u>. (Notice that the ending has been
    written in transcription.) Завод+ is the part
    of the word that means "the noun *factory* in
    the abstract" - before it has been specified
    as to case and number, i.e., before endings
    have been joined. Such an abstraction is
    called a stem, and, as with verbs, is followed
    by +. + shows that endings must be added. A
    word is a combination of *stem + ending*.

Spelling rules determine whether hard or soft vowel letters are used to represent the endings.

Exercise 1

Join <u>a</u> to the following stems.   Answers

парк   _____   парка

князь   _____   *(prince)*   князя

май   _____   *(May)*   мая

Join <u>i</u> to the following stems.

сад   _____   *(garden)*   сады

парк   _____   парки

май   _____   маи

карандаш   _____   карандаши

A stem is an abstraction from all the forms of a giv-
en word. It is the common element that all the forms
share.

Exercise 2

Abstract *stems* from the following sets of *words*.

	garden	writer	hero
	сады	писатели	герои
	садах	писателях	героях
	сада	писателя	героя

Stem: _____   _____   _____

- -

Answers: сад+   писатель+   герой+

C. Zero

In the word заво́д, nominative-accusative singular
is conveyed by the absence of an ending, i.e., by
the *presence* of *nothing*. *Nothing* may convey information. The failure to have an ending in the a-
bove word conveys the information "nominative-accusative" and "singular". The nothing which conveys information is called "zero" and will be written with the symbol ∅.

Thus:

	Singular	Plural
<u>Nominative</u>	заво́д + ∅	заво́д + i
<u>Accusative</u>	заво́д + ∅	заво́д + i
<u>Genitive</u>	заво́д + a	(not yet treated)
<u>Prepositional</u>	заво́д + e*	заво́д + ax

заво́д+ is a *stem* with the meaning "factory in the
abstract",

заво́д+∅ is a *word* with the meaning "nom.-acc. sg.
of factory".

The direction <u>analyze</u> means: represent a word with
+ after stem and with endings in transcription.

<u>Ex.</u>:   analyze заво́ды - заво́д + i
            analyze заво́д - заво́д + ∅

Exercise 3

Analyze the words in the spaces to the right. Use
ditto marks rather than repeat the stem.

	(question)	(zero)	(cowboy)
<u>Nom. sg.</u>	вопрос _____	нуль _____	ковбой _____
<u>Gen. sg.</u>	вопроса _____	нуля _____	ковбоя _____
<u>Nom. pl.</u>	вопросы _____	нули _____	ковбои _____
<u>Prep. pl.</u>	вопросах_____	нулях_____	ковбоях_____
<u>Stem:</u>	_____	_____	_____

---

* In Russian words, the vowel <u>e</u> always softens preceding paired consonants.

Answers:	вопрос + ∅	нуль + ∅	ковбой + ∅
	" + a	" + a	" + a
	" + i̲	" + i̲	" + i̲
	" + a̲x̲	" + a̲x̲	" + a̲x̲
	вопрос+	нуль+	ковбой+

The symbol ∅ distinguishes the nom. sg. and the stem
of these words.

D. *The Purpose of Transcription*

A paired consonant letter may represent either a
hard or a soft consonant sound. You cannot tell
which without reference to the subsequent letter.

Exercise 4

Transcribe the underlined
letters as either l̲ or ḷ.

1. л̲а__ 2. л̲я__ 3. ал̲ь__ 4. ал̲__

Answers: l, ḷ, ḷ, l

A soft vowel letter may represent either a preceding j̲ or a preceding paired soft consonant.
You can tell which with reference to the preceding letter.

Exercise 5

Transcribe the underlined
letters as either ꞏa or ja̲.

1. мо̲я__ 2. тя̲__ 3. я̲т__ 4. я̲тя____

Answers: ja̲; ꞏa; ja̲; ja, ꞏa

These ambiguities (л = l̲ or ḷ; я = ja̲ or ꞏa) present no problem in reading, for the sound of a
letter can always be determined by reference to
the following or to the preceding letter. Ambiguities arise only when describing *parts* of words
- stems or ending; or, in other words, when ana-
lyzing grammar. Transcription resolves these ambiguities and permits economical description of
stems and endings. The examples below illustrate
the purpose of transcription in grammatical analysis.

Do not attempt to memorize the forms used in the
examples.

Example 1 - The genitive plural

Nouns whose nominative singular ending is a vowel
form their genitive plural as follows:

Nom. sg.	Gen. pl.	
нау́ка	нау́к	*(science)*
сло́во	слов	*(word)*
пусты́ня	пусты́нь	*(desert)*
па́ртия	па́ртий	*(party)*
зада́ние*	зада́ний	*(assignment)*

*The letter е in this word is actually an unstressed
 ё - not important for the point being made here.

Exercise 6

Analyze the above words.

	Nom. sg.	Gen. pl.
(science)	_____	_____
(word)	_____	_____
(desert)	_____	_____
(party)	_____	_____
(assignment)	_____	_____

Answers:
  нау́к+а   сло́в+о   пусты́нь+а   па́ртий+а   зада́ний+о
  нау́к+∅   слов+∅   пусты́нь+∅   па́ртий+∅   зада́ний+∅

Compare the two descriptions of the genitive plural
below, the first using transcription and the second
using Russian alphabet letters.

Description 1: Using transcription
   The genitive plural of all these words is ∅ and is
formed by dropping the final vowel.

Description 2: Using Russian letters
   1. If the nom. sg. ends in a hard vowel letter,
drop the vowel letter:

      нау́ка → нау́к   сло́во → слов

   2. If the nom. sg. ends in a soft vowel letter,
drop the vowel letter and add ь:

      пусты́ня → пусты́нь

   However, if the nom. sg. ends in a soft vowel
letter which is preceded by и, drop the vowel letter

and add й.

па́ртия → па́ртий   зада́ние → зада́ний

The genitive plural is clearly more simple to describe in transcription than in Russian alphabet letters.

Example 2 - The masculine singular

Nouns whose nom. sg. ends in ∅ may form their gen. sg.
as follows:

Nom. sg.	заво́д	гусь	трамва́й
Gen. sg.	заво́да	гу́ся	трамва́я

Description using transcription:
    The gen. sg. of all these words is formed by join-
ing a to the stem.

Description using Russian alphabet letters:
    1. If the nom. sg. ends in a consonant letter,
join а:

заво́д → заво́да

    2. If the nom. sg. ends in ь or й, drop the final
letter and substitute я:

гусь → гу́ся   трамва́й → трамва́я

Again, the same phenomenon is simpler and clearer
when described in transcription.

Example 3 - Recovery of stems and roots

Below are various case forms of the word "May". The
Russian alphabet obscures the common element of these
words, i.e., the stem. Transcription exposes the
stem.

Exercise 7

Write in transcription.   Answers

май   _____   maj

мая   _____   maja

маи   _____   maji

маях   _____   majax

In alphabet letters, the common element appears to be
ма and the endings й, я, и, ях. The transcription
shows the common element to be maj.

A root is the element common to a set of related
stems, as the stem is the element common to a set of
related words.

Exercise 8

The following stems contain the root "build".
Write in transcription.

строи+	_____	*(build)*
строен+	_____	*(built)*
строитель+	_____	*(builder)*
строений+	_____	*(building)*
строй+	_____	*(order)*

- -

Answers: stroji+;   strojen+;   strojitel+;
          strojeņij+;   stroj+.

Transcription shows that the root - the element common to all of these stems is stroj.

In alphabet letters, the root appears to be стро-,
since the final consonant of the root is obscured by
the spelling.

The analysis of Russian grammar in terms of alphabet
letters yields a description which is:

(1) Complicated, for it multiplies the number of
    noun types, endings, and ways of joining end-
    ings.

(2) Unnatural, for it creates complications which
    do not exist in the spoken language. We may
    assume that native speakers of a language un-
    derstand its structure in terms of *sound* pat-
    terns rather than in terms of written symbols.
    If that is true, then complications which are
    created by the alphabet are unnatural ones.

(3) Misleading, for it yields a description of
    roots, stems, and endings which is intuitively
    erroneous.

The Russian alphabet is an adequate tool for representing *words*, but this may be extremely cumbersome
for representing parts of words. This is especially
true of nouns and adjective endings. For that reason,
when grammar is being discussed as such, noun and adjective endings will be written in transcription.

Summary of Endings Which Have Been Treated

	Sg.	Pl.
nom. acc.	-∅	-i (-á for nouns in -op)
gen.	-a	(not yet treated)
prep.	-e	-ax

Drill 3

Translate into Russian. Mark stress.

New Vocabulary: museum - музе́й
                 writer - писа́тель

Assume "in" - в, except that "in the factory/factor-
              ies" - на заво́де/заво́дах

1. of the park _____

2. of the trolleybus

3. of the comrade _____

4. of the writer _____

5. of the museum _____

6. of inspector Petrov _____

7. in the park _____

8. in the trolleybus _____

9. in the museum _____

10. in the factory _____

11. trolleybusses _____

12. factories _____

13. parks _____

14. comrades _____

15. writers _____

16. museums _____

17. inspectors _____

18. people _____

19. in parks _____

20. in museums _____

21. in trolleybusses _____

22. in factories _____

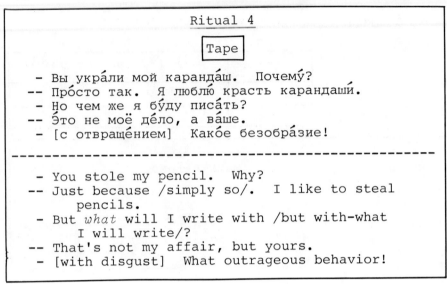

- Вы укра́ли мой каранда́ш. Почему́?
-- Про́сто так. Я люблю́ красть карандаши́.
- Но чем же я бу́ду писа́ть?
-- Э́то не моё де́ло, а ва́ше.
- [с отвраще́нием] Како́е безобра́зие!

- You stole my pencil. Why?
-- Just because /simply so/. I like to steal
     pencils.
- But *what* will I write with /but with-what
     I will write/?
-- That's not my affair, but yours.
- [with disgust] What outrageous behavior!

INFINITIVE

The infinitive is formed by joining the ending -ть
to the verb stem. When -ть is joined to a stem ending in a consonant, the final consonant of the stem
drops.

$$C + C \rightarrow \emptyset C$$

жив + ть → жить   *(to live)*

ду́май + ть → ду́мать   *(to think)*

рабо́тай + ть → рабо́тать *(to work)*

Two verbs we have had do not follow this pattern.

(to steal)
          крад + ть → красть and not "крать"

(to conduct)
          вёд + ть → вести́ and not "вёть"

The infinitives of these two verbs will be explained
later.

Infinitive Drill 1

Listen and repeat.

Tape

	1st sg.	inf.
1.	зна́ю	знать
2.	ду́маю	ду́мать
3.	живу́	жить
4.	рабо́таю	рабо́тать
5.	чита́ю	чита́ть
6.	де́лаю	де́лать

1.	краду́	красть
2.	веду́	вести́

Infinitive Drill 2

Tape

A. Look at the clue and listen to the tape.

B. During the pause, answer the question.

C. Listen to the answer.

Ex.   ☺   Что́ он де́лает?   Он ду́мает.

♡ ☺   Почему́ он ду́мает?   Он лю́бит ду́мать.

1.   ♡

2.   ♡

3.   ♡

4.   ♡

5.   ♡

6.   ♡

Воробьёв! Почему?

Tape

- Воробьёв! Почему вы ведёте себя плохо? Вы любите вести себя плохо?

  Почему вы крадёте карандаши? Вы любите красть карандаши?

  Почему вы не живёте как все другие? Вы не любите жить как все другие?

-- Я не люблю вести себя плохо.

  Один бог* знает, почему я веду себя плохо.

  Я не плохой человек. [плачет]

Vorobjov! Why?

- Vorobjov! Why do you conduct yourself badly? Do you like to conduct yourself badly?

  Why do you steal pencils? Do you like to steal pencils?

  Why don't you live like everybody else /all the others/? Don't you like to live like everybody else?

-- I don't like to conduct myself badly.

  God only knows why I conduct myself badly.

  I'm not a bad person. [he weeps]

Вопросы

Tape

1. Воробьёв! Вы любите вести себя плохо?

2. Вы любите красть?

3. Почему вы ведёте себя плохо?

---

*г in this word is pronounced x.

Молодо́й Уда́рник

- Кто вы?

-- Я молодо́й уда́рник.

- Что́ э́то зна́чит?

-- Э́то зна́чит, что я рабо́таю с энтузиа́змом.

- Пу́блика хо́чет знать, почему́ вы рабо́таете
    с энтузиа́змом.

-- Я люблю́ рабо́тать с энтузиа́змом.
        Я молодо́й уда́рник.

The Young Shock-worker

- Who are you?

-- I am a young shock-worker.

- What does that mean?

-- That means that I work with enthusiasm.

- The public wants to know why you work with
    enthusiasm.

-- I like to work with enthusiasm. I am a
    young shock-worker.

Тигр

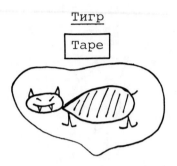

- Кто ты?

-- Я тигр.

- Где ты живёшь, тигр?

-- Я живу́ в А́зии.

- Пу́блика хо́чет знать, почему́ ты живёшь в А́зии.

-- Я люблю́ жить в А́зии.   Я тигр.

The Tiger

- Who are you?

-- I am a tiger.

- Where do you live, tiger?

-- I live in Asia.

- The public wants to know why you live in Asia.

-- I like to live in Asia.   I am a tiger.

Филóсоф

- Кто вы?

-- Я филóсоф.

- Чтó э́то знáчит?

-- Э́то знáчит, что я дýмаю.

- О чём вы дýмаете?

-- Я дýмаю о жи́зни.

- Пýблика хóчет знать, почемý вы дýмаете о жи́зни.

-- Я люблю́ дýмать о жи́зни. Я филóсоф.

The Philosopher

- Who are you?

-- I am a philosopher.

- What does that mean?

-- That means that I think.

- What do you think about?

-- I think about life.

- The public wants to know why you think about
     life.

-- I like to think about life. I am a philosopher.

Хулига́н*

- Кто вы?

-- Я хулига́н.

- Что́ э́то зна́чит?

-- Э́то зна́чит, что я веду́ себя́ о́чень пло́хо.

- Пу́блика хо́чет знать, почему́ вы ведёте себя́
      пло́хо.

-- Про́сто так. Я люблю́ вести́ себя́ пло́хо. Я
      хулига́н.

The Hooligan

- Who are you?

-- I'm a hooligan.

- What does that mean?

-- That means that I conduct myself very badly.

- The public wants to know why you conduct your-
      self badly.

-- Just /simply/ so. I like to conduct myself
      badly. I'm a hooligan.

* Хулига́н: Hooliganism is defined as "behavior ex-
hibiting disrespect for the social order."

Вопро́сы

Tape

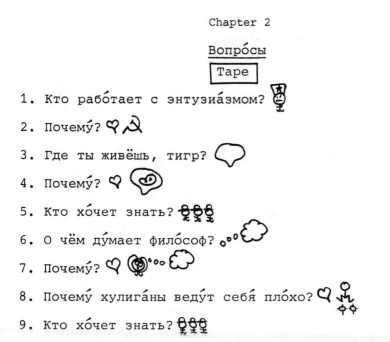

1. Кто рабо́тает с энтузиа́змом?

2. Почему́?

3. Где ты живёшь, тигр?

4. Почему́?

5. Кто хо́чет знать?

6. О чём ду́мает фило́соф?

7. Почему́?

8. Почему́ хулига́ны веду́т себя́ пло́хо?

9. Кто хо́чет знать?

ADJECTIVE ENDINGS: THE NOMINATIVE AND ACCUSATIVE

1. For most of the nouns encountered in this chapter,* the relevant adjective endings are:

sg.	pl.
-ij	-ije

культу́рн*ий* челове́к   культу́рн*ие* лю́ди

до́бр*ий* челове́к   до́бр*ие* лю́ди

* Specifically, masculine nouns.

Spelling -ij and -ije

Rules for spelling <u>i</u> apply here.

(a) after hard consonants, <u>i</u> is spelled ы.
     до́бр*ы*й, до́бр*ы*е

(b) after velars, <u>i</u> is spelled и.
     граммати́ческий, граммати́ческие

(c) after unpaired consonants, <u>i</u> is spelled и.
     хоро́ш*и*й, хоро́ш*и*е

```
Drill 4
Fill in the endings.
     1.   нóв_____ (new) троллéйбус

     2.   нóв_____ завóды

     3.   граммати́ческ_____ вопрóс

     4.   граммати́ческ_____ вопрóсы

     5.   хорóш_____ завóд

     6.   хорóш_____ завóды

     7.   дóбр_____ инспéктор

     8.   дóбр_____ инспекторá
```

2.   The ending ój

    When the singular ending is stressed, ij changes
    to ój.
              молодóй   какóй   плохóй
    The plural ending -ije is unaffected.
              молоды́е   каки́е   плохи́е

```
Drill 5
Fill in the endings.
     1.   молóд_____ удáрник

     2.   молóд_____ удáрники

     3.   стáр_____ (old) троллéйбус

     4.   стáр_____ троллéйбусы

     5.   как_____ человéк

     6.   как_____ лю́ди

     7.   плóх_____ парк

     8.   плóх_____ пáрки

     9.   нóв_____ троллéйбус

     10.  нóв_____ троллéйбусы
```

Adjective Drill

	Symbols:	
＼＼ ｜ ｜ ／	но́вый	– *new*
∫∫∫∫	ста́рый	– *old*
⬭ (a halo)	хоро́ший	– *good*
∧ ∧ (horns)	плохо́й	– *bad*

Tape

Answer in Russian during the pause.

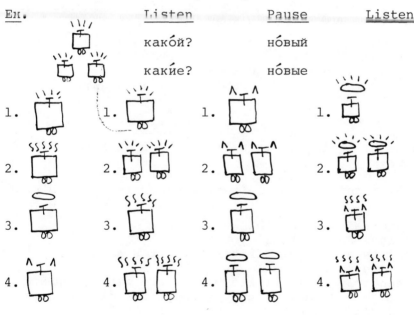

Ex.	Listen	Pause	Listen
	како́й?	но́вый	
	каки́е?	но́вые	
1.	1.	1.	1.
2.	2.	2.	2.
3.	3.	3.	3.
4.	4.	4.	4.

Алекса́ндр Ива́нович

Алекса́ндр Ива́нович - кондуктор[1] в тролле́йбусе.
Все други́е тролле́йбусы но́вые и хоро́шие.
Но тролле́йбус Алекса́ндра Ива́новича о́чень ста́рый и
  плохо́й.

Алекса́ндр Ива́нович ду́мает:
  "У меня́ ста́рый тролле́йбус.
   Ничего́.
   Я люблю́ мой ста́рый тролле́йбус.
   [ла́сково] Ста́рые тролле́йбусы - ста́рые това́рищи.
   Я ста́рый челове́к. Я понима́ю ста́рые тролле́йбусы.
   И ста́рые тролле́йбусы понима́ют меня́."

Мо́жет быть, Алекса́ндр Ива́нович - до́брый челове́к.
Но я ду́маю, что он о́чень плохо́й фило́соф.
Тролле́йбусы ничего́ не понима́ют.
Как изве́стно, тролле́йбусы не лю́ди, а маши́ны.

Aleksandr Ivanovich

Aleksandr Ivanovich is a fare-collector in a trolleybus.
All the other trolleybusses are new and good.
But Aleksandr Ivanovich's trolleybus is very old and
  bad.

Aleksandr Ivanovich thinks:
  "I have an old trolleybus.
   That's all right. (Literally: It's nothing.)
   I love my old trolleybus.
   [tenderly] Old trolleybusses are old comrades.
   I'm an old man. I understand old trolleybusses.
   And old trolleybusses understand me."

Perhaps Aleksandr Ivanovich is a kind person.
But I think that he's a very bad philosopher.
Trolleybusses don't understand anything.
As is well-known, trolleybusses are not people, but
  machines.

---

[1] fare-collector (not a driver)

<u>Вопро́сы</u>

Tape

1. Чей *(whose)* тролле́йбус ста́рый и плохо́й?

2. Все други́е тролле́йбусы ста́рые и
   плохи́е?

3. Каки́е тролле́йбусы понима́ет
   Алекса́ндр Ива́нович?

4. Почему́?

5. Почему́ он лю́бит ста́рые
   тролле́йбусы?

6. Что́ понима́ют ста́рые тролле́йбусы?

7. Почему́?

8. Како́й фило́соф Алекса́ндр Ива́нович?

Hu- Words

Negative words whose first element is ни- take negative verbs:

        никто́ не зна́ет   -   nobody knows

    э́то ничего́ не зна́чит   -   { that means nothing
                                 that doesn't mean any-
                                       thing

Ни- words generally come before the verb; if there is more than one, they all come before the verb:

    Никто́ никогда́ ничего́ не де́лает.

    Nobody ever does anything.

Ни-Word Drill

Tape

The answers to the following questions are "nobody",
"never", or "nothing".

Ex.:   Listen   Answer during pause   Listen

   Кто живёт в па́рке?   Никто́ не живёт в па́рке.

1. Кто живёт в тролле́йбусе?
2. Кто чита́ет в па́рке?
3. Когда́ мо́ется Воробьёв?
4. Когда́ ду́мают некульту́рные лю́ди?
5. Что́ зна́ют некульту́рные лю́ди?
6. Что́ зна́ет Воробьёв?

   Here is a ни-word you have not yet had. See if
   you can figure it out.

   Где они́ краду́т?

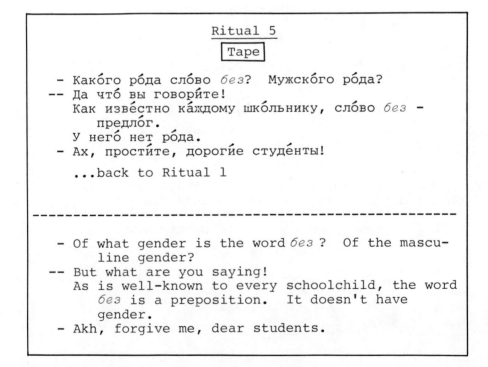

Ritual 5

Tape

   - Како́го ро́да сло́во *без*?   Мужско́го ро́да?
  -- Да что́ вы говори́те!
     Как изве́стно ка́ждому шко́льнику, сло́во *без* -
        предло́г.
     У него́ нет ро́да.
   - Ах, прости́те, дороги́е студе́нты!

     ...back to Ritual 1

   - Of what gender is the word *без* ? Of the mascu-
        line gender?
  -- But what are you saying!
     As is well-known to every schoolchild, the word
        без is a preposition. It doesn't have
        gender.
   - Akh, forgive me, dear students.

PRONUNCIATION OF VOICED AND VOICELESS CONSONANTS

Voiced consonants are those that cannot be made without vibration of the vocal chords. Vibration of the
vocal chords may be felt by pressing fingers to the
throat and saying з. Now say с - no vibration.

з and с are voiced/voiceless counterparts. Below is
a list of voiced/voiceless counterparts.

Voiced	Voiceless
з	с
ж	ш
в	ф
д	т
г	к
б	п

1. Unvoicing Rule:

At the end of a word, voiced consonants are unvoiced, i.e., are pronounced like their voiceless
counterparts.

без is pronounced "b̦eș"
заво́д is pronounced "zavót"

However, in заво́да "д" is again pronounced "*d*",
since it is no longer at the end of the word.

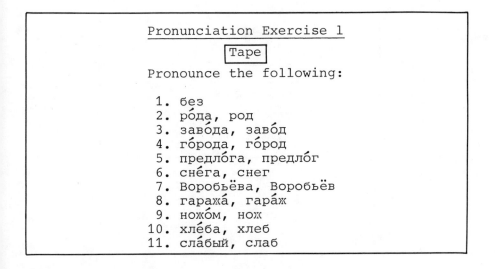

Pronunciation Exercise 1

Tape

Pronounce the following:

1. без
2. ро́да, род
3. заво́да, заво́д
4. го́рода, го́род
5. предло́га, предло́г
6. сне́га, снег
7. Воробьёва, Воробьёв
8. гаража́, гара́ж
9. ножо́м, нож
10. хле́ба, хлеб
11. сла́бый, слаб

2. *Assimilation Rule:*

Consonant clusters (groups of consonants not separated by vowels) assimilate to the final consonant of the cluster. If the final consonant is
voiceless, all other consonants of the cluster are
unvoiced; if voiced, all are voiced.

<u>Cluster is pronounced</u>:

оши́бку   <u>pk</u>

*сд*е́лал   <u>zd</u> (<u>s</u> → <u>s</u> → <u>z</u>)

Unstressed prepositions are pronounced as part of
the following word, and the assimilation rule ap-
plies.

*в п*а́рке   <u>fp</u>

Pronunciation Exercise 2

| Tape |

Pronounce the following:

1. *в п*а́рке
2. *в т*роллейбусе
3. *в д*о́ме
4. *вс*е
5. *сд*е́лал
6. *с г*ор
7. *от г*о́ря
8. *под ст*оло́м
9. та́кже
10. мужско́го

Comprehension Drill: Профе́ссор Зо́лотов

$$\boxed{\text{Tape}}$$

Listen to the story on tape until you can answer the
questions below.

New Vocabulary

профе́ссор - professor
слу́шай+ - listen to
ле́кции (pl.) - lectures
уро́к - lesson
на уро́ках
са́мый - the most
чьи (pl.) - whose

Вопро́сы

$$\boxed{\text{Tape}}$$

1. Как веду́т себя́ студе́нты профе́ссора Зо́лотова на
   уро́ках профе́ссора?

2. Почему́?

3. Что́ де́лает профе́ссор Зо́лотов?

4. Что́ де́лают студе́нты на уро́ках?

5. Когда́ они́ э́то де́лают?

6. Чьи карандаши́ краду́т студе́нты профе́ссора
   Зо́лотова?

7. Кто, кро́ме студе́нта Бородина́, слу́шает ле́кции?
   (кро́ме - except for)

8. Что́ де́лает са́мый плохо́й студе́нт?

9. Каку́ю оши́бку де́лает профе́ссор Зо́лотов?

10. Зна́ет ли Зо́лотов, что студе́нты не слу́шают
    ле́кции, кото́рые он чита́ет?

Translation

1. Citizen Murayjov! Why do you live in a trolleybus? Do you like to live in a trolleybus?

2. I understand why a good person likes to conduct
   himself well at work, but I don't understand why a
   bad person like to conduct himself badly.

3. People who live in Ivanov's city often think about
   life in Gladkov's city. (*city* - город)

4. - Mommy, do you know why Daddy works with enthu-
     siasm?
   -- Of course, Sasha. Daddy likes to work with enthusiasm. He is a young shock-worker.

5. We know that abnormal inspectors often steal pencils in the morning.

6. As far as I know, Petrov's house is not new but
   old. (*house* - дом)

7. Do you know what I do in the evening? Perhaps nobody knows.

8. What does that mean? I don't know, but I think
   that every philosopher knows.

9. The public wants to know why nobody ever does anything at comrade Vorobjov's factory.

10. Why don't bad people live in zoos? God only
    knows.

11. As is well-known, Lenin's museum is located in
    the center of the city. (*Lenin* - Ле́нин, *mausoleum*
    - мавзоле́й, *is located* - нахо́дится, *center* -
    центр)

12. Even I know that new trolleybusses are very good
    machines.

13. We are very cultured people. Therefore, we read
    books.

14. - All the other young tigers, it seems, live in
      Asia. Why don't we live in Asia?
    -- Because we live in the zoo, Taṇa.

Слова́рь (Vocabulary): Chapters 1 and 2

Nouns

уда́рник	- *shock-worker*
безде́льник	- *loafer*
заво́д	- *factory*
парк	- *park*
хулига́н	- *hooligan*
тролле́йбус	- *trolleybus*
това́рищ	- *comrade*
граждани́н	- *citizen*
карандаш́	- *pencil*
челове́к	- *person*
день	- *day*
дире́ктор(a)*	- *director*
разгово́р	- *conversation*
вопро́с	- *question*
зоопа́рк	- *zoo*
активи́ст	- *activist*
инспе́ктор(a)*	- *inspector*
конду́ктор(a)*	- *fare-collector*
пу́блика	- *public*
бог	- *God*
оди́н бог	- *God only*
фило́соф	- *philosopher*
ма́ма	- *mommy*
па́па	- *daddy*
тигр	- *tiger*

(pl.)

лю́ди	- *people*
кни́ги	- *books*
маши́ны	- *machines*

Personal Pronouns

я	- *I*
ты	- *you (informal)*
он	- *he*
она́	- *she*
мы	- *we*
вы	- *you*
они́	- *they*

Verbs

жив+	- *live*
де́лай+	- *do*
крад+	- *steal*
вёд+	- *conduct, lead*
рабо́тай+	- *work*
знай+	- *know*
понима́й+	- *understand*
ду́май+	- *think*
чита́й+	- *read*

(isolated forms)

мо́ются	-*(they)wash themselves*
мо́ется	-*(he)washes himself*
вести́	- *to conduct, lead*
красть	- *steal*
зна́чит	- *means*
хо́чет	- *(he)wants*
пла́чет	- *(he)cries, weeps*
люблю́	- *(I)like, love*
лю́бит	- *(he)likes, loves*
люби́те	- *(you)like, love*
лю́бят	- *(they)like, love*
кури́ть	- *to smoke*

Adjectives

(не)культу́рный	-*(un)cultured*
хоро́ший	- *good*
плохо́й	- *bad*
друго́й	- *other,another*
но́вый	- *new*
молодо́й	- *young*
ста́рый	- *old*
ка́ждый	- *every, each*
настоя́щий	- *real*
ненорма́льный	- *abnormal*

* (a) = stressed á in nominative plural

(continued)

Other

как	- how	но	- but
что	- what	тóже	- also
что	- that	на рабóте	- at work
ничегó	- nothing; that's all right	с энтузиáзмом	- with enthu- siasm
когдá	- when	кáжется	- it seems
никогдá	- never	здрáвствуйте!	- hello
где	- where	как вы	
нигдé	- nowhere	поживáете?	- How are you?
кто	- who	спасúбо	- thank you, thanks
никтó	- nobody		
почемý	- why	ну	- well
потомý что	- because	мне порá идтú	- it's time for me to go
себя́	- oneself		
да	- yes	до свидáния	- good-bye
нет	- no, not	нелóвкая пáуза	- awkward pause
наскóлько	- as far as	все другúе	- all the others
конéчно	- of course		
óчень	- very	о чём	- about what
э́то	- that, that is		
одúн	- one, a certain		
два	- two		
три	- three		
четы́ре	- four		
пять	- five		
шесть	- six		
как извéстно	- as is well-known		
прóсто так	- just because /simply so/		
дáже	- even		
поэ́тому	- therefore		
плóхо	- badly		
хорошó	- well		
чáсто	- often		
на своём завóде	-at his own factory		
у́тром	- in the morning		
вéчером	- in the evening		
все	- all		
мой	- my		
меня́	- me		
мóжет быть	- perhaps, maybe		
в Áзии	- in Asia		
как так	- how so		
так как	- inasmuch as		
о жúзни	- about life		
вот как	- that's how		
котóрый котóрые	- who/that (relative)		
и	- and		
а	- and, but		

CHAPTER 3

WORKBOOK: FUNDAMENTALS OF CONJUGATION

A. *The Full Stem*

For almost every verb of Russian there is a stem from which all forms of the verb and their stress can be predicted.

Sometimes this stem resembles the present tense stripped of its endings:

> жив - resembles живу minus у
> знай - resembles знаю minus у

Sometimes it resembles the past tense or infinitive stripped of its endings:

> смотре - resembles смотреть minus ть
> молча - resembles молчать minus ть

Sometimes it contains elements of both:

> вёд - contains the ё of вёл and the д of веду
> мый - contains the ы of мыть and the й of мою (<u>moju</u>)

Such stems, called *full stems*, will be employed throughout this book as the basic form of the verb. Procedures for determining the full stem will be considered in a later chapter.

B. *Definitions and Conventions*

1. <u>Stem</u>. The full stem. The stem will be followed with + to show that endings must be joined to convert it into an occurring word in the language.

   <u>Consonant stem</u>. A stem *ending* in a consonant:
   > жив+   вёд+   знай+

   <u>Vowel stem</u>. A stem *ending* in a vowel:
   > смотре+   молча+   говори+

2. <u>Endings.</u>

   <u>Consonant endings</u>. Endings *beginning* in a consonant: ла (past fem.)   ть (infinitive)

   <u>Vowel endings</u>. Endings *beginning* in a vowel: у (1st pers. sg.)   ят (3rd pers. pl.)   и (imperative)

Endings beginning in a soft-vowel letter begin in a vowel, not in j̵+vowel, and show that the preceding consonant is softened:

-ят, -и are vowel endings representing -ˌat, -ˌi
NOT "-j̵at", "-j̵i"

Exercise 1

A. Which are consonant stems? (Write numbers) _____

   Which are vowel stems? (Remember that й is a consonant) _____

   1. сиде+   3. кисну+   5. молча+

   2. нёс+   4. делай+   6. пий+

B. Which are consonant endings? _____

   Which are vowel endings? _____

   1. л   4. им   7. т

   2. ит   5. н   8. в

   3. у   6. ят   9. ут

C. *How to Join Endings* (C=consonant, V=vowel)

  1. Vowel endings are joined directly to consonant stems: C + V
     Consonant endings are joined directly to vowel stems: V + C

    C + V: жив + у → живу   *(live)*
            стан + у → стану   *(become)*

    V + C: смотре + ть → смотреть *(watch)*
            молча + ть → молчать   *(be silent)*

    Such direct joining is called <u>addition</u>.

  2. Consonant endings are *not* joined directly to consonant stems: C + C
     Vowel endings are *not* joined directly to vowel stems: V + V
    Instead the first of the two consonants or vowels is dropped.

    C+C   ∅C: жив + ть → жить
              стан + ть → стать

$$V+V \rightarrow \cancel{V}V:$$ смотре + ит → смотрит
молча + ит → молчит

Such dropping is called <u>truncation</u>.

3. Addition and truncation are symbolized as follows:

Addition	Truncation
C+V → CV	C+C → ¢C
V+C → VC	V+V → ɏV

The left side of the arrow represents stem + ending before joining, the right side - after.

More Examples

Addition	Truncation	
клад + ёт → кладёт	клад + л → клал	*(put)*
сиде + л → сидел	сиде + ит → сидит	*(sit)*

Exercise 2

A. Classify as C+C: _____   V+C: _____

C+V: _____   V+V: _____

B. Join.

1. плыв+ть_____   6. трону+ут_____
   (swim)   *(touch)*
2. плыв+у_____   7. трону+л_____

3. говори+ю_____   8. жда+ть_____
   (talk)   *(wait)*
4. говори+ят_____ 9. жда+у_____

5. говори+ть_____

C. Hypothetical Stems.

10. коне+ть _____

11. коне+ю _____

12. сод+у _____

13. сод+л _____

14. вла+л _____

15. вла+ёт _____

4. Spelling rules treated in Chapters 1 and 2 are relevant here.

a. Ч + <u>u</u>,<u>a</u> are spelled Чу,Ча (Ч = ч,щ,ш,ж):

молча+ю → молчу   молча+ят → молчат

Exercise 3

Join -ю , -ит, -ят to the following stems.

	ю	ит	ят
1. помни+ *(remember)*	_____	_____	_____
2. служи+ *(serve)*	_____	_____	_____
3. лежа+ *(lie)*	_____	_____	_____

---

b. Unstressed ё is spelled e:

стан + ёт → ста́нет

Exercise 4

Join -ёт to the following stems. Note stress and its effect on the spelling of ё.

1. плыв + end-stressed *(swim)*   _____

2. оден + stem-stressed *(dress)*   _____

3. лез + stem-stressed *(climb)*   _____

4. вёз + end-stressed *(transport)*   _____

---

c. J + vowel is spelled with a soft vowel letter:

знай + у → знаю

Exercise 5

Join -y to the following stems.

1. жив + _____

2. делай + _____

3. стан + *(become)* _____

4. лая + (<u>laja</u>+) *(bark)* _____

5. трону + *(touch)* _____

6. грей + *(warm)* _____

7. грёб + end-stressed *(row)* _____

Traditional orthography obscures the similarity of
    знай+ / жив+.

C + V	C + C
жив+у → живу	жив+ть → жить
знай+у → знаю	знай+ть → знать

The letter y in живу represents the ending y.
The letter ю in знаю represents the stem consonant
    й + the ending y.

The consonant й, being an unpaired soft consonant, is
neither hardened by hard-vowel endings (-y, -yт) nor
doubly softened by soft-vowel endings (-ёт, -ём). The
softening effect of softening endings is irrelevant
after й -- or any other unpaired consonant.

Transcription	Russian letters (line separates stem + ending)
klad+u	клад|у
znaj+u	знаю
klad+ˌot	клад|ёт
znaj+ˌot (ˌ irrelevant)	знае|т

The letter y in кладу = the ending <u>u</u>.
The letter ю in знаю = the stem consonant <u>j</u> + the
    ending <u>u</u>.

The letters ёт in кладёт = the softening ending ˌot.
The letters ет in знает = the stem consonant <u>j</u> + the
    ending ˌot (where ˌ is irrelevant).

Thus ёт/ет in кладёт and знает represent ˌot and <u>jot</u>
    respectively.

Exercise 6

Join -у and -ёт.

	у	ёт
1. пад + end-stressed *(fall)*	_____	_____
2. грей + stem-stressed *(warm)*	_____	_____
3. спас + end-stressed *(save)*	_____	_____
4. лая + stem-stressed *(bark)*	_____	_____
5. играй + stem-stressed *(play)*	_____	_____

Exercise 7

Join stem and endings. Stress has been marked where required for spelling.

1. вёд|л _____
   (lead)
2. вёд+ла́ _____
3. вёд+ёт _____
4. ден+ть _____
   (put)
5. ден+у _____
6. де́н+ёт _____

7. дрожа́+ю _____
   (shake)
8. дрожа+ят _____
9. грей+у _____
   (warm)
10. гре́й+ёт _____
11. грей+ть _____
12. пий+ть _____
   (drink)

Hypothetical stems

13. лей+у _____
14. лей+ть _____
15. нёт+у́ _____
16. нёт+л _____
17. нёт+ла́ _____
18. нёт+ём _____

19. су́н+ём _____
20. сун+ть _____
21. сужи+ит _____
22. сужи+ю _____
23. сужи+ят _____
24. сужи+ть _____

Verb Stems in и+

Verb stems in и+ have the following present tense
endings:

1st sg.	-ю	1st pl.	-им
2nd sg.	-ишь	2nd pl.	-ите
3rd sg.	-ит	3rd pl.	-ят

Learn the conjugation of the following stems. Since
stems in и+ end in a vowel, and the present tense
endings begin in a vowel, V + V → V̆V occurs:

$$\text{говори} + \text{ю} \rightarrow \text{говорю}$$
$$\text{люби} + \text{ят} \rightarrow \text{любят}$$

говори́+ *(speak, say)*	люби́+ *(like, love)*
я говорю́	люблю́
ты говори́шь	лю́бишь
он говори́т	лю́бит
мы говори́м	лю́бим
вы говори́те	лю́бите
они говоря́т	лю́бят

<u>Note</u>: In the stem люби́+

(1) л is inserted in the 1st sg. (люб*л*ю);

(2) there is a stress shift, marked by ×
    on the stem. × over a verb stem means
    stress falls on the ending in the 1st
    person singular, and on the stem in all
    other forms of the present tense.

Мы не албáнцы

Tape

- Мáма, на какóм языкé говорят эстóнцы?
-- Эстóнцы говорят по-эстóнски.
- На какóм языкé говорят албáнцы?
-- Албáнцы говорят по-албáнски.
- Я говорю по-албáнски?
-- Нет, ты не говоришь по-албáнски.
- А ты и пáпа, вы говорите по-албáнски?
-- Нет, мы не говорим по-албáнски.
- Как так?
-- Так как мы не албáнцы.*

We're Not Albanians

- Mommy, what language do Estonians speak?
-- Estonians speak Estonian.
- What language do Albanians speak?
-- Albanians speak Albanian.
- Do I speak Albanian?
-- No, you don't speak Albanian.
- And you and daddy, do you speak Albanian?
-- No, we don't speak Albanian.
- How come?
-- Because we're not Albanians.

---

* A few other useful expressions might be:

      говори+ по-рýсски   - speak (in) Russian
      говори+ по-англи́йски   - speak (in) English

GENDER

Nouns belong to one of three genders - Masculine,
Feminine, and Neuter. The gender of a noun is usually predictable from the nominative singular ending.

Nouns whose nominative singular ends in ∅ are of the
masculine gender:

завóд   (zavod + ∅)
герóй   (geroj + ∅)
учи́тель   (uchitel + ∅)

Nouns whose nominative singular ends in a are of the
feminine gender:

брига́да   (brigad + a)
ку́хня   (kuxn + a)
А́зия   (azij + a)

Nouns whose nominative singular ends in o are of the
neuter gender:

слóво   (slov + o)
мóре   (mor + o)*
зда́ние   (zdanij + o)*

---

*Note: Unstressed ё is spelled without the two dots.
       Therefore:

Transcription		Spelling
mór + o	"мóрё"	мóре
zdánij + o	"зда́ниё"	зда́ние

As it turns out, after soft paired consonants and j,
the neuter ending is rarely stressed. For that reason, the spelling ё is rare in soft neuter nouns.

ADJECTIVES

Adjectives have the nominative singular ending -ij
(-oj when stressed) when modifying nominative singular masculine nouns:

      но́вый заво́д   (нов+ ij)
      хоро́ший заво́д   (хорош+ ij)
      плохо́й заво́д   (плох+ oj)

Adjectives have the nominative singular ending -aja
when modifying feminine nouns:

      но́вая брига́да   (нов+ aja)
      хоро́шая брига́да   (хорош+ aja)
      плоха́я брига́да   (плох+ aja)

Adjectives have the nominative singular ending -oje
when modifying neuter nouns:

      но́вое сло́во   (нов+ oje)
      хоро́шее сло́во   (хорош+ oje)
      плохо́е сло́во   (плох+ oje)

Summary

	Adj.	Noun	Adj.	Noun
M	но́в*ый*	заво́д	ij	∅
F	но́в*ая*	брига́д*а*	aja	a
N	но́в*ое*	сло́в*о*	oje	o

Adjectives will be cited in their nom. sg. masculine
form. The adjective stem is determined by subtract-
ing this ending.

      но́вый: нов+

Endings are added to the adjective stem.

      (Fem.) нов+ aja = но́вая

      (Neut.) нов+ oje = но́вое

Drill 1

Vocabulary

new - но́вый	*young* - молодо́й
old - ста́рый	*best* - лу́чший
big - большо́й	*good* - хоро́ший
little - ма́ленький	*bad* - плохо́й
great - вели́кий	*every* - ка́ждый
concrete - бето́нный	

Put the following adjectives into the correct form.

1. big _____ брига́да *(brigade)*

2. every young _____ бето́нщик *(male concrete-worker)*

3. every young _____ бето́нщица *(female concrete-worker)*

4. concrete _____ заво́д

5. concrete _____ маши́на

6. every good _____ маши́на

7. every great _____ мо́ре *(sea)*

8. every great _____ заво́д

9. bad _____ маши́на

10. bad _____ сло́во *(word)*

11. best _____ друг *(friend)*

12. old _____ бето́нщица

13. little _____ бетономеша́лка *(concrete-mixer)*

14. new little _____ ме́сто *(place)*

15. best _____ брига́да

16. every new little _____ бетономеша́лка

17. great _____ де́ло *(task)*

18. concrete _____ каранда́ш

19. good _____ де́ло

20. bad old _____ ме́сто

21. every good _____ кни́га *(book)*

Gender Drill

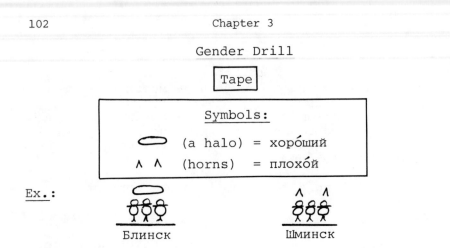

Symbols:	
(a halo) = хоро́ший	
(horns) = плохо́й	

Ex.:

Блинск   Шминск

Tape	Pause	Listen

Кака́я брига́да
   в Бли́нске?
Кака́я брига́да
   в Шми́нске?
	Answer during
	the pause
		В Бли́нске хоро́шая
		   брига́да.
		В Шми́нске плоха́я
		   брига́да.

1.

Блинск

брига́да
(brigade)

Шминск

2.

Блинск

· мо́ре
(sea)

Шминск

3.

Блинск

бето́нщик
(m. concrete-worker)

Шминск

(continued)

4.

 бето́нщица
(f. concrete-worker)

Блинск Шминск

5.

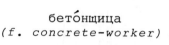 тигр
(tiger)

Блинск Шминск

6.

сло́во
(word)

Блинск Шминск

7.

бето́нный заво́д
(concrete plant)

Блинск Шминск

8.

 бетономеша́лка
(concrete-mixer)

Блинск Шминск

Ritual 6

Tape

- Чем оканчивается сло́во ⎧ *до́ктор* ⎫ ?
                          ⎨ *брига́да* ⎬
                          ⎩ *сло́во* ⎭

-- Оно́ оканчивается ⎧ нулём ⎫ .
                    ⎨ на *а* ⎬
                    ⎩ на *о* ⎭

- В тако́м слу́чае, оно́ како́го ро́да?

-- В тако́м слу́чае, оно́ ⎧ мужско́го ро́да ⎫ .
                         ⎨ же́нского ро́да ⎬
                         ⎩ сре́днего ро́да ⎭

- Отку́да вы зна́ете?

-- [в восто́рге] Наско́лько мы зна́ем, все слова́,
   кото́рые ока́нчиваются ⎧ нулём, - мужско́го ро́да ⎫ .
                         ⎨ на *а*,   - же́нского ро́да ⎬
                         ⎩ на *о*,   - сре́днего ро́да ⎭

- Молоде́ц!

-- [красне́я] Да что́ вы!

- What does the word ⎧ *до́ктор* ⎫ end in? /in what ends/
                     ⎨ *брига́да* ⎬
                     ⎩ *сло́во* ⎭

-- It ends ⎧ in zero ⎫ .
           ⎨ in *a* ⎬
           ⎩ in *o* ⎭

- In that case, of what gender is it?

-- In that case, it's ⎧ of the masculine gender ⎫ .
                      ⎨ of the feminine gender ⎬
                      ⎩ of the neuter gender ⎭

- How do you know?

-- [in ecstasy] As far as we know, all words that
   end ⎧ in zero are of the masculine gender ⎫ .
       ⎨ in *a* are of the feminine gender ⎬
       ⎩ in *o* are of the neuter gender ⎭

- Well done!

-- [blushing] Aw, go on!

Бетóн
Tape

| барабáны: | Тарáм та там тарáм та там |
| [тúхо] | тарáм тарáм тарарáм та там |

| мужскóй хор: | Бетóн, бетóн, бетóн, бетóн |
| [не тúхо] | бетóн, бетóн, бетóн, бетóн |

бетóнщики:	Наш завóд - бетóнный завóд. [1]
[грóмко]	Нáша бригáда - бетóнная.
	Наш завóд - бетóнный завóд.
	Нáше-то[2] дéло[3] - бетóн!

| мужскóй хор: | Бетóн, бетóн, бетóн, бетóн! |

| бетóнщицы: | Велúкий, велúкий бетóнный завóд! |
| | Велúкая нáша бригáда! |

| бетóнщики: | Какóе же[2] дéло бетóнное дéло? |

бетóнщицы:	Бетóнное дéло - конкрéтное[4] дéло;
	Бетóнное дéло - культýрное дéло;
	Бетóнное дéло - велúкое дéло.

| бетóнщики и | Велúкое дéло - бетóн, бетóн |
| бетóнщицы вмéсте: | Велúкое дéло - бетóн! |

| мужскóй хор: | Бетóн, бетóн, бетóн, бетóн; |
| [тúхо] | бетóн, бетóн, бетóн, ... |

[1] In English, the noun "concrete", as in "a piece of concrete", is changed into an adjective, as in "a concrete factory", simply by placing it before another noun. In Russian, position isn't enough; an adjective must have adjective endings as well.

As a noun: This is concrete. - Это бетóн.
           This is Blinsk. - Это Блинск.
As an adj.: the concrete plant - бетóнный завóд
           the Blinsk sea - блúнское мóре

[2] то and же are unstressed particles that emphasize the words that immediately precede them.

[3] A single Russian word often has no one English equivalent. For example, depending on the context, дéло may mean: task, thing, affair, concern, business, question: Это не моё дéло - That's not my concern
    Дéло Бородинá - The Borodin affair

[4] The adjective "concrete" has two meanings in English:
1. the building material, translated in Russian as бетóнный (its concrete meaning);
2. the abstract meaning, as in "concrete question", "concrete proposal", translated in Russian as конкрéтный.

Concrete

drums: [quietly]	Taram ta tam taram ta tam taram taram tararam ta tam...
male chorus: [not quietly]	Concrete, concrete, concrete, concrete concrete, concrete, concrete, concrete
male concrete- workers: [loudly]	Our plant is a concrete plant. Our brigade is a concrete one. Our plant is a concrete plant And *our* task is concrete.
male chorus:	Concrete, concrete, concrete, concrete
female con- crete workers:	Oh, great concrete plant! Oh, great brigade of ours!

male concrete-
workers:
	What sort of task/thing/affair/con-
	    cern/business/question is the con-
	    crete task/thing etc....

female con- crete workers:	The concrete task is a concrete (pre- cise) task. The concrete task is a cultural task. The concrete task is a great task.
male and female concrete-work- ers together:	A great task is concrete, concrete, A great task is concrete.
male chorus: [quietly]	Concrete, concrete, concrete, concrete concrete, concrete, concrete,....

Вопро́сы

Tape

1. Како́й наш заво́д?

2. Кака́я на́ша брига́да?

3. Како́е на́ше де́ло?

4. Како́й заво́д бето́нный заво́д?

5. Кака́я брига́да бето́нная брига́да?

6. Како́е де́ло бето́нное де́ло?

Наш заво́д

Мы рабо́таем на бето́нном заво́де.
Где нахо́дится наш бето́нный заво́д?
Наш бето́нный заво́д нахо́дится в Бетоногра́де.

Ка́к рабо́тают[1] на бето́нном заво́де?
Ка́ждый бето́нщик рабо́тает с энтузиа́змом.
Ка́ждая бето́нщица рабо́тает с энтузиа́змом.
Вот как рабо́тают на бето́нном заво́де!

Our Plant

We work at a concrete plant.
Where is our concrete plant located?
Our concrete plant is located in Betonograd.

How do people work at the concrete plant?
Every (m) concrete-worker works with enthusiasm.
Every (f) concrete-worker works with enthusiasm.
That's how people work at the concrete plant!

Вопросы

Tape

1. Где мы рабо́таем?
2. Где нахо́дится наш заво́д?
3. Как рабо́тает ка́ждый бето́нщик?
4. Как рабо́тает ка́ждая бето́нщица?

---

[1] The 3rd person plural (рабо́тают) *without a subject*
conveys: "one works", "people work".

   Как рабо́тают на бето́нном заво́де?

   (How do people work/how does one work at the
   concrete plant?)

   Где лю́бят кури́ть?

   (Where do people/does one like to smoke?)

   Говоря́т, что он настоя́щий уда́рник.

   (They say/people say that he is a real shock-
   worker.)

Наша бригада отдыхает

Tape

Где отдыхает наша бригада?
Мы отдыхаем в Блинске.
Почему мы любим отдыхать в Блинске?
Как известно каждому школьнику, там находится
        Великое Блинское море.
И какие добрые люди живут и работают в Блниске! [1]
Да, туристы всегда говорят:
        "Город Блинск - очень хорошее место."
Завтра наша бригада будет в Блинске.
Ура!

Our Brigade Relaxes

Where does our brigade relax?
We relax in Blinsk.
Why do we like to relax in Blinsk?
As is well-known to every schoolchild, the Great Sea
        of Blinsk is located there.
And what kind people live and work in Blinsk!
Yes, tourists always say:
        "The city Blinsk is a very good place."
Tomorrow our brigade will be in Blinsk.
Hurrah!

Вопросы

Tape

1. Где отдыхает наша бригада?

2. Почему мы отдыхаем там?

3. Почему? Какое море находится там?

4. Какие люди живут и работают там?

5. Что всегда говорят туристы?

6. Когда будет наша бригада в Блинске?

---

[1] какой:

            In questions: "which, what kind of"

            In exclamations: "what!"
                cf. какое безобразие!

цы

i is spelled и after all unpaired consonants, includ-
ing ц.

лекции - lectures   цирк - circus

However, in grammatical endings, the combination t͡s +
i is spelled цы, not ци.

бетонщицы

<u>Drill</u>

Add the ending <u>i</u> to the following stems.   Answers

1. гараж__   и

2. карандаш__   и

3. враг__   и

4. борщ__   и

5. отц__   ы

The Nominative Plural

The nominative plural of both masculine and feminine
nouns is <u>i</u>. Spelling rules determine whether that
will be spelled ы or и.

<u>Nom. Sg.</u>	<u>Nom. Pl.</u>
машина	машины
бетономешалка	бетономешалки
бетонщица	бетонщицы

NOTE: Endings are joined to stems, not to other end-
      ings. Therefore, машин + <u>i</u>, not машина + <u>i</u>.

The Preposition o (about)

The preposition o *(about)* is followed by the prepositional case.

Я читаю о бетоне.   -I read about concrete.

Он думает о троллейбусах.-He thinks about trol-
                          leybusses.

Наша бригада читает

Tape

Что делает наша бригада, когда мы кончаем работать?
Мы читаем журналы в клубе завода.
О чём мы читаем?
Мы читаем о бетоне.
Какие журналы мы читаем?
Молодые бетонщицы читают журнал "Молодая бетонщица".
Молодые бетонщики читают журнал "Молодой бетонщик".
Насколько я знаю, в клубе завода наша бригада не
      очень часто читает журналы "Ньюсуик", "Тайм" и
      "Ридерс Дайджест", не говоря уже о журнале
      "Бойс Лайф".

Our Brigade Reads

What does our brigade do when we finish working?
We read magazines in the club of the plant.
What do we read about?
We read about concrete.
Which magazines do we read?
The young female concrete-workers read the magazine,
      Young Female Concrete-Worker.
The young male concrete-workers read the magazine,
      Young Male Concrete-Worker.
As far as I know, in the club of the plant our bri-
      gade does not very often read the magazines,
      Newsweek, Time, and *Reader's Digest,* not to
      mention the magazine, *Boy's Life.*

Вопросы

Tape

1. Что делает наша бригада в клубе завода?

2. Когда?

3. О чём мы читаем?

4. Какой журнал читают молодые бетонщицы?

5. Какой журнал читают молодые бетонщики?

6. Какие журналы мы не очень часто читаем?

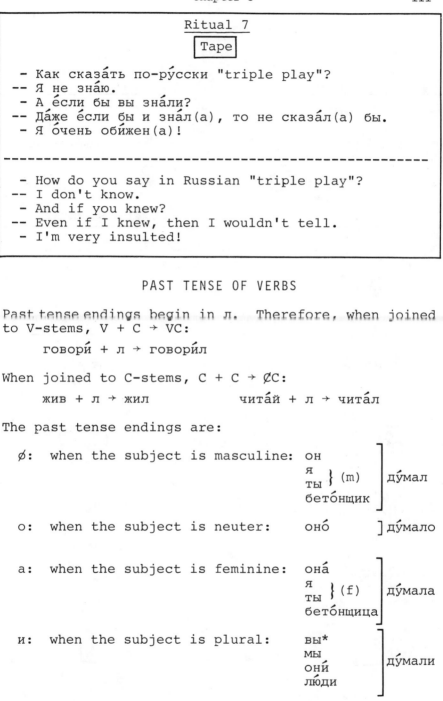

┌───┐
│   Ritual 7   │
│   ┌──────┐   │
│   │ Tape │   │
│   └──────┘   │
│ - Как сказа́ть по-ру́сски "triple play"?   │
│ -- Я не зна́ю.   │
│ - А е́сли бы вы зна́ли?   │
│ -- Да́же е́сли бы и зна́л(а), то не сказа́л(а) бы.   │
│ - Я о́чень оби́жен(а)!   │
│   │
│ ───   │
│   │
│ - How do you say in Russian "triple play"?   │
│ -- I don't know.   │
│ - And if you knew?   │
│ -- Even if I knew, then I wouldn't tell.   │
│ - I'm very insulted!   │
└───┘

PAST TENSE OF VERBS

Past tense endings begin in л. Therefore, when joined to V-stems, V + C → VC:

     говори́ + л → говори́л

When joined to C-stems, C + C → ¢C:

     жив + л → жил   чита́й + л → чита́л

The past tense endings are:

  ∅: when the subject is masculine: он
                                я
                                ты } (m) ду́мал
                                бето́нщик

  о: when the subject is neuter: оно́   ] ду́мало

  а: when the subject is feminine: она́
                                  я
                                ты } (f) ду́мала
                                бето́нщица

  и: when the subject is plural: вы*
                                мы
                                они́ ду́мали
                                лю́ди

* вы is grammatically plural, even when addressing only one person.

Past Tense Drill

Tape

Symbols used in the following drill are:

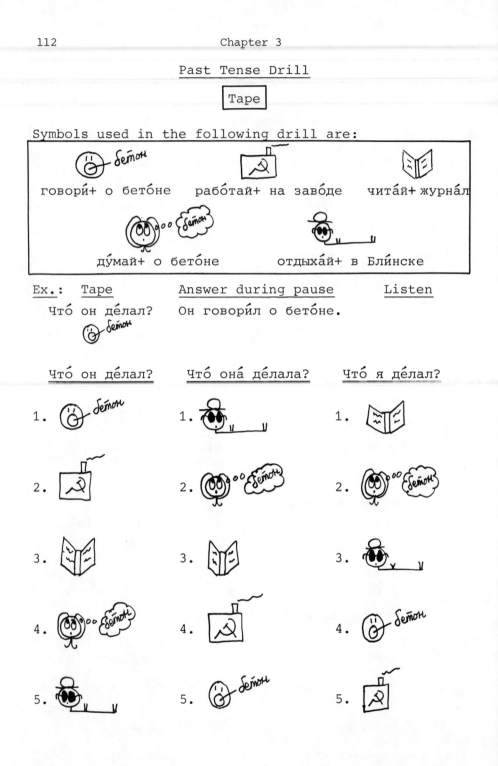

говори+ о бетоне   работай+ на заводе   читай+ журнал

думай+ о бетоне   отдыхай+ в Блинске

Ex.:   Tape   Answer during pause   Listen
Чтó он дéлал?   Он говорил о бетóне.

Чтó он дéлал?   Чтó онá дéлала?   Чтó я дéлал?

1.   1.   1.

2.   2.   2.

3.   3.   3.

4.   4.   4.

5.   5.   5.

Drill 2

Translate into Russian:

1. The fare-collector knew. _____

2. The teacher (f) was working. _____

3. We were thinking about concrete. _____

4. I was talking about the magazine. _____

5. Mama, were you relaxing in Blinsk? _____

6. They loved concrete. _____

7. Were you speaking about Blinsk? _____

8. They were working with enthusiasm. _____

9. He was living in Blinsk. _____

PERFECTIVE AND IMPERFECTIVE: SINGLE VS. REPEATED ACTS

Some of the verbs which you have learned up to now have two past tense forms: one to denote a *single* act in the past, and another to denote *repeated* acts. The two forms are called the "perfective aspect" and "imperfective aspect" respectively.

The imperfective and perfective aspects will be treated in detail later in the book, and the treatment below is intended as a brief, simplified introduction to one of the distinctions between imperfective and perfective aspects.

For the verbs "do" and "steal", the two aspectual forms are:

Imperfective (Repeated acts)	Perfective (Single acts)
де́лай+	сде́лай+
крад+	укра́д+

Ex.:

Что́ он *де́лал* ка́ждый день?   Я *сде́лал* гру́бую оши́бку.

Ка́ждый день он *крал*   Он *укра́л* мой каранда́ш.
карандаши́.

The following story has several examples.

Дело Брауна: Наша бригада делает большую ошибку

$$\boxed{\text{Tape}}$$

Раньше английский инженер Браун работал на бетонном
    заводе.
Каждый бетонщик думал, что Браун - очень хороший
    человек.
Каждая бетонщица думала, что Браун - очень добрый
    человек.
Вся наша бригада думала, что английский инженер
    Браун - лучший друг завода.

Но никто не знал, что Браун шпион.
Что делал Браун?
Каждый день, когда мы работали, Браун крал журналы
    в клубе завода.
И вчера, когда наша бригада отдыхала в Блинске,
    английский инженер Браун украл все наши
    бетономешалки.
Какое безобразие!
Ах, Браун! Что вы сделали?! Что вы сделали?!
Мы любили вас.
Мы думали, что вы наш лучший друг.
Наша бригада, кажется, сделала большую ошибку.

The Brown Affair: Our Brigade Makes A Big Mistake

Formerly English engineer Brown worked at the con-
    crete plant.
Every (m) concrete-worker thought that Brown was/is a
    very good person.*
Every (f) concrete-worker thought that Brown was/is a
    very kind person.
Our whole brigade/All our brigade thought that Eng-
    lish engineer Brown was/is the best friend of the
    plant.

But nobody knew that Brown was/is a spy.
What did Brown do?
Every day, while we were working, Brown stole (used to
    steal) magazines in the club of the plant.
And yesterday, while our brigade was relaxing in
    Blinsk, English engineer Brown stole all our con-
    crete-mixers.
What outrageous behavior!
Akh, Brown! What have you done! What have you done!
We loved you.
We thought that you were/are our best friend.
Our brigade, it seems, has made a big mistake.

---

*Note that English uses a past tense here, while Rus-
    sian uses present.

Вопросы

Tape

1. Кто ра́ньше рабо́тал на бето́нном заво́де?
2. Что́ ду́мал ка́ждый бето́нщик?
3. Что́ ду́мала ка́ждая бето́нщица?
4. Что́ ду́мала вся на́ша брига́да?
5. Кто знал, что Бра́ун шпио́н?
6. Что́ де́лал Бра́ун ка́ждый день?
7. Когда́ он э́то де́лал?
8. Что́ сде́лал Бра́ун вчера́?
9. Когда́ он э́то сде́лал?
10. Каку́ю оши́бку сде́лала на́ша брига́да?

THE FUTURE TENSE

A form of буд+ *(will)* plus imperfective infinitive:

я бу́ду говори́ть	мы бу́дем говори́ть
ты бу́дешь говори́ть	вы бу́дете говори́ть
он бу́дет говори́ть	они́ бу́дут говори́ть

NOTE: буд+ has irregular stress. Although it ends in
a consonant other than й, it is not end-
stressed.

Drill 3

Translate into Russian.

1. We will work._____

2. She will relax in Blinsk._____

_____

3. We will know what you will do._____

_____

4. They will talk about concrete._____

_____

5. I will be relaxing in Blinsk._____

Future Tense Drill

> Tape

Symbols used in the following drill are:

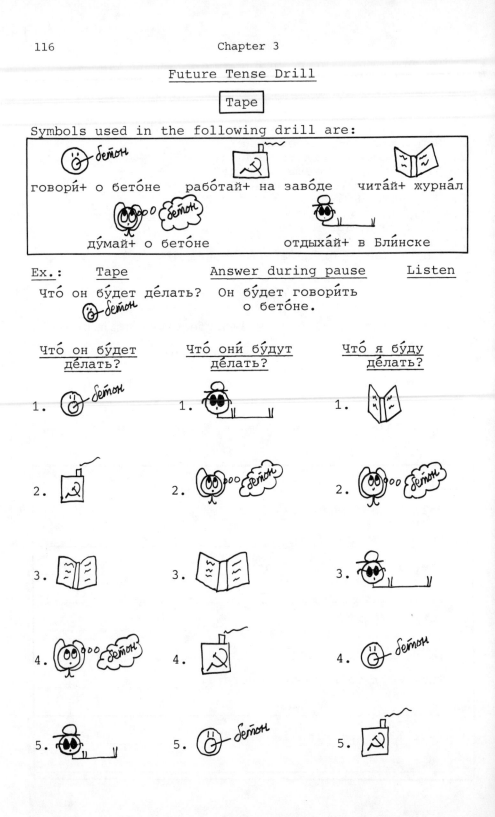

говори+ о бетоне   работай+ на заводе   читай+ журнал

думай+ о бетоне   отдыхай+ в Блинске

Ex.:   Tape   Answer during pause   Listen

Что он будет делать?   Он будет говорить
                        о бетоне.

Что он будет   Что они будут   Что я буду
   делать?   делать?   делать?

1.   1.   1.

2.   2.   2.

3.   3.   3.

4.   4.   4.

5.   5.   5.

Drill 4

Translate into Russian.

Vocabulary

Asia   – А́зия

Europe – Евро́па   all – { весь (m.)

world   – мир   вся   (f.)

                                              все   (pl.)

1. The whole world (all the world) is talking about

   concrete._____

2. The whole brigade (all the brigade) was talking

   about the trolleybus._____

   _____

3. Mommy, were you talking about concrete?_____

   _____

4. All Asia is talking about pencils._____

   _____

5. All Europe will be talking about comrade Petrov's

   park._____

   _____

6. All the other parks are old and bad._____

   _____

NEGATIVE CONTRAST

not...but : не..., а

> Троллейбусы не люди, а машины.
> (Trolleybusses are not people, but machines.)

Any member of the sentence may be contrasted.

> *Он работает на заводе.*
>
> *Он:* Не он, а она работает на заводе.
> *работает:* Он не работает, а читает на заводе.
> *на заводе:* Он работает не на заводе, а в парке.
>
> Я буду говорить не о карандашах, не о
>   троллейбусах, а о бетоне.
> (I will talk not about pencils, not about trol-
>   leybusses, but about concrete.)

ОН / ОНА / ОНО / ОНИ

он - replaces masculine nouns;
она - feminine nouns;
оно - neuter nouns;
они - plural nouns.

When not referring to people, он/ она/ оно = English
     "it".

Supply the correct form of the pronoun in B.

(A)	(B)	
Завод большой.	_____ большой.	*(It is big.)*
Машина большая.	_____ большая.	*(It is big.)*
Слово новое.	_____ новое.	*(It is new.)*
Где карандаши? Где	_____ ?	*(Where are they?)*

Answers: он, она, оно, они.

Профéссор Шульц

Tape

О чём все говорят сегóдня?
Сегóдня все бетóнщики на бетóнном завóде говорят о
    визи́те профéссора Шу́льца.
Все бетóнщицы на бетóнном завóде говорят о визи́те
    профéссора Шу́льца.
Да, вся нáша брига́да говори́т о визи́те профéссора
    Шу́льца.
Почему́ все говорят тóлько о визи́те профéссора Шу́льца?
Профéссор Шульц - большóй специали́ст.
Он большóй специали́ст по бетóну.
Зáвтра профéссор Шульц бу́дет годори́ть в клу́бе завóда.

Кáждый бетóнщик хóчет знать, о чём он бу́дет говори́ть.
Кáждая бетóнщица хóчет знать, о чём он бу́дет говори́ть.
Вся нáша брига́да хóчет знать, о чём он бу́дет говори́ть.

А вот профéссор Шульц!
    - Профéссор Шульц, о чём вы бу́дете говори́ть в
        клу́бе завóда? Одни́ ду́мают, что вы бу́дете
        говори́ть о карандаша́х.
   -- Нет, я не бу́ду говори́ть о карандаша́х.
    - Други́е ду́мают, что вы бу́дете говори́ть о
        троллéйбусах.
   -- Нет, я не бу́ду говори́ть о троллéйбусах.
    - О чём же вы бу́дете говори́ть?
   -- Я бу́ду говори́ть не о карандаша́х, не о
        троллéйбусах, а о бетóне.

Бетóн вчера́, сегóдня и зáвтра

Товáрищ дирéктор!
Товáрищи инженéры!
Товáрищи бетóнщики и бетóнщицы!

Бетóн! Товáрищи, что зна́чит слóво *бетóн*?
Слóво *бетóн* - не нóвое слóво.
Онó óчень стáрое.
Да, слóво *бетóн* не нóвое, а стáрое слóво.

Бетóн - стáрое албáнское слóво.
Рáньше тóлько албáнцы и эстóнцы зна́ли слóво *бетóн*.
Албáнцы ду́мали, что слóво *бетóн* зна́чит "карандáш",
    а эстóнцы ду́мали, что слóво *бетóн* зна́чит не
    "карандáш" а "троллéйбус".
Ну, товáрищи, вот как вчера́ понима́ли слóво *бетóн*.

(continued)

[аплодисме́нты]

Сего́дня. Кто зна́ет бето́н сего́дня?
Сего́дня не то́лько алба́нцы и эсто́нцы, но вся Евро́па,
    А́зия, А́фрика и да́же Аме́рика зна́ют бето́н.

[аплодисме́нты]

А за́втра? Что́ бу́дет за́втра?
За́втра, не то́лько Евро́па, А́зия, А́фрика и Аме́рика, но
    и* весь мир бу́дет знать бето́н.[1]

[бу́рные аплодисме́нты]

Това́рищи бето́нщики и бето́нищцы!
В зоопа́рках бу́дут жить бето́нные ти́гры.
В тролле́йбусах бу́дут рабо́тать бето́нные кондуктора́.
                    (в восто́рге)
Бето́нные лю́ди бу́дут чита́ть бето́нные кни́ги.
На́ши бето́нные де́ти бу́дут знать вели́кий, но́вый мир.
Мир бето́на...бето́нный мир.
                        (пла́чет)

[па́уза]

Бето́н. Что тако́е бето́н?
                        (ла́сково)
Бето́н, э́то вы,...э́то они́,...э́то я,...э́то мы,...
Бето́н, това́рищи, - э́то исто́рия челове́ка!

[ова́ция]

*и - (here) also

_____

[1]то есть, Евро́па, А́зия, А́фрика, Аме́рика, Австра́лия,
    А́рктика и Антарктика.

Professor Schultz

What is everybody talking about today?
Today all the (m) concrete-workers at the concrete
  plant are talking about the visit of Professor
  Schultz.
All the (f) concrete-workers at the concrete plant
  are talking about the visit of Professor Schultz.
Yes, our whole brigade is talking about the visit of
  Professor Schultz.
Why is everybody talking only about the visit of Pro-
  fessor Schultz?
Professor Schultz is a big specialist.
He is a big specialist on the subject of concrete.
Tomorrow Professor Schultz will speak in the club of
  the plant.

Every (m) concrete-worker wants to know what he will
  talk about.
Every (f) concrete-worker wants to know what he will
  talk about.
Our whole brigade wants to know what he will talk
  about.

And here's Professor Schultz!
    - Professor Schultz, what will you talk about to-
        morrow in the club of the plant? Some think
        that you will talk about pencils.
  -- No, I will not talk about pencils.
    - Others think that you will talk about trolley-
        busses.
  -- No, I will not talk about trolleybusses.
    - Then what *will* you talk about?
  -- I will talk not about pencils, not about trolley-
        busses, but about concrete.

Concrete - Yesterday, Today, and Tomorrow

Comrade director,
Comrade engineers,
Comrade concrete-workers:

Concrete! Comrades, what does the word *concrete*
  mean?
The word *concrete* is not a new word.
It is very old.
Yes, the word *concrete* is not a new, but an old word.

Concrete is an old Albanian word.

(continued)

Formerly only the Albanians and Estonians knew the
    word *concrete*.
The Albanians thought that the word *concrete* meant/
    means "pencil", and the Estonians thought that the
    word *concrete* meant not "pencil", but "trolleybus".
...Well, comrades, that is how they understood the
    word *concrete* yesterday.

[applause]

Today. Who knows concrete today?
Today not only the Albanians and the Estonians, but
    all Europe, Asia, Africa and even America know
    concrete.

[applause]

And tomorrow. What will be tomorrow?
Tomorrow, not only Europe, Asia, Africa, and America,
    but also the whole world will know concrete.[1]

[stormy applause]

Comrade male and female concrete-workers!
In the zoos will live concrete tigers.
In the trolleybusses will work concrete fare-collec-
    tors.
                    (in ecstasy)
Concrete people will read concrete books.
Our concrete children will know a great new world.
A world of concrete...a concrete world.
                    (he weeps)

[pause]

Concrete. What is concrete?
                    (tenderly)
Concrete - it's you...it's them...it's me...it's us...
Concrete, comrades, (it) is the history of man.

[ovation]

---

[1] that is, Europe, Asia, Africa, America, Australia,
    Arctic, and Antarctica.

Вопро́сы

Tape

1. О чём все говоря́т сего́дня?

2. Почему́ все говоря́т о визи́те профе́ссора Шу́льца?

3. Что он бу́дет де́лать за́втра?

4. Что хо́чет знать вся на́ша брига́да?

5. Что ду́мают одни́?

6. Что ду́мают други́е?

7. О чём он бу́дет говори́ть?

8. *Бето́н* – но́вое сло́во?

9. Кто знал сло́во *бето́н* ра́ньше?

10. Что ду́мали алба́нцы? " "

11. Что ду́мали эсто́нцы? " "

12. Кто зна́ет бето́н сего́дня?

13. Кто бу́дет знать бето́н за́втра?

14. Каки́е ти́гры бу́дут жить в зоопа́рках?

15. Каки́е кондуктора́ бу́дут рабо́тать в тролле́йбусах?

16. Каки́е кни́ги бу́дут чита́ть бето́нные лю́ди?

17. Како́й мир бу́дут знать на́ши бето́нные де́ти?

18. Что тако́е бето́н?

Лу́чший друг бето́нщика

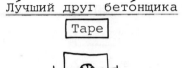

У нас бетономеша́лка.
Она́ не но́вая.
Она́ не больша́я.
Она́ ста́рая и ма́ленькая.
Но она́ рабо́тает.
Профе́ссор Шульц ду́мает, что бетономеша́лка хоро́шая
    маши́на.
И профе́ссор Шульц ча́сто говори́т:
  "Бетономеша́лка - хоро́шая маши́на."
Профе́ссор Шульц ду́мает, что бетономеша́лка лу́чший
    друг бето́нщика.
И профе́ссор Шульц ча́сто говори́т:
  "Бетономеша́лка - лу́чший друг бето́нщика."
Но на́ша брига́да ду́мает, что не бетономеша́лка, а
    профе́ссор Шульц - лу́чший друг бето́нщика.
И на́ша брига́да ча́сто говори́т:
  "Не бетономеша́лка, а профе́ссор Шульц - лу́чший
    друг бето́нщика."

The Concrete-Worker's Best Friend

We have a concrete-mixer.
It isn't new.
It isn't big.
It's old and small.
But it works.
Professor Shultz thinks that the concrete-mixer is a
    good machine.
And Professor Schultz often says:
  "The concrete-mixer is a good machine."
Professor Schultz thinks that the concrete-mixer is
    the concrete-worker's best friend.
And Professor Schultz often says:
  "The concrete-mixer is the concrete-worker's best
    friend."
But our brigade thinks that not the concrete-mixer,
    but Professor Schultz is the concrete-worker's
    best friend.
And our brigade often says:
  "Not the concrete-mixer, but Professor Schultz is
    the concrete-worker's best friend."

Вопро́сы

Tape

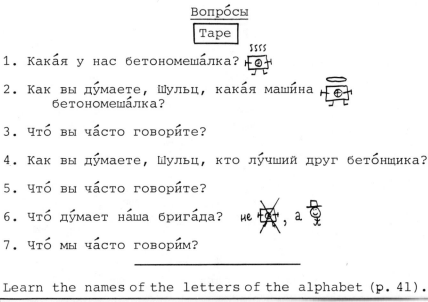

1. Кака́я у нас бетономеша́лка?

2. Как вы ду́маете, Шульц, кака́я маши́на
   бетономеша́лка?

3. Что́ вы ча́сто говори́те?

4. Как вы ду́маете, Шульц, кто лу́чший друг бето́нщика?

5. Что́ вы ча́сто говори́те?

6. Что́ ду́мает на́ша брига́да?   не ⊕, а ☺

7. Что́ мы ча́сто говори́м?

Learn the names of the letters of the alphabet (p. 41).

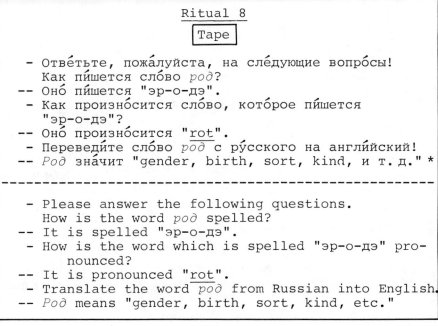

Ritual 8

Tape

- Отве́тьте, пожа́луйста, на сле́дующие вопро́сы!
  Как пи́шется сло́во *род*?
-- Оно́ пи́шется "эр-о-дэ".
- Как произно́сится сло́во, кото́рое пи́шется
  "эр-о-дэ"?
-- Оно́ произно́сится "<u>rot</u>".
- Переведи́те сло́во *род* с ру́сского на англи́йский!
-- *Род* зна́чит "gender, birth, sort, kind, и т. д." *

- Please answer the following questions.
  How is the word *род* spelled?
-- It is spelled "эр-о-дэ".
- How is the word which is spelled "эр-о-дэ" pro-
  nounced?
-- It is pronounced "<u>rot</u>".
- Translate the word *род* from Russian into English.
-- *Род* means "gender, birth, sort, kind, etc."

---

* и т. д.- abbreviation for *и так да́лее* (and so
  forth).

Разгово́р

Tape

- Как вас зову́т?
-- Меня́ зову́т { Алекса́ндр / Со́фья } .

- А как ва́ше о́тчество?[1]
-- О́тчество - { Миха́йлович / Миха́йловна } .

- А фами́лия?
-- Моя́ фами́лия { Петро́в / Петро́ва } .

- О́чень прия́тно, { Алекса́ндр Миха́йлович / Со́фья Миха́йловна } .
-- О́чень прия́тно.

[нело́вкая па́уза]

- Ну, { Алекса́ндр Миха́йлович / Со́фья Миха́йловна } , как дела́?
-- Ничего́.

- А { жена́ / муж } и де́ти как?
-- То́же ничего́.

- Одни́м сло́вом, всё норма́льно.

[нело́вкая па́уза]

- А пого́да как?
-- Пого́да то́же ничего́. Вообще́, всё хорошо́.

- Ну, слу́шайте, { Алекса́ндр Миха́йлович / Со́фья Миха́йловна } , мне пора́.

-- Зна́чит, вам пора́, да? Тогда́ до свида́ния.

- Ну, до свида́ния.

---

[1] о́тчество - (patronymic) formed from the father's
           first name by joining the suffixes <u>oyich</u>
           for males, <u>ovna</u> for females.

from Ива́н: Ива́нович / Ива́новна

from Серге́й: Серге́евич / Серге́евна

           Of all the ways of addressing people,
           first name and patronymic is the most
           common.

A Conversation

- What is your name? /How do they call you?/
-- My name is { Aleksandr / Sofja } .

- And what is your patronymic?
-- (My) patronymic is { Mixajloyich / Mixajlovna } .

- And (your) last name?
-- My last name is { Petróv / Petróva } .

- It's very pleasant (to meet you),
   { Aleksandr Mixajloyich / Sofja Mixajlovna } .
-- It's very pleasant (to meet you).

[awkward pause]

- Well, { Aleksandr Mixajloyich / Sofja Mixajlovna } , how are things?
-- All right /nothing/.

- And how are (your) { wife / husband } and children?
-- Also all right.

- In a word, everything is O.K.

[awkward pause]

- And how is the weather?
-- The weather is also all right. In general,
     everything is all right.

- Well, listen, { Aleksandr Mixajloyich / Sofja Mixajlovna } , it's
     time for me to go.

-- That means it's time, right? Then, good-bye.

- Well, good-bye.

Translation. MARK STRESS.

1. What language do you speak? She speaks English.
   I speak Russian. Only Albanians, it seems, speak
   Albanian.

2. Every English tourist thinks that the Great Estonian Sea is a very good place. Where is it located?

3. Our big brigade often relaxed there.

4. Comrade director, I have one specific/concrete
   question. What will the kind young (f) concrete-
   worker Pavlova speak about tomorrow at the concrete plant?

5. Estonians never talk about tourists. Why do Albanians always talk about spies?

6. We don't often read documents about concrete, not
   to mention documents about cement. (документ -
   document) (цемéнт - *cement*)

7. Our history is the history of the world.

8. (in ecstasy) Comrades! Yesterday (f) student Pavlova worked all day with enthusiasm.
   [stormy applause]

9. The whole world knows that our concrete plant is
   the concrete center of Betonograd. (центр - *center*)

10. Our best friend never listened when I talked a-
    bout the concrete plant. (слу́шай+ - *listen*)

11. Our dear children understand our great task.

12. Mommy, do you like big concrete-mixers?
    Little Kaţa likes only little concrete-mixers.

13. Some think that Africa is an old Albanian word,
    and others think that Africa is an old African
    word. (африка́нский - *African*)

14. [quietly] They say that every day she stole mag-
    azines in the club.

15. He is not a professor. He is a spy. That is, he
    is not a professor but a spy.

Словáрь

Nouns

М.

бетóн	–	*concrete*
бетóнщик	–	*(m)concrete-worker*
турúст	–	*tourist*
друг	–	*friend*
журнáл	–	*magazine*
клуб	–	*club*
инженéр	–	*engineer*
шпиóн	–	*spy*
профéссор(а)	–	*professor*
визúт	–	*visit*
специалúст	–	*specialist*
мир	–	*world*
хор	–	*chorus*
гóрод(а)	–	*city*

С.

дéло	–	*business, task, thing*
мóре	–	*sea*
мéсто	–	*place*
слóво	–	*word*

Ж.

бетóнщица	–	*(f)concrete-worker*
бригáда	–	*brigade*
Еврóпа	–	*Europe*
Áзия	–	*Asia*
Амéрика	–	*America*
Áфрика	–	*Africa*
Антáрктика	–	*Antarctica*
Áрктика	–	*Arctic*
истóрия	–	*history*
бетономешáлка	–	*concrete-mixer*
овáция	–	*ovation*
машúна	–	*machine*

Pl.

дéти	–	*children*
эстóнцы	–	*Estonians*
албáнцы	–	*Albanians*
аплодисмéнты	–	*applause*

Adjectives

бетóнный	–*concrete*
велúкий	–*great*
лýчший	–*best*
эстóнский	–*Estonian*
албáнский	–*Albanian*
англúйский	–*English*
большóй	–*big*
мáленький	–*little, small*
бýрный	–*stormy*
нелóвкий	–*awkward*
конкрéтный	–*concrete, precise, specific*
блúнский	–*Blinsk*

Verbs

говорú+	–*say, speak*
любú+	–*love, like*
отдыхáй+	–*relax, rest*
кончáй+	–*finish*
бýд+	–*will be*

(continued)

Other

вме́сте	– *together*
гро́мко	– *loudly*
ти́хо	– *quietly*
наш/на́ша/на́ше/на́ши	– *our*
на како́м языке́	– *(in) what language*
на бето́нном заво́де	– *in/at the concrete plant*
у нас	– *we have*
говори́+ по-эсто́нски	– */in/ Estonian*
по-алба́нски	– */in/ Albanian*
по-ру́сски	– */in/ Russian*
по-англи́йски	– */in/ English*
там	– *there*
всегда́	– *always*
сего́дня	– *today (г here is pronounced v)*
вчера́	– *yesterday*
за́втра	– *tomorrow*
вот	– *here is*
что тако́е X?	– *what is X?*
о + prep. case	– *about*
не говоря́ уже́ о + prep.	– *to say nothing of/not to mention*
ра́ньше	– *formerly*
ка́жется	– *it seems*
весь	– *(m) all*
вся	– *(f) all*
одни́	– *some*
то́лько	– *only*
ура́	– *Hurrah!*
вас	– *(accusative) you*
вся на́ша брига́да	– *our whole brigade*
же, то	– *unstressed particle emphasizing what*
то есть	– *that is (to say)* *precedes*
в восто́рге	– *in ecstasy*
нахо́дится	– *is located*
по бето́ну	– *on the subject of concrete*
все	– *(pl) all; everybody*
как вас зову́т?	– *What's your name/how do they call you/?*
о́тчество	– *patronymic*
фами́лия	– *last name*
прия́тно	– *pleasant*
как дела́?	– *how are things?*
идёт	– *goes*
жена́	– *wife*
одни́м сло́вом	– *in a word*
всё норма́льно	– *everything is O.K.*
пого́да	– *weather*
вообще́	– *in general*
слу́шайте	– *listen!*
тогда́	– *then*

Ritual 9

Four ways to avoid answering a question

Tape

-Чем оканчивается сло́во *до́ктор*?

(1) --Повтори́те после́дний вопро́с, пожа́луйста!
     -"после́дний вопро́с, пожа́луйста".
     --Ха-ха-ха!

(2) --Я не зна́ю.
     -А е́сли бы вы зна́ли?
     ...Ритуа́л но́мер 7.

(3) --Гмм.
     -Гро́мче, пожа́лйста.
     --Гммм.
     -А что́ э́то зна́чит?
     --Э́то зна́чит, что я забы́л(а) после́дний вопро́с.

(4) --Таки́е ⎧ бана́льные ⎫ вопро́сы не интересу́ют меня́.
              ⎨ наи́вные ⎬
              ⎩ неинтере́сные ⎭

-What does the word *до́ктор* end in?

(1) --Repeat the last question, please!
     -"the last question, please".
     --Ha-ha-ha!

(2) --I don't know.
     -And if you knew?
     ...Ritual Number 7.

(3) --Hmm.
     -Louder, please.
     --Hmmm.
     -And what does that mean?
     --That means that I forgot the last question.

(4) --Such ⎧ banal ⎫ questions do not interest me
           ⎨ naive ⎬
           ⎩ uninteresting ⎭

GENDER OF NOUNS: REVIEW

Nouns belong to one of three classes arbitrarily
called *masculine* gender (abbreviated M for мужско́й
род), *feminine* gender (abbreviated Ж for же́нский род),
or *neuter* gender (abbreviated С for сре́дний род).
The gender of a noun is usually predictable from the
nominative singular ending.

Gender:	M	Ж	С
Ending:	∅	a	o

Ex.:	заво́д	брига́да	сло́во
	учи́тель	ку́хня	мо́ре
	геро́й	А́зия	сочине́ние

Nominative Singular of Adjectives

Adjectives have the endings:

Ex.

-ij* when modifying M-nouns   но́вый заво́д

-aja when modifying Ж-nouns   но́вая брига́да

-oje when modifying С-nouns   но́вое сло́во

* -oj when stressed   молодо́й челове́к

SUMMARY

M		Ж		С	
adj.	n.	adj.	n.	adj.	n.
...ij...∅		...aja...a		...oje...o	

WORKBOOK: SPELLING ADJECTIVE ENDINGS

The nominative singular adjective endings are:

	Spelled
M - ij	ый or ий
Ж - aja	ая or яя
С - oje	ое or ee

The spelling of adjective endings is dictated by spelling rules which we have already discussed and drilled.

1. *The Spelling of* ij:

ij is spelled either ый or ий depending on the preceding consonant. If preceded by a hard paired consonant, ij is spelled *ый*:

нóвый   культýрный

Otherwise, it is spelled *ий*:

(1) after soft paired consonants: послéдний
(2) after к, г, х: рýсский
(3) after ж, ч, ш, щ: хорóший

Exercise 1

Join ij to the following adjective stems and spell in Russian.

e.g. нов+ : нóвый

1. крáсн+ (red)   _____

2. огрóмн+ (enormous)   _____

3. срéдн+ (middle, neuter) _____

4. настоя́щ+ (real)   _____

5. америкáнск+ (American) _____

6. свéж+ (fresh)   _____

7. крýгл+ (round)   _____

8. стрóг+ (strict)   _____

9. дóбр+ (kind)   _____

10. послéднь+ (last)   _____

When stressed, the nom. sg. masc. ending is oj.

Exercise 2

Join either ij or oj to the following adjective stems and spell in Russian.
e.g. крáсн+ : крáсный (stressed on stem)
      лесн+´ : леснóй (stressed on ending)

(continued)

1. но́в+   (new)   : _____

2. миров+́ (world)   : _____

3. высо́к+   (tall)   : _____

4. так+́   (such)   : _____

5. дорог+́ (dear)   : _____

6. ле́тнь+ (summer) : _____

7. тёмн+   (dark)   : _____

8. лесн+́ (forest) : _____

2. *The Spelling of* aja:

   aja is always spelled *ая* except *яя* after soft
   paired consonants.

Exercise 3

Join aja and spell in Russian.

1. но́в+   : _____   6. культу́рн+: _____

2. хоро́ш+   : _____   7. лесн+́   : _____

3. ру́сск+   : _____   8. сре́днь+   : _____

4. дорог+́   : _____   9. так+́   : _____

5. после́днь+: _____   10. стро́г+   : _____

3. *The Spelling of* oje:

   oje is spelled *ое*: но́вое, ру́сское
   except *ее*:
       (1) after soft paired consonants: после́днее
       (2) after ж,ч,ш,щ: хоро́шее*

*After soft paired consonants and ш, ж, ч, щ, the vow-
el o is spelled ё/e (i.e., ё when stressed, e when
unstressed). As it turns out, the neuter ending is
rarely stressed after these consonants, and is therefore spelled ee. (*Exception:* большо́й, большо́е -
where stressed o is spelled o, not ё.)

Exercise 4
Join oje and spell in Russian.

(continued)

1. но́в+   : _____   5. свёж+   : _____

2. ру́сск+ : _____   6. сре́днь+ : _____

3. дорог+´ : _____   7. стро́г+ : _____

4. лесн+´ : _____   8. молод+´ : _____

Exercise 5

Form masc., fem., and neuter from the following stems.

	М	Ж	С
1. культу́рн+	_____	_____	_____
2. после́днь+	_____	_____	_____
3. хоро́ш+	_____	_____	_____
4. ма́леньк+	_____	_____	_____
5. дорог¡´	_____	_____	_____

Adjectives are cited in dictionaries in the nom. sg.
masc. form. When that ending is spelled ий, you must
look at the preceding consonant to determine how to
spell the other endings.

Exercise 6

Form feminine and neuter nominative singular.

	Ж	С
1. кра́сный (red)	_____	_____
2. англи́йский (English)	_____	_____
3. свёжий (fresh)	_____	_____
4. сре́дний (middle, neuter)	_____	_____

Note that all adjective stems which end in soft
paired consonants end in soft нь. In fact, нь is the
only soft paired consonant in which adjective stems
end. The small group of adjectives in нь describe
relative time or position.

     e.g.   после́дний - last
            сре́дний   - middle, neuter
            ле́тний   - summer

PRONOMINALS

The term *pronominal* refers to a class of words in Russian which are declined like nouns in certain case forms and like adjectives in certain other case forms. They are called *pronominals* since most are pronouns (e.g., my, your, all, whose, a certain). However, there are some pronominals that are not pronouns (e.g., третий - *third*), also, the personal pronouns (I, you, etc.) are not pronominals.

Some common pronominals are:
      чей - *whose*
      один - *one, a certain*
      весь - *all*
      мой - *my*
      твой - *your (informal)*   ⎤ possessive
      наш - *our*   │   pronouns
      ваш - *your*   ⎦

In the nominative case, pronominals have the same endings as nouns. They have the endings:

```
∅ when modifying M-nouns
а when modifying Ж-nouns
о when modifying C-nouns
```

Ex.: мой карандаш, моя бригада, моё дело
      Transcription reveals the underlying stem to be moj+ *(my)*:

        М - мой - moj
        Ж - моя - moja
        С - моё - mojo

                  Stem - мой+   moj+
      Твой *(your, informal)* behaves similarly.

Наш *(our)* and ваш *(your)* behave as follows:

      М - наш   М - ваш
      Ж - наша   Ж - ваша
      С - наше   С - ваше

Three pronominals have an inserted element in the masculine form:

  один *(one, a certain)*   весь *(all)*

          М - один   М - весь
          Ж - одна   Ж - вся
          С - одно   С - всё

Stem: одн+ (и inserted in M)   Stem: всь+ (e inserted in M)

чей *(whose)*   Transcription

    М - чей   chej
    Ж - чья   chja
    С - чьё   chjo

Stem: чьй+ (e inserted in M)   chj+

Compare Russian and Transcription:
  й is written in the masculine to show j with no
      following vowel;
  ь is written in the feminine and neuter to show
      ch + j + V.

Drill 1

Write the correct form of the pronominal.

          мой+   ваш+

1. _____ троллейбус   1. _____ бригада

2. _____ слово   2. _____ дело

3. _____ машина   3. _____ завод

4. _____ карандаш   4. _____ книга

5. _____ дело   5. _____ море

          чьй+   одн+

1. _____ карандаш   1. _____ машина

2. _____ дело   2. _____ человек

3. _____ машина   3. _____ слово

4. _____ завод   4. _____ тигр

5. _____ слово   5. _____ книга

                    всь+

    1. _____ Азия   4. _____ бригада

    2. _____ мир   5. _____ день

    3. _____ дело

Summary Table

	Pronominal	Adjective	Noun	
М	∅	ij or oj	∅	ваш но́вый заво́д
Ж	a	aja	a	ва́ша но́вая маши́на
С	o	oje	o	ва́ше но́вое де́ло

Drill 2

Put the pronominals and adjectives into the correct form.

1. (my) _____ (new) _____ заво́д

2. (my) _____ (new) _____ маши́на

3. (my) _____ (old) _____ ме́сто

4. (your) _____ (good) _____ учи́тель

5. (our) _____ (last) _____ учи́тель

6. (our) _____ (Russian) _____ друг

7. (your) _____ (Russian) _____ маши́на

8. (whose) _____ (old) _____ маши́на

9. (whose) _____ (new) _____ заво́д

10. (whose) _____ (good) _____ сло́во

11. (one) _____ (bad) _____ маши́на

12. (one) _____ (good) _____ де́ло

13. (one) _____ (new) _____ заво́д

14. (all) _____ (our) _____ брига́да

15. (all) _____ мир

16. (all) _____ де́ло

FEMININES IN Ø

A large group of nouns in Ø are feminine. Such nouns will be entered in vocabularies with the mark Ж.

лóшадь Ж - horse

Since these words are feminine, adjectives modifying them have the ending aja.

Nouns ending in Ø are masculine unless so designated.

```
Drill

Give the gender of the following words.
                                              Answers
1. мать Ж                                        Ж
2. князь                                         М
3. жизнь Ж                                       Ж
4. стиль                                         М
5. глýпость Ж                                    Ж
6. кóмната                                       Ж
```

Numbers 7-10

Tape

семь, 7
вóсемь, 8
дéвять, 9
дéсять, 10
7, 8
9, 10
7, 8, 9, 10
7, 8, 9, 10
1, 2, 3, 4, 5, 6
5, 6, 7, 8
5, 6, 7, 8, 9, 10
1, 2, 3, 4, 5
1, 2, 3, 4, 5
6, 7, 8, 9, 10
6, 7, 8, 9, 10
1, 2, 3, 4, 5, 6, 7, 8, 9, 10

All numbers except "1" require special case endings for the objects counted, e.g., in the phrase "2 pencils", the word "pencils" will have a case ending to be introduced in a later chapter. For the present, restrict your use of numbers to simple counting and do not attempt to say "2 men", "3 lessons", etc.

Gender Drills

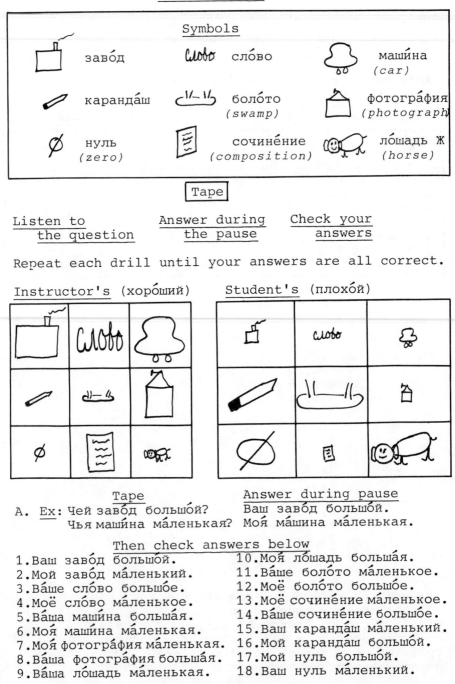

Symbols

завóд	слóво	машúна (car)
карандáш	болóто (swamp)	фотогрáфия (photograph)
нуль (zero)	сочинéние (composition)	лóшадь Ж (horse)

Tape

Listen to the question	Answer during the pause	Check your answers

Repeat each drill until your answers are all correct.

Instructor's (хорóший)   Student's (плохóй)

Tape
A. Ex: Чей завóд большóй?
       Чья машúна мáленькая?

Answer during pause
Ваш завóд большóй.
Моя́ машúна мáленькая.

Then check answers below

1. Ваш завóд большóй.
2. Мой завóд мáленький.
3. Вáше слóво большóе.
4. Моё слóво мáленькое.
5. Вáша машúна большáя.
6. Моя́ машúна мáленькая.
7. Моя́ фотогрáфия мáленькая.
8. Вáша фотогрáфия большáя.
9. Вáша лóшадь мáленькая.
10. Моя́ лóшадь большáя.
11. Вáше болóто мáленькое.
12. Моё болóто большóе.
13. Моё сочинéние мáленькое.
14. Вáше сочинéние большóе.
15. Ваш карандáш мáленький.
16. Мой карандáш большóй.
17. Мой нуль большóй.
18. Ваш нуль мáленький.

(continued)

B. <u>Ex</u>: Чьи <u>Tape</u>
это маши́ны? *(Whose cars are these?)*

<u>Answer during the pause</u>
Одна́ маши́на моя́, а друга́я маши́на ва́ша.

1. Одна́ маши́на моя́, а друга́я маши́на ва́ша.
2. Одио́ сло́во моё, а друго́е сло́во ва́ше.
3. Одна́ ло́шадь моя́, а друга́я ло́шадь ва́ша.
4. Оди́н каранда́ш мой, а друго́й каранда́ш ваш.
5. Одно́ боло́то моё, а друго́е боло́то ва́ше.
6. Одна́ фотогра́фия моя́, а друга́я фотогра́фия ва́ше.
7. Одно́ сочине́ние моё, а друго́е сочине́ние ва́ше.
8. Оди́н заво́д мой, а друго́й заво́д ваш.

C. <u>Principle</u>:

Mine (instuctor's) are good, because they're mine,
and vice versa.

<u>Ex</u>: Чей заво́д хоро́ший?   <u>Answer during pause</u>
           <u>Tape</u>   Ваш заво́д хоро́ший.

Почему́?   Потому́ что он ваш.

1. Ваш заво́д хоро́ший.
   Потому́ что он ваш.

2. Мой заво́д плохо́й.
   Потому́ что он мой.

3. Моя́ маши́на плоха́я.
   Потому́ что она́ моя́.

4. Ваш каранда́ш хоро́ший.
   Потому́ что он ваш.

5. Моё сочине́ние плохо́е.
   Потому́ что оно́ моё.

6. Моё боло́то плохо́е.
   Потому́ что оно́ моё.

7. Ва́ше сло́во хоро́шее.
   Потому́ что оно́ ва́ше.

8. Моя́ фотогра́фия плоха́я.
   Потому́ что она́ моя́.

9. Мой нуль плохо́й.
   Потому́ что он мой.

10. Ва́ше сочине́ние хоро́шее.
    Потому́ что оно́ ва́ше.

NOMINATIVE PLURAL OГ NOUNS

1. Neuter nouns have nominative plural in -a.

	(swamp)	(composition)
nom. sg.	боло́то	сочине́ние
nom. pl.	боло́та	сочине́ния (sochiɲeɲij+a)

Many neuter nouns have stress shift from the singular to the plural. Such nouns will be entered
with the stress mark × .
Stress may shift:
   a) from the stem in the sg. to the ending in
     the pl. сло̆во: сло́во - слова́   (word)
   b) from the ending in the sg. to the stem in
     the pl. окно̆: окно́ - о́кна   (window)

Drill 3

Form the nominative plural.

1. письмо̆   (letter)   _____

2. зда́ние   (building)   _____

3. прӑво   (right)   _____

4. мо̆ре   (sea)   _____

5. сочине́ние (composition)   _____

---

2. A small group of masculine nouns have nominative
plural in stressed а́.

		(house)
nom. sg.	до́ктор	дом
nom. pl.	доктора́	дома́

Such nouns will be entered with (a) in parentheses:

    до́ктор(a)   дом(a)

3. All other nouns have nominative plural i.

Nom. Sg.	Nom. Pl.
вопро́с	вопро́сы
маши́на	маши́ны
фотогра́фия	фотогра́фии (fotografij+i)

Drill 4

Form the nominative plural.

1. студе́нт_____   6. сло́во_____

2. брига́да_____   7. това́рищ_____

3. ме́сто_____   8. фотогра́фия_____

4. ку́хня *(kitchen)* _____   9. зда́ние *(building)* _____

5. го́род (а) _____   10. учи́тель (а) _____

Nominative Plural Summary

Nom. Sg.		Nom. Pl.
o̲	→	a̲
anything else*	→	i̲

*except some nouns in ∅ → a̲

NOMINATIVE PLURAL OF ADJECTIVES

Adjectives have only *one* nominative plural ending - i̲j̲e̲.

	Nom. Sg.	Nom. Pl.
М	но́вый студе́нт	но́вые студе́нты
Ж	но́вая брига́да	но́вые брига́ды
С	но́вое сло́во	но́вые слова́

The ending i̲j̲e̲ is spelled ⌐ые⌐ or ⌐ие⌐ , depending on the preceding consonant.

Drill 5

Write the nominative plural of the following adjectives.

1. культу́рн + :   _____

2. граммати́ческ + :   _____

3. хоро́ш + :   _____

4. после́днь + :   _____

5. молод + ´:   _____

NOMINATIVE PLURAL OF PRONOMINALS

Pronominals have the nom. pl. ending -i:

Masc. Sg.	Nom. Pl.	Transcription
мой	мой	(moj - moji)
ваш	ва́ши	(vash - vashi)
чей	чьи	(chej - chji)

The pronominal ending i softens preceding consonants whenever possible and is therefore always spelled и, never ы.

он	они́	(on - oni)
оди́н	одни́	(odin - odni)
(one, a certain)	*(some, certain)*	

The pronominal весь has the nom. pl. ending -e:

весь   все   (ves - vse)

(все други́е тролле́йбусы...)

Drill 6

Write the correct form of the pronominal:

мой+

1. _____ маши́на
2. _____ маши́ны
3. _____ друг

чьи+

1. _____ каранда́ш
2. _____ сочине́ния
3. _____ сочине́ние

наш+

1. _____ де́ло
2. _____ брига́да
3. _____ това́рищи

одн+

1. _____ челове́к
2. _____ лю́ди
3. _____ маши́на

всь+

1. _____ брига́да
2. _____ мир
3. _____ лю́ди

SUMMARY: NOMINATIVE PLURAL

Pronominal	Adjective	Noun
i	-ije	i/a

Drill 7

Change the following phrases from the nom. sg. to the nom. pl.

1. мой но́вый заво́д   _____

2. ва́ша хоро́шая брига́да   _____

3. наш до́брый учи́тель(а)   _____

4. моё но́вое сло́во   _____

5. чей граммати́ческий вопро́с _____

6. оди́н дорого́й конду́ктор(а) _____

7. ва́ше после́днее сочине́ние _____

8. весь план (plan)   _____

9. на́ше большо́е окно́ (window) _____

SUMMARY: THE NOMINATIVE CASE

	Pronominal	Adjective	Noun
М	∅	ij	∅
Ж	a	aja	a
С	o	oje	o
Pl.	i	ije	i/a

Examples:

М - мой но́вый заво́д

Ж - моя́ но́вая маши́на

С - моё но́вое де́ло

Pl- мой но́вые заво́ды   мой но́вые маши́ны

  мой но́вые дома́   мой но́вые дела́

Drill 8

Translate into Russian.

1. our old trolleybus _____

2. our old trolleybusses _____

3. my good car _____

4. my good cars _____

5. my good word _____

6. whose good words _____

7. whose new teacher _____

8. whose Russian car _____

9. all our concrete brigade _____

10. all young (M) concrete-workers _____

11. your last photograph _____

12. your last photographs _____

ŚТО

$$\text{Śто} - \begin{cases} \text{this/that is} \\ \text{these/those are} \end{cases}$$

Śто каранда́ш.	This/that is a pencil.
Śто маши́на.	This/that is a car.
Śто сло́во.	This/that is a word.
Śто карандаши́.	These/those are pencils.
Śто маши́ны.	These/those are cars.
Śто слова́.	These/those are words.

Drill 9

Translate into Russian.

1. This is my old comrade. _____

2. These are my old comrades. _____

3. Those are our new cars. _____

4. That is your last composition. _____

WORKBOOK: STRESS PATTERNS OF NOUNS

Nouns have one of three types of stress:

    1. stem-stress
    2. end-stress
    3. mobile-stress

1. Stem-Stress: the stress never moves from the stem

<u>Ex</u>.

sg. ⎡ nom. заво́д   pl. ⎡ nom. заво́ды
    ⎣ prep. заво́де   ⎣ prep. заво́дах

<u>Entry</u>: The stress mark is over the stem. (заво́д)

2. End-Stress: the stress is on the endings

<u>Ex</u>.

sg. ⎡ nom. черта́ *(trait)*   pl. ⎡ nom. черты́
    ⎣ prep. черте́   ⎣ prep. черта́х

---

sg. ⎡ nom. каранда́ш   pl. ⎡ nom. карандаши́
    ⎣ prep. карандаше́   ⎣ prep. карандаша́х

The word каранда́ш is stressed on the endings in
all forms except the nominative singular. This
does not result from a shifting stress, but from
phonetic necessity. The ending ø cannot be
stressed because it has no sound, and therefore
the stress moves back one syllable by phonetic
default.

    <u>Entry</u>: For words ending in a vowel, the stress
             mark is over the ending:
                черта́
             For words ending in ø, the stress mark is
             over the final consonant letter:
                каранда́ш

3. Mobile-Stress: different stress in sing. and pl.

a. shifts from stem in the sg. to endings in the pl.

<u>Ex</u>.

           (word)
sg. ⎡ nom. сло́во   pl. ⎡ nom. слова́
    ⎣ prep.сло́ве   ⎣ prep.слова́х

(soup)

sg. ⎡ nom.   суп
   ⎣ prep. су́пе

pl. ⎡ nom.   супы́
   ⎣ prep. супа́х

b. shifts from ending in the sg. to the last syllable of the stem in the pl.

Ex.

(window)

sg. ⎡ nom.   окно́
   ⎣ prep. окне́

pl. ⎡ nom.   о́кна
   ⎣ prep. о́кнах

(sausage)

sg. ⎡ nom.   колбаса́
   ⎣ prep. колбасе́

sg. ⎡ nom.   колба́сы
   ⎣ prep. колба́сах

Entry: ˣ over syllable which is stressed in the singular.

сло́во, су́п
окно́, колбаса́

Unstressed ё

Note the vocabulary entry жёна̌ (wife) with unstressed ё. From the nominative singular form жена́, it is not possible to tell whether the stem vowel is e or ё. Without this information the plural cannot be formed correctly. For that reason, we have written the two dots over the e, even though this vowel is not stressed in the singular, to tell you the plural is жёны and not "жёны".

Distinguish:

жена́ - the nominative singular form as it appears in sentences of the book

жёна̌ - the nominative singular as a vocabulary entry

Similarly:

звезда́ - *(star)* the nominative singular

звёзда̌ - the nominative singular as a vocabulary entry

Exercise 1

Form the nom. pl. of the following nouns. Mark stress.

1.ти́гр_____   8.о́́блако(*cloud*)_____

2.ле́нта(*tape*)_____   9.сёстра́(*sister*)_____

3.страна́(*country*)_____   10.зада́ние(*assignment*)

4.сёло́(*village*)_____   _____

5.те́ло(*body*)_____   11.гара́ж(*garage*)_____

6.у́с(*moustache*)_____   12.гнёздо́(*nest*)_____

7.стол́(*table*)_____   13.звёзда́(*star*)_____

                              14.река́(*river*)_____

Exercise 2

1.Stress the following nouns.

	A. *враг*	B. *бал*	C. *пла́н*	D. *гара́ж*	E. *до́лг*
Sg.	враг	бал	план	гараж	долг
	врага	бала	плана	гаража	долга
	врагу	балу	плану	гаражу	долгу
Pl.	враги	балы	планы	гаражи	долги
Pl.	врагов	балов	планов	гаражей	долгов
	врагам	балам	планам	гаражам	долгам

2.A and B above are both end-stressed in the nom. pl.,
but for different reasons.

A because:_____

B because:_____

---

4. *A group of masculine nouns have stressed á rather
than i in the nominative plural.*

Ex. до́ктор → доктора́

Such nouns *always* have a shift in stress from the
stem in the sg. to the endings throughout the plural. These nouns will be entered in vocabulary
lists with (a) in parentheses. ˣ will not be written, since stress shift is automatic.

Exercise 3

Form the nominative plural.

1. го́род (а)   _____

2. жи́тель *(inhabitant)*   _____

3. учи́тель (а)   _____

4. сто́л *(table)*   _____

5. ме̌сто   _____

6. сёдло̌ *(saddle)*   _____

7. дом (а) *(house)*   _____

Exercise 4

Enter the nominative singular of the following words, using the correct stress mark.

		1. черта *(trait)*	2. сад *(garden)*	3. стол *(table)*
sg.	nom.	черта́	сад	стол
	prep.	черте́	са́де	столе́
pl.	nom.	черты́	сады́	столы́
	prep.	черта́х	сада́х	стола́х

		4. трава *(grass)*	5. ядро *(nucleus)*	6. тело *(body)*
sg.	nom.	трава́	ядро́	те́ло
	prep.	траве́	ядре́	те́ле
pl.	nom.	тра́вы	я́дра	тела́
	prep.	тра́вах	я́драх	тела́х

		7. гнездо *(nest)*	8. вечер *(evening)*	9. сестра *(sister)*
sg.	nom.	гнездо́	ве́чер	сестра́
	prep.	гнезде́	ве́чере	сестре́
pl.	nom.	гнёзда	вечера́	сёстры
	prep.	гнёздах	вечера́х	сёстрах

(continued)

Exercise 4 (cont.)

10. учитель *(teacher)*

sg.	nom.	учи́тель
	prep.	учи́теле
pl.	nom.	учителя́
	prep.	учителя́х

SUMMARY

Type	Notation	Example
Stem-Stress	´ over stem	заво́д, маши́на, сочине́ние
End-Stress	´ over ending or over final consonant	черта́, карандаш́
Mobile-Stress	× over syllable which is stressed in the singular	ўс, жёнӑ, окно̆, сло̆во

Gender-Number Drill

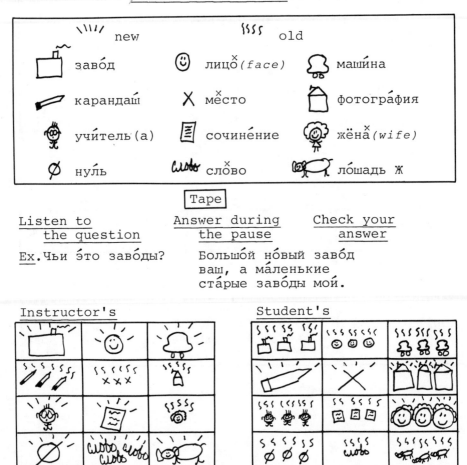

\\\\\/ new	ʃʃʃʃ old	
завод	лицо́ (face)	маши́на
каранда́ш	ме́сто	фотогра́фия
учи́тель (а)	сочине́ние	жёна́ (wife)
нуль	сло́во	ло́шадь Ж

Tape

Listen to the question	Answer during the pause	Check your answer
Ex. Чьи э́то заво́ды?	Большо́й но́вый заво́д ваш, а ма́ленькие ста́рые заво́ды мой.	

Instructor's   **Student's**

1. Большо́й но́вый заво́д ваш, а ма́ленькие ста́рые заво́ды мой.
2. Большо́е но́вое лицо́ ва́ше, а ма́ленькие ста́рые ли́ца мой.
3. Больша́я но́вая маши́на ва́ша, а ма́ленькие ста́рые маши́ны мой.
4. Ма́ленькие ста́рые каранда́ши ва́ши, а большо́й но́вый каранда́ш мой.
5. Ма́ленькие ста́рые места́ ва́ши, а большо́е но́вое ме́сто моё.
6. Ма́ленькая ста́рая фотогра́фия ва́ша, н больши́е но́вые фотогра́фии мой.
7. Большо́й но́вый учи́тель ваш, а ма́ленькие ста́рые учителя́ мой.
8. Большо́е но́вое сочине́ние ва́ше, а ма́ленькие ста́рые сочине́ния мой.
9. Ма́ленькая ста́рая жена́ ва́ша, а больши́е но́вые жёны мой.
10. Большо́й но́вый нуль ваш, а ма́ленькие ста́рые нули́ мой.

(continued)

11. Большие новые слова ваши, а маленькое старое слово
    моё.
12. Большая новая лошадь ваша, а маленькие старые
    лошади мой.

Иван Иванович и Борис Борисович

Иван Иванович   Борис Борисович

И.И. -Борис Борисович, вы видели мои новые фотографии?
Б.Б. --Нет, Иван Иванович, не видел.
И.И. -Вы хотите видеть мои новые фотографии?
Б.Б. --Не особенно.
И.И. -Вот первая фотография!
Б.Б. --Это не плохая фотография. Гмм...Это парк, да?
И.И. -Ну, да. Это парк.
Б.Б. --Что это в парке? Это ваша старая машина, правда?
И.И. -[холодно] Не точно, Борис Борисович.
Б.Е. --А, конечно. Это не ваша старая машина, а ваша
       бетономешалка, правда?
И.И. -Не точно, Борис Борисович. Это не моя старая
       машина. Это не моя бетономешалка. Это моя жена.
                 [неловкая пауза]
Б.Б. --Вот как! Она такая красивая женщина.
И.И. -[краснея] Большое спасибо! Это, конечно, не
       очень хорошая фотография.
Б.Б. --Да что вы говорите! Это очень хорошая фотография.
       Какая красивая женщина! Какое молодое лицо!
И.И. -Извините, Борис Борисович, но это не её молодое
       лицо, а её старая шляпа.
                 [неловкая пауза]
Б.Б. --[краснея] Ну, Иван Иванович, мне пора идти.
И.И. -И вот вторая фотография!
Б.Б. --Гмм...Это тоже ваша красивая жена, правда?
И.И. -[холодно] Не точно, Борис Борисович. Это не
       моя красивая жена, а моя старая машина.
                 [неловкая пауза]
Б.Б. --Ну, Иван Иванович, до свидания.
И.И. -До свидания.

Ivan Ivanoyich and Boris Borisovich

I.I.   -Boris Borisoyich, have you seen my new photo-
       graphs?
B.B.   --No, Ivan Ivanoyich, I haven't.
I.I.   -Do you want to see my new photographs?
B.B.   --Not especially.
I.I.   -Here is the first photograph.
B.B.   --That's not a bad photograph. Hmm... That's a
       park, right?
I.I.   -Well, yes. It is a park.
B.B.   --What's that in the park? It is your old car,
       right?
I.I.   -[coldly] Not exactly, Boris Borisoyich.
B.B.   --Ah, of course. It's not your old car, but
       your concrete-mixer, right?
I.I.   -Not exactly, Boris Borisoyich. It's not my
       old car. It's not my concrete-mixer. It's my
       wife.

                [awkward pause]

B.B.   --You don't say! She's such a pretty woman.
I.I.   -[blushing] Thank you very much. It's of
       course not a very good photograph.
B.B.   --But what are you saying! It's a very good
       photograph. What a pretty woman! What a
       young face!
I.I.   -Excuse me, Boris Borisoyich, but that's not
       her young face, but her old hat.

                [awkward pause]

B.B.   --[blushing] Well, Ivan Ivanoyich, it's time
       for me to go.
I.I.   -And here is my second photograph.
B.B.   --Hmm... That's also your pretty wife, right?
I.I.   -[coldly] Not exactly, Boris Borisoyich.
       That's not my pretty wife, but my old car.

                [awkward pause]

B.B.   --Well, Ivan Ivanoyich, good-bye.
I.I.   -Good-bye.

The Verbs смотре́+ and писа́+

Learn the present tense of these two verbs.

$$\boxed{\text{Tape}}$$

смотре́+ *(watch, look at)*

я смотрю́	мы смо́трим
ты смо́тришь	вы смо́трите
он смо́трит	они́ смо́трят

писа́+ *(write)*

я пишу́	мы пи́шем
ты пи́шешь	вы пи́шете
он пи́шет	они́ пи́шут

Remember, ˣ over a verb stem means:
Stress falls on the ending in the 1st person
singular, and on the stem in all other forms
of the present tense.

Infinitive and Past Tense

смотре́ть: смотре́л	писа́ть: писа́л
смотре́ла	писа́ла
смотре́ло	писа́ло
смотре́ли	писа́ли

A Note on the Meaning of смотре́+ :

смотре́+ - *watch, view as a spectator*

Она́ смо́трит телеви́зор.

(She is watching television.)

смотре́ + на + accusative - *look at*

Она́ смо́трит на сочине́ние.

(She is looking at the composition.)

Маленькая Соня

Tape

Маленькая Соня писала сочинение.
Она писала без большого энтузиазма.
Соня смотрела на сочинение, которое она писала.
     "Я смотрю на сочинение, которое я пишу.
     Какая катастрофа!
     Это очень плохое сочинение.
     Все другие пишут с большим энтузиазмом.
     Они с большим энтузиазмом смотрят на
          сочинения, которые они пишут.
     Что это значит?
     Это значит, что они пишут очень хорошие
          сочинения.
     Все, кроме меня."
(И кроме Бородина, который смотрел на сочинение,
 которое писала маленькая Соня.)

Little Soṇa

Little Soṇa was writing a composition.
She was writing without great enthusiasm.
Soṇa was looking at the composition which she was
writing.
     "I am looking at the composition which I am
          writing.
     What a catastrophe!
     This is a very bad composition.
     All the others are writing with great enthusiasm.
     They are looking with great enthusiasm at the
          compositions which they are writing.
     What does this mean?
     This means that they are writing very good
          compositions.
     All except me."
(And except Borodin, who was looking at the composition which little Soṇa was writing.)

Вопро́сы

Tape

1. На что́ смотре́ла ма́ленькая Со́ня?
2. На что́ смотре́ли почти́ (almost) все други́е?
3. Как писа́ла ма́ленькая Со́ня?
4. Как писа́ли все други́е?
5. Каки́е сочине́ния пи́шут лю́ди, кото́рые пи́шут с большим энтузиа́змом?
6. Каки́е сочине́ния пи́шут лю́ди, кото́рые пи́шут без большо́го энтузиа́зма?
7. Бороди́н пи́шет с большим энтузиа́змом. Почему́ он пи́шет плохо́е сочине́ние?

The Verbs крича́+ and молча́+

Learn the present tense of these two verbs.

Tape

крича́+ *(shout)*

я	кричу́	мы	кричи́м
ты	кричи́шь	вы	кричи́те
он	кричи́т	они́	крича́т

молча́+ *(be silent)*

я	молчу́	мы	молчи́м
ты	молчи́шь	вы	молчи́те
он	молчи́т	они́	молча́т

и́ли ... и́ли

и́ли - *either*

и́ли... и́ли... - *either... or...*

Все *и́ли* крича́т, *и́ли* говоря́т.

(Everybody is *either* shouting *or* talking.)

В пе́рвом кла́ссе

Tape

Гро́мко крича́т ма́льчики.
Де́вочки говоря́т с больши́м энтузиа́змом.
Все и́ли крича́т, и́ли говоря́т с больши́м энтузиа́змом.
Все, кро́ме меня́.

Я не кричу́.
Я не говорю́ с больши́м энтузиа́змом.
Я молчу́.

Они́ зна́ют, что они́ всегда́ писа́ли хоро́шие сочине́ния.
Они́ ско́ро бу́дут во второ́м кла́ссе.
Вот почему́ ма́льчики крича́т!
Вот почему́ де́вочки говоря́т с больши́м энтузиа́змом!

А я никогда́ не бу́ду во второ́м кла́ссе.
Я всегда́ бу́ду в пе́рвом кла́ссе.
Да́же Бороди́н бу́дет во второ́м кла́ссе.
Все, кро́ме меня́.

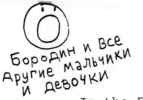

In the First Grade

The boys are shouting loudly.
The girls are talking with great enthusiasm.
Everybody is either shouting or talking with great
    enthusiasm.
Everybody except me.

I am not shouting.
I am not talking with great enthusiasm.
I am silent.

They know that they have always been writing good
    compositions.
They will soon be in the second grade.
That is why the boys are shouting.
That is why the girls are talking with great enthu-
    siasm.

But I will never be in the second grade.
I will always be in the first grade.
Even Borodin will be in the second grade.
Everybody except me.

Вопро́сы

1. Что́ де́лают ма́льчики?

2. Что́ де́лают де́вочки?

3. Я ма́льчик.   Что́ я де́лаю?

4. Я де́вочка.   Что́ я де́лаю?

5. Что́ де́лает Со́ня?

6. Почему́ ма́льчики крича́т?

7. Почему́ де́вочки говоря́т с больши́м
   энтузиа́змом?

8. Что́ э́то зна́чит? → Второй класс

9. А Со́ня?

WORKBOOK: ИТ-VERBS AND ЁТ-VERBS

1. Stems ending in -и+, -е+, and -Ча+ (i.e., ча, жа, ша, ща) are ит-verbs (conjugation II). All others are ёт-verbs (conjugation I).

ит-verbs		
и+:	люби+	*(like)*
е+:	виде+	*(see)*
Ча+:	молча+	*(be silent)*
	лежа+	*(lie)*
	слыша+	*(hear)*
	пища+	*(squeal)*

ёт-verbs (all others)		
cons.:	жив+	*(live)*
	вёд+	*(lead)*
	делай+	*(do)*
о+:	коло+	*(stab)*
у+:	пахну+	*(smell)*
а+(not Ча):	писа+	*(write)*
	требова+	*(demand)*

2. The basic present, past and infinitives are:

V-endings

ит-verbs	ёт-verbs
-ю	-у
-ишь	-ёшь
-ит	-ёт
-им	-ём
-ите	-ёте
-ят	-ут

C-endings

Both Conjugations
-л, -ла, -ло, -ли
-ть

Given the full stem it is now possible to determine *which* endings to join (ит or ёт) and *how* to join them (addition or truncation).

жив+

Doesn't end in -и+, -е+, -Ча+. Therefore, ёт-verb.
Consonant stem (C) + present endings (V) = C+V:

    жив + у → живу́
    жив + ёт → живёт

Consonant stem (C) + past/inf. endings (C) = ∅+C:

    жив + л → жил
    жив + ть → жить

молча+

Does end in -и+, -е+, -Ча+. Therefore, ит-verb.

Vowel stem (V) + past endings (C) = V+C:

    молча́ + л → молча́л
    молча́ + ть → молча́ть

Vowel stem (V) + present endings (V) = V̸+V:

    молча́ + ю → молчу́
    молча́ + ит → молчи́т

Exercise 1

Are the following ит- or ёт-verbs? (Write numbers)

ит: _____

ёт: _____

    1. помог+   (help)
    2. исчезну+   (disappear)
    3. слыша+   (hear)
    4. слушай+   (listen to)
    5. сиде+   (sit)
    6. пий+   (drink)
    7. помни+   (remember)
    8. плака+   (cry)
    9. тая+   (melt)
   10. поро+   (unstitch)
Hypothetical Stems:
   11. суз+
   12. болзи+
   13. тесну+
   14. слуща+
   15. слуде+
   16. муй+
   17. муи+
   18. зая+

Stress mark on final stem vowel *or consonant* shows
end stress:

говори́+ - говорю́   жив+ - живу́

Stress mark elsewhere remains on stressed vowel:

ста́н+ - ста́ну   ко́нчи+ - ко́нчу

MARK STRESS ON ALL FUTURE EXERCISES.

Exercise 2

Form infinitive and 3rd person singular.

	Infinitive	3rd Sg.
1. тро́бну+ (*touch*)	_____	_____
2. ко́нчи+ (*finish*)	_____	_____
3. визжа́+ (*screech*)	_____	_____
4. горе́+ (*burn*)	_____	_____
5. слыв+ (*pass for*)	_____	_____
6. крича́+ (*shout*)	_____	_____
7. боле́+ (*hurt*)	_____	_____
8. худе́й+ (*become thin*)	_____	_____
9. сиде́+ (*sit*)	_____	_____
10. пища́+ (*squeal*)	_____	_____
11. ги́бну+ (*perish*)	_____	_____
12. меня́й+ (*change*)	_____	_____
13. оде́н+ (*put on*)	_____	_____
14. звене́+ (*ring*)	_____	_____
15. въезжа́й+ (*drive in*)	_____	_____
16. жда́+ (*wait*)	_____	_____
17. ла́я+ (*bark*)	_____	_____
18. лежа́+ (*lie*)	_____	_____

(continued)

(Hypothetical)	Infinitive	3rd Sg.
19. му́й+		
20. му́и+		
21. плу́н+		
22. пача́+		
23. пача́й+		
24. полну́+		
25. поле́+		

Exercise 3

Form 1st sg. and 3rd pl.

	1st sg.	3rd pl.
1. по́мни+ *(remember)*		
2. окружи́+ *(surround)*		
3. жужжа́+ *(make a bee- like sound)*		
4. звене́+ *(ring)*		
5. вёз+ *(transport)*		
6. ду́й+ *(blow)*		
7. па́хну+ *(smell)*		
(Hypothetical) 8. зу́й+		
9. уд+		
10. тёс+		
11. луне́+		
12. корща́+		
13. преши́+		
14. парни́+		

The Basic Form of the Verb

The infinitive is traditionally taken to be the basic
form of the verb, and verbs are classified as "verbs
in ать", "verbs in еть", etc. But verbs with similar
and even identical infinitives may have quite different presents:

	Present	Infinitive
боле́+ *(hurt)*	боли́т	боле́ть
боле́й+ *(be sick)*	боле́ет	боле́ть

Exercise 4

Give infinitive and 3rd person singular present.

	Infinitive	3rd Sg.
1. рва+ *(tear)*		
2. слы́ша+ *(hear)*		
3. слу́шай+ *(listen)*		
4. ста́н+ *(become)*		
(Hypothetical)		
5. лича́+		
6. лича́й+		
7. лича́н+		

All of the above verbs are "verbs in -ать". From
their infinitives alone it would have been impossible
to form the present tense correctly. It would not
have been possible to predict that слы́шать is an ит-
verb, but слу́шать is a ёт-verb; that рвать drops its
final vowel in the present, but стать does not; that
стать inserts an н and слу́шать inserts a й.

On the other hand, verbs with similar presents may
have quite different infinitives.

Exercise 5

Give the 3rd person singular and infinitive.

	3rd Sg.	Infinitive
1. окружи́+ (surround)	_____	_____
2. дрожа́+ (tremble)	_____	_____
3. звене́+ (ring)	_____	_____
(Hypothetical)		
4. сарди́+	_____	_____
5. поржа́+	_____	_____
6. порбе́+	_____	_____

Therefore it is not always possible to predict the present from the infinitive nor the infinitive from the present. But both the infinitive and the present are predictable from the full stem.

Exercise 6

Form the infinitive and 3rd person singular. Note how bracketed verbs, though similar in their infinitives, have quite different presents.

	Infinitive	3rd Sg.
1. крича́+ (shout)	_____	_____
2. конча́й+ (finish)	_____	_____
3. сиде́+ (sit)	_____	_____
4. худе́й+ (become thin)	_____	_____
5. пища́+ (squeal)	_____	_____
6. проща́й+ (forgive)	_____	_____
7. повторя́й+ (repeat)	_____	_____
8. ла́я+ (bark)	_____	_____

(continued)

	Infinitive	3rd Sg.
9. звене́+ *(ring)*	_____	_____
10. красне́й+ *(blush)*	_____	_____
11. лежа́+ *(lie)*	_____	_____
12. въезжа́й+ *(drive in)*	_____	_____
13. страда́й+ *(suffer)*	_____	_____
14. жда+ *(wait)*	_____	_____
(Hypothetical)		
15. муне́+	_____	_____
16. муне́й+	_____	_____
17. кожа́+	_____	_____
18. кожа́й+	_____	_____
19. влан+	_____	_____
20. влай+	_____	_____
21. вла+	_____	_____

Other Stem Changes

Stem changes other than truncation may occur in joining stems and endings, e.g., consonant mutations
(веду́, вести; люби́л, люблю́), vowel mutations (мыл,
мою), stress shift (люблю́, лю́бит; жил, жила́, жи́ли).
Such changes are fully predictable from the stem.   In
general, it is the case that:

> Stem changes occur in the environments C+C and
> V+V, but not in the environments C+V and V+C.

C+V, V+C are *stable environments*;

C+C, V+V are *unstable environments*.

Stable	Unstable
Present of C-Stems (C+V)	Past/inf. of C-Stems (C+C)
Past/inf. of V-Stems (V+C)	Present of V-Stems (V+V)

The changes which occur in unstable environments will
be discussed in future chapters.

Ritual 10

$$\boxed{\text{Tape}}$$

- Чем ока́нчивается глаго́л *люби́+*? На гла́сный и́ли
  на согла́сный?
-- Он ока́нчивается на гла́сный.
- На како́й гла́сный?
-- На гла́сный *и*.*
- В тако́м слу́чае он ит-глаго́л и́ли ёт-глаго́л?
-- В тако́м слу́чае он ит-глаго́л.
- На́до вас поздра́вить.
-- Я стара́юсь.
- Молоде́ц!

            *Variant for stems in -a:
                - Что́ стои́т пе́ред *a*?

- -

- What does the verb *люби́+* end in? In a vowel or
  a consonant?
-- It ends in a vowel.
- In what vowel?
-- In the vowel *и*.*
- In that case, is it an ит-verb or a ёт-verb?
-- In that case, it is an ит-verb.
- One must congratulate you.
-- I do my best. /I try./
- Well done!

            *Variant for stems in -a:
                - What stands before a?

GENITIVE SINGULAR: MASCULINE AND NEUTER

Masculine and neuter nouns join a to the stem, with
appropriate adjustments in the spelling.

Nominative	Genitive
парк	па́рка
учи́тель	учи́теля
геро́й (hero)	геро́я
сло́во	сло́ва
мо́ре	мо́ря
сочине́ние	сочине́ния

Adjectives and pronominals join the ending ovo (v is
spelled г in this ending).

Adjectives	Pronominals	
культу́рного	моего́	(moj + ovó)
после́днего	ва́шего	(vásh + ovo)
вели́кого	одного́	(odn + ovó)
хоро́шего	всего́	(vs + ovó)
большо́го		

The prepositions без (without) and кро́ме (except) are
followed by the genitive case.

    без большо́го энтузиа́зма   (without great enthusiasm)
    кро́ме ста́рого инспе́ктора (except the old inspector)

Drill 10

Translate into Russian.

1. director of our new factory_____

2. the best friend of every good student_____

_____

3. my best friend's pencil (the pencil of my best friend)

_____

4. without your concrete factory _____

5. except the bad student Zolotov_____

_____

6. without the Great Blinsk Sea_____

Genitive Drill

$$\boxed{\text{Tape}}$$

Answer the following questions, using the diagrams as clues.

<u>Ex.</u>: Чей заво́д большо́й?   -заво́д ста́рого инспе́ктора
                                          Гладко́ва

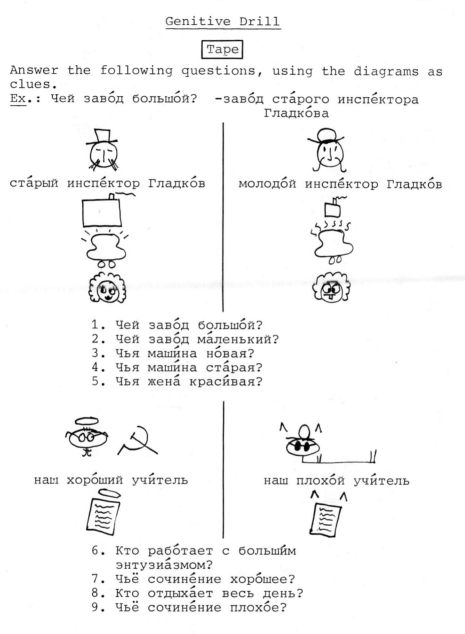

ста́рый инспе́ктор Гладко́в   молодо́й инспе́ктор Гладко́в

1. Чей заво́д большо́й?
2. Чей заво́д ма́ленький?
3. Чья маши́на но́вая?
4. Чья маши́на ста́рая?
5. Чья жена́ краси́вая?

наш хоро́ший учи́тель   наш плохо́й учи́тель

6. Кто рабо́тает с больши́м
   энтузиа́змом?
7. Чьё сочине́ние хоро́шее?
8. Кто отдыха́ет весь день?
9. Чьё сочине́ние плохо́е?

(continued)

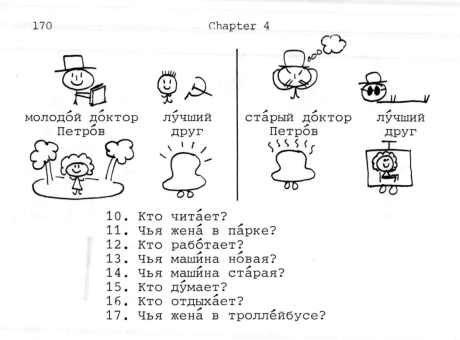

молодо́й до́ктор   лу́чший   ста́рый до́ктор   лу́чший
Петро́в   друг   Петро́в   друг

10. Кто чита́ет?
11. Чья жена́ в па́рке?
12. Кто рабо́тает?
13. Чья маши́на но́вая?
14. Чья маши́на ста́рая?
15. Кто ду́мает?
16. Кто отдыха́ет?
17. Чья жена́ в тролле́йбусе?

Все, кро́ме...

18. Каки́е моря́ плохи́е?

Велико́е Бли́нское мо́ре

19. Каки́е заво́ды ма́ленькие?

наш бето́нный заво́д

20. Каки́е па́рки некраси́вые?

мой ма́ленький
парк

His, Her, Their

его *(his)** ⎫
её *(her)* ⎬ do not change form to agree with the
их *(their)* ⎭ following noun.

*г in его is pronounced v.

but

его/её/их каранда́ш	- мой каранда́ш
его/её/их маши́на	- моя́ маши́на
его/её/их сло́во	- моё сло́во
его/её/их маши́ны	- мои́ маши́ны

Drill 11

Translate the words in parentheses into Russian.

1. (my) _____ заво́д

2. (his) _____ заво́д

3. (your) _____ лицо́

4. (her) _____ лицо́

5. (our) _____ заво́д

6. (their) _____ заво́д

Им-Verbs

Symbols

говори́+ (big mouth)

крича́+ (bigger mouth)

молча́+ (no mouth)

ви́де+ (an eye)
(see)

смотре́+ (an eye looking at
something)

стро́и+ (strong-man)
(build)

лежа́+ (someone lying on a bed)
(lie)

сидé+   (someone sitting on a chair)
(sit)

	1st sg.	but
вúде+ :	вúжу	вúдишь, вúдит ...
сидé+ :	сижý	сидúшь, сидúт ...

The change д → ж in the 1st person sg. of
these verbs will be explained later.

Ит-Verb Conjugation Drill

Tape

Answer in Russian during the pause.

Ex.	Tape	Answer during pause	Listen
	Чтó вы дéлаете?	Я стрóю.	

Чтó он дéлает?	Чтó онú дéлают?	Чтó вы дéлаете?	Mixed
1.	1.	1.	1.
2.	2.	2.	2.
3.	3.	3.	3.
4.	4.	4.	4.
5.	5.	5.	5.
6.	6.	6.	6.
7.	7.	7.	7.
8.	8.	8.	8.
			9.
			10.

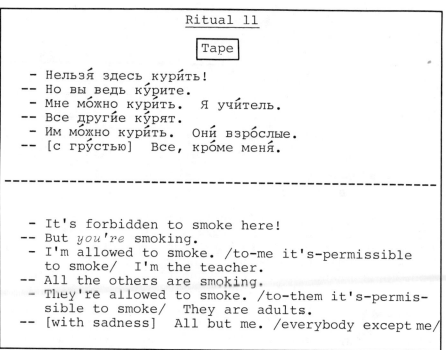

Ritual 11

Tape

- Нельзя́ здесь кури́ть!
-- Но вы ведь ку́рите.
- Мне мо́жно кури́ть. Я учи́тель.
-- Все други́е ку́рят.
- Им мо́жно кури́ть. Они́ взро́слые.
-- [с гру́стью] Все, кро́ме меня́.

- It's forbidden to smoke here!
-- But *you're* smoking.
- I'm allowed to smoke. /to-me it's-permissible to smoke/ I'm the teacher.
-- All the others are smoking.
- They're allowed to smoke. /to-them it's-permissible to smoke/ They are adults.
-- [with sadness] All but me. /everybody except me/

Prepositions

1. In addition to без and кро́ме, three other prepositions are followed by the genitive case.

о́коло	-	near
у	-	by
от	-	from
(as in: далеко́ от	-	far from)

Ex.:
о́коло го́рода	-	near the city
у мо́ря	-	by the sea
далеко́ от мо́ря	-	far from the sea

2. The preposition на

Basic meaning "on":
на пля́же - on the beach

with certain nouns it has the meaning "in/at":
на заво́де - in/at the factory

Западный и Восточный Блинск

Tape

> Что такое декадентство? Декадентство – это лежать на
> пляже у Великого Блинского болота и смотреть телевизор.
> В смокингах.

Великое Блинское болото   Великое Блинское море

Западный Блинск   Восточный Блинск

Западный Блинск лежит около болота. Около какого
болота? Как известно каждому школьнику, Западный
Блинск лежит около Великого Блинского болота. А
Восточный Блинск? Где лежит Восточный Блинск?
Восточный Блинск лежит не около болота, а около моря
– около Великого Блинского моря.[1]

У болота пляж. Что делают жители Западного Блинска
на пляже? Они строят заводы? Они строят турбазы?
Нет. Они ничего не строят на пляже. [с отвращением]
Весь день они лежат на пляже и смотрят телевизор.[2]
Какое декадентство!

А жители Восточного Блинска? Весь день они сидят
у моря. На бетономешалках. [ласково] Они строят
гидростанции. Какое счастье!

Вечером жители Западного Блинска сидят в клубе
"Хенки-Пенки". Они слушают дикий джаз Западного
Блинска и кричат: "Кул, мэн, кул!" Какое безобразие!
Жители Восточного Блинска сидят не в клубе "Хенки-
Пенки", а в клубе "Молодой Строитель"! Они слушают
не дикий джаз, а интересные лекции профессора Шульца.[3]
Какая культура!

Жители Восточного Блинска смотрят на декадентство
Западного Блинска с отвращением. Жители Западного
Блинска смотрят на счастье Восточного Блинска без
большого энтузиазма.

> Что такое счастье? Счастье – это сидеть у Великого
> Блинского моря и строить гидростанции.

---

[1] То есть, далеко от Великого Блинского болота.
[2] В смокингах.
[3] Профессор Шульц – самый известный гражданин
    Восточного Блинска.

West and East Blinsk

> What is decadence? Decadence is to lie on the beach
> by the Great Blinsk Swamp and watch television.   In
> tuxedos.

West Blinsk lies near a swamp. Near what swamp?
As is well-known to every schoolchild, West Blinsk
lies near the Great Blinsk Swamp. And East Blinsk?
Where does East Blinsk lie? East Blinsk lies not
near a swamp, but near the sea - near the Great Sea
of Blinsk.[1]

By the swamp is a beach. What do the inhabitants
of West Blinsk do on the beach? Do they build factories? Do they build tourist bases? No. They don't
build anything on the beach. [with disgust] All day
they lie on the beach and watch television.[2] What
decadence!

And the inhabitants of East Blinsk? All day they
sit by the sea. On concrete-mixers. [tenderly] They
build hydroelectric power stations. What happiness!

In the evening the inhabitants of West Blinsk sit
in the "Hanky-Panky Club". They listen to the wild
jazz of West Blinsk and shout "kul, men, kul!" The
inhabitants of East Blinsk sit not in the "Hanky-
Panky Club", but in the "Young Builder Club". They
listen not to wild jazz, but to the interesting lectures of Professor Schultz.[3] What culture!

The inhabitants of East Blinsk look upon the decadence of West Blinsk with disgust. The inhabitants
of West Blinsk look upon the happiness of East Blinsk
without great enthusiasm.

> What is happiness? Happiness is to sit by the Great
> Blinsk Sea and build hydroelectric power stations.

---

[1] That is, far from the Great Blinsk Swamp.
[2] In tuxedos.
[3] Professor Schultz is the most famous citizen of
    East Blinsk.

Вопро́сы

Tape

1. Где лежи́т За́падный Блинск?
2. То есть...?
3. Где лежи́т Восто́чный Блинск?
4. То есть...?
5. Где пляж?
6. Что стро́ят жи́тели За́падного Бли́нска на пля́же?
7. Что они́ де́лают на пля́же?
8. Что тако́е декаде́нтство?
9. Где нахо́дятся бетономеша́лки?
10. Где сидя́т жи́тели Восто́чного Бли́нска?
11. Что они́ де́лают весь день?
12. Что тако́е сча́стье?
13. Где сидя́т жи́тели За́падного Бли́нска ве́чером?
14. Что они́ де́лают?
15. Где сидя́т жи́тели Восто́чного Бли́нска ве́чером?
16. Что они́ де́лают?
17. На что жи́тели Восто́чного Бли́нска смо́трят с отвраще́нием?
18. А жи́тели За́падного Бли́нска?

Comprehension Drill:

Москва́ и Ленингра́д
(Moscow and Leningrad)

Tape

Listen to the comprehension drill on tape until you can answer the questions below.

Vocabulary

столи́ца - capital
администрати́вный - administrative
це́нтр - center
Вашингто́н - Washington
Пари́ж - Paris
Рим - Rome
Ло́ндон - London
То́кио - Tokyo
в Росси́и - in Russia
ва́жный - important
в Москве́ - in Moscow
ра́дио - radio
иногда́ - sometimes
грубова́то - a little vulgarly
мно́го - much
сла́ва бо́гу! - Thank God! /glory to God/
как - like

Вопро́сы

Tape

1. Что зна́чит сло́во *столи́ца*?
2. Что ду́мают лю́ди, кото́рые живу́т в Ленингра́де?
3. Как веду́т себя́ лю́ди, кото́рые живу́т в Москве́?
4. Почему́?
5. Говоря́т ли они́ "прости́те" и "извини́те!"?
6. А лю́ди в Ленингра́де?
7. Почему́ лю́ди живу́т в Москве́?
8. Почему́ лю́ди живу́т в Ленингра́де?

Translation

1. -Little-boy! You will soon be in the second grade.
   --Hurrah!

2. My children watch television all day. They think
   that spies are heroes. *(hero* - герой)

3. The young woman who is sitting in the park is my
   very pretty wife Natasha.

4. -Where do you like to relax?
   --I sit near a little old garage and listen to uninteresting lectures about trolleybusses.
   (garage - гараж)

5. The inhabitants of my city build big hydroelectric
   power stations by the Great Blinsk Sea. Is that
   happiness? Not exactly.

6. Except for old inspector Gladkov, all our brigade
   knows that the wild swamp is located far from our
   well-known eastern museum. *(museum* - музей)

7. Why do you always shout? I never shout. I am always silent.

8. The student who is writing the first composition
   is writing with great enthusiasm.

9. -Those are either tourist bases or hydroelectric
   power stations, right?
   --No, those are their new houses. *(house* - дом(а))

10. "The New Russian Word" is a New York Russian news-
    paper. *(Russian* - русский, *New York (adj.)* -
    нью-йоркский, *newspaper* - газета)

11. We are builders of a new world.

12. You are such a pretty little-girl!
    They are such pretty little-girls!
    I am such a kind person!

13. Do you see her face? It's like a photograph ...
    an old photograph.

14. I was looking at their shapely young bodies and
    and was thinking: "What gorgeous squirrels!"
    (shapely - стройный, *body* - тело, *gorgeous* -
    прекрасный, *squirrel* - белка)

Словарь

Nouns

М

мальчик	-little-boy
пляж	-beach
телевизор	-television set
смокинг	-tuxedo
житель	-inhabitant
джаз	-jazz
строитель	-builder

Ж

машина	-car, machine
фотография	-photograph
шляпа	-hat
правда	-truth(after a statement: "right?")
жена[1]	-wife
женщина	-woman
катастрофа	-catastrophe
девочка	-little-girl
гидростанция	-hydroelectric power station
лекция	-lecture
культура	-culture
турбаза	-tourist base

С

лицо	-face
сочинение	-composition
декадентство	-decadence
болото	-swamp
счастье	-happiness

Adjectives

первый	-first
второй	-second
западный	-west, western
восточный	-east, eastern
дикий	-wild
интересный	-interesting
известный	-well-known
самый	-most
такой	-such
красивый	-pretty

Numbers

семь	-7
восемь	-8
девять	-9
десять	-10

[1] See p.148 for an explanation of unstressed ё.

Verbs

виде+	-see
смотре+	-watch
" на + acc.	- look at
писа+	-write
крича+	-shout
молча+	-be silent
строи+	-build
лежа+	-lie
сиде+	-sit

Prepositions

без	-without	
кроме	-except	
около	-near	+ gen. case
у	-by	
от	-from	

Pronominals

мой	-my, mine
твой	-your, yours (informal)
наш	-our, ours
ваш	-your, yours
один	- one, a certain
весь	- all
чей	- whose

Other

вы хотите	-you want
не особенно	-not especially
холодно	-coldly
не точно	-not exactly
извините!	-excuse me
вот как!	-Oh! You don't say!
большое спасибо	-thank you very much
с большим энтузиазмом	-with great enthusiasm
в первом классе	-in the first grade
во втором классе	-in the second grade
или	-or
или...или	-either...or
всегда	-always
скоро	-soon
его	-his
её	-her, hers
их	-their, theirs
далеко	-far

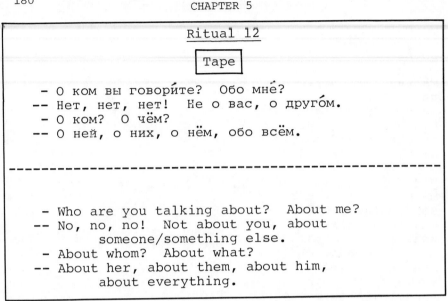

VERB STEMS IN ий+

Verb stems in ий+ drop their stem vowel before vowel endings.

p̦ij+		пий+ (drink)	бий+ (beat)
p̦ij + u → p̦ju		пью	бью
p̦ij + ot → p̦jot		пьёт	бьёт
p̦ij + ut → p̦jut		пьют	бьют

C+C → ∅C, as in all other consonant stems.

p̦ij + ț → p̦iț		пить	бить
p̦ij + l → p̦il		пил	бил

PREPOSITIONAL CASE

The prepositions в *(in)*, на* *(on)*, об/о *(about)* take the prepositional case, i.e., nouns following them have

*With certain nouns, на is used to designate "in,at":
на уро́ке *(at the lesson)*   на рабо́те *(at work)*
на заво́де *(in/at the factory)*
Such nouns will be designated as follows: уро́к [на]

prepositional case endings.

The endings are:

Singular - <u>e</u>
Plural - <u>ax</u>

regardless of gender.*

Examples:

Nom. sg.	Prep. sg.	Prep. pl.
парк	в па́рк*e*	в па́рк*ax*
пляж	на пля́ж*e*	на пля́ж*ax*
маши́на	в маши́н*e*	в маши́н*ax*
писа́тель	о писа́тел*e*	о писа́тел*ях*

The major exception:

In nouns whose stems end in -<u>ij</u>+, the singular ending
<u>e</u> changes to <u>i</u>.

Nom. sg.	Prep. sg.
ге́ний (<u>genij</u> + <u>∅</u>)	о ге́нии (<u>o</u> <u>genij</u> + <u>i</u>)
(genius)	
сочине́ние (<u>sochinenij</u> + <u>o</u>)	о сочине́нии (<u>o</u> <u>sochinenij</u> + <u>i</u>)
(composition)	
Ара́вия (<u>aravij</u> + <u>a</u>)	в Ара́вии (<u>v</u> <u>aravij</u> + <u>i</u>)
(Arabia)	

Formula: <u>ij</u> + <u>e</u> → <u>ij</u> + <u>i</u>

об/o: об before vowels, о before consonants.

об учи́теле   о бето́не

об А́зии   о сочине́нии

---

* The ending <u>i</u> in the phrase о жи́зни will be
explained in Chapter 10. For those who are
curious, see Part 2, p. 431.

Drill 1

Vocabulary

Moscow - Москва́   table   - стол
Russia - Росси́я   genius   - ге́ний
lesson - уро́к[на]   laboratory - лаборато́рия

Translate into Russian.

1. about the brigade_____   9. about Asia_____

   _____   10. about the genius_____

2. about the brigades_____

   _____   11. about the geniuses_____

3. in Moscow _____   _____

4. in Russia _____ 12. in laboratories _____

5. at the lesson_____   _____

6. on the table_____ 13. in the laboratory_____

7. about the swamp_____   _____

8. about the teacher_____ 14. in Blinsk _____

   _____   15. in the factory_____

        16. about the composition_____

Was / were: был+

он был
она́ была́*
оно́ бы́ло
они́ бы́ли

*Note stress on ending

Drill 2
Translate into Russian.

1. We were at the factory._____

2. He was in Asia.   _____

3. She was in the park.   _____

4. Where were you?   _____

Prepositional Case Drill

Tape

1. бездельник

крад+

работа[на]

Tape
Что делают бездельники?
Где они крадут карандаши?
Вы крадёте карандаши на
    работе?
Я краду карандаши на работе?
Как так?

During pause say   Then listen
Бездельники крадут карандаши.
Они крадут карандаши на работе.
Нет, я не краду карандаши на работе.
Нет, вы не крадёте карандаши на работе.
Так как мы не бездельники.

2.

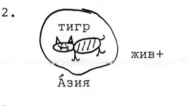

жив+

Азия

Тигры живут.
Они живут в Азии.
Нет, я не живу в Азии.
Нет, вы не живёте в Азии.
Так как мы не тигры.

3. студентка

краснёй+
(blush)

лаборатория

Студентки краснеют.
Они краснеют в лаборатории.
Нет, я не краснею в
    лаборатории.
Нет, вы не краснеете в
    лаборатории.
Так как мы не студентки.

4. некультурный
      человек

вёд+
себя
плохо

Калифорния

Некультурные люди ведут
    себя плохо.
Они ведут себя плохо в
    Калифорнии.
Нет, я не веду себя плохо
    в Калифорнии.
Нет, вы не ведёте себя
    плохо в Калифорнии.
Так как мы не некультурные
    люди.

(continued)

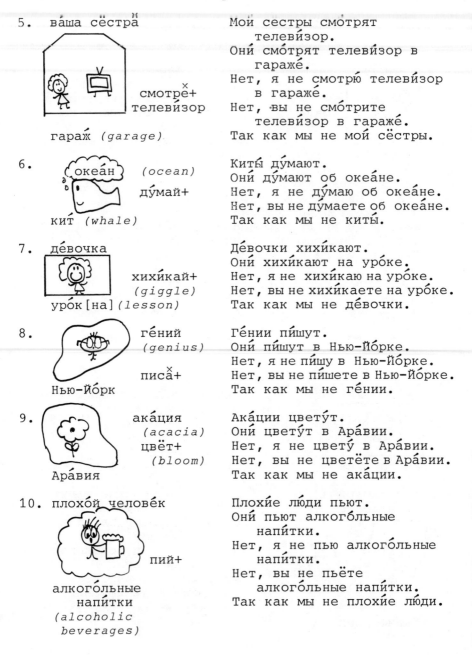

5. ваша сестра

    смотре́+
    телеви́зор

    гара́ж (garage)

Мои́ сестры смотрят
    телеви́зор.
Они́ смо́трят телеви́зор в
    гараже́.
Нет, я не смотрю́ телеви́зор
    в гараже́.
Нет, вы не смо́трите
    телеви́зор в гараже́.
Так как мы не мои́ сёстры.

6. океа́н (ocean)
    ду́май+

    кит (whale)

Киты́ ду́мают.
Они́ ду́мают об океа́не.
Нет, я не ду́маю об океа́не.
Нет, вы не ду́маете об океа́не.
Так как мы не киты́.

7. де́вочка

    хихи́кай+
    (giggle)
    уро́к [на] (lesson)

Де́вочки хихи́кают.
Они́ хихи́кают на уро́ке.
Нет, я не хихи́каю на уро́ке.
Нет, вы не хихи́каете на уро́ке.
Так как мы не де́вочки.

8. ге́ний
    (genius)

    писа́+

    Нью-Йо́рк

Ге́нии пи́шут.
Они́ пи́шут в Нью-Йо́рке.
Нет, я не пишу́ в Нью-Йо́рке.
Нет, вы не пи́шете в Нью-Йо́рке.
Так как мы не ге́нии.

9. ака́ция
    (acacia)
    цвёт+
    (bloom)

    Ара́вия

Ака́ции цвету́т.
Они́ цвету́т в Ара́вии.
Нет, я не цвету́ в Ара́вии.
Нет, вы не цвете́те в Ара́вии.
Так как мы не ака́ции.

10. плохо́й челове́к

    пий+

    алкого́льные
    напи́тки
    (alcoholic
    beverages)

Плохи́е лю́ди пьют.
Они́ пьют алкого́льные
    напи́тки.
Нет, я не пью алкого́льные
    напи́тки.
Нет, вы не пьёте
    алкого́льные напи́тки.
Так как мы не плохи́е лю́ди.

SHORT-FORM ADJECTIVES

1. Adjectives which serve as the predicate of "be"
   (∅, был, бу́ду) are called short-form adjectives.
   They have the special nominative forms:

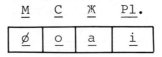

M	C	Ж	Pl.
∅	o	a	i

Examples:
    Заво́д бу́дет закры́т. -*The factory will be closed.*
    Окно́ закры́то.   -*The window is closed.*
    По́чта была́ закры́та. -*The post office was closed.*
    Заво́ды закры́ты.   -*The factories are closed.*

"Be" governs the nominative case. Since short-
form adjectives are by definition predicates of
"be", they have no forms other than the nominative.

2. Subjectless expressions are grammatically neuter.

    в па́рке *бы́ло напи́сано* -in the park [∅-subject]
                              was written
    no subject, hence neuter: бы́ло напи́сано

Compare:

    кни́га *была́ напи́сана* -the book was written
    subject: кни́га, hence fem.: была́ напи́сана

The Irregular Verb мог+ - can, be able

    я могу́   мы мо́жем
    ты мо́жешь   вы мо́жете
    он мо́жет   они́ мо́гут

Note stress shift in present.

Is ∿ There is

"Is/are" are not expressed in Russian.

    Э́то скамья́.   -*This is a bench.*

"There is/there are" are expressed with есть.

    В па́рке есть скамья́. -*In the park there is a
                          bench.*

    В па́рке есть скамьи́. -*In the park there are
                          benches.*

Лингафо́нный кабине́т

Лингафо́нный кабине́т был закры́т.
На стене́ бы́ло напи́сано:

> Лингафо́нный кабине́т закры́т на ремо́нт.
> Мо́жет быть, он бу́дет откры́т за́втра.
> А мо́жет быть, и не бу́дет.
>
>   Директора́

The Language Laboratory

The language laboratory was closed.
On the wall was written:

> The language laboratory is closed
> for repairs.
> Maybe it will be open tomorrow.
> And maybe it won't be.
>
>   The Directors

В па́рке культу́ры и о́тдыха

В па́рке культу́ры и о́тдыха напи́сано:

> Това́рищи, лежа́ть на траве́ в па́рке культу́ры и о́тдыха некульту́рно.
>
> Дире́ктор па́рка культу́ры и о́тдыха

Влади́мир лежи́т на траве́ в па́рке культу́ры и о́тдыха. Почему́ он лежи́т на траве́? Не зна́ет ли он, что лежа́ть на траве́ некульту́рно? Он зна́ет, но ему́ всё равно́. Он лю́бит лежа́ть на траве́ и ду́мать о жи́зни.

Дире́ктор па́рка: Ма́льчик, почему́ ты лежи́шь на траве́? Ты ведь зна́ешь, что тут есть скамьи́. Това́рищ Бороди́н сиди́т на скамье́. Я сижу́ на скамье́. Все, кро́ме тебя́, сидя́т на скамья́х.

       [па́уза, пока́ Влади́мир ду́мает]

Влади́мир: Мне всё равно́. Я не могу́ сиде́ть.
Дире́ктор: Почему́ ты не мо́жешь?
Влади́мир: Я слаб, това́рищ дире́ктор, слаб от недоеда́ния.
Дире́ктор: Зна́ет ли твой оте́ц, что ты слаб от недоеда́ния?
Влади́мир: Оте́ц зна́ет, но ему́ всё равно́. Весь день он лежи́т на дива́не и пьёт алкого́льные напи́тки.
Дире́ктор: [с отвраще́нием] Како́й жесто́кий челове́к!
Влади́мир: [с гру́стью] Това́рищ дире́ктор, никто́ не лю́бит меня́. Никто́ не понима́ет меня́. Я оди́н. Я оди́н.

Дире́ктор пла́чет.

In the Park of Culture and Rest

In the park of culture and rest is written:

> Comrades, to lie on the grass in the park of culture and rest is uncultured.
>
> > Director of the Park
> > of Culture and Rest

Vladimir is lying on the grass in the park of culture and rest. Why is he lying on the grass? Doesn't he know that it's uncultured to lie on the grass? He knows, but he doesn't care /to-him it's-all the-same/. He likes to lie on the grass and think about life.

Director: Little-boy, why are you lying on the grass?
of the   After all, you know that there are benches
park   here. Comrade Borodin is sitting on a
          bench. I'm sitting on a bench. Everybody
          except you is sitting on benches.
          [pause while Vladimir thinks]
Vladimir: I don't care /to-me it's-all the-same/. I
          can't sit.
Director: Why can't you?
Vladimir: I'm weak, comrade director, weak from mal-
          nutrition.
Director: Does your father know that you're weak from
          malnutrition?
Vladimir: (My) father knows, but he doesn't care. All
          day he lies on the couch and drinks alco-
          holic beverages.
Director: [with disgust] What a cruel man!
Vladimir: [with sadness] Comrade director, nobody
          loves me. Nobody understands me. I'm
          alone. I'm alone.

The director weeps.

Вопро́сы

1. Где лежи́т Влади́мир?
2. Почему́?
3. Не зна́ет ли он, что лежа́ть на траве́ некульту́рно?
4. О чём он ду́мает?
5. Что други́е де́лают?
6. Почему́?
7. По слова́м Влади́мира *(in the words of Vladimir/according to Vladimir)* почему́ он не мо́жет сиде́ть?
8. По слова́м Влади́мира, что де́лает оте́ц весь день?
9. По слова́м Влади́мира, от чего́ он слаб?
10. По слова́м Влади́мира, кто его́ лю́бит?
11. Влади́мир говори́т пра́вду?

Кто́ э́ти лю́ди?

Tape

Ста́рый до́ктор Гу́бкин

Вы по́мните ста́рого до́ктора Гу́бкина?
Коне́чно, я его́ по́мню.
Все по́мнят ста́рого до́ктора Гу́бкина.
Он и филосо́ф, и писа́тель, и вели́кий инжене́р.
Никто́ не рабо́тает так мно́го, как ста́рый до́ктор Гу́бкин.
Э́тот челове́к - настоя́щий энтузиа́ст.

Ста́рая ба́бушка Ла́рина

Вы по́мните ста́рую ба́бушку Ла́рину?
Коне́чно, я её по́мню.
Все по́мнят ста́рую ба́бушку Ла́рину.
Э́та же́нщина - настоя́щая энтузиа́стка.

Что́ э́то?

Tape

Моё золото́е я́блоко

Вы по́мните моё золото́е я́блоко?
Коне́чно, я его́ по́мню.
Все по́мнят ва́ше золото́е я́блоко.
Э́то я́блоко не настоя́щий фрукт.

Who are these people?

Old Doctor Gubkin

Do you remember old Doctor Gubkin?
Of course I remember him.
Everybody remembers old Doctor Gubkin.
He is both a philosopher and a writer and a great
enthusiast.
Nobody works as much as old Doctor Gubkin.
That man is a real enthusiast.

Old Grandmother Larina

Do you remember old grandmother Larina?
Of course I remember her.
Everybody remembers old grandmother Larina.
That woman is a real enthusiast.

What is this?

My Golden Apple

Do you remember my golden apple?
Of course I remember it.
Everybody remembers your golden apple.
That apple is not a real fruit.

ЭТОТ - ЭТО

A. **Этот/эта/это/эти** - this/that; these/those

1. **этот человек** - *this/that man*
2. **эта женщина** - *this/that woman*
3. **это яблоко** - *this/that apple*
4. **эти люди** - *these/those people*

The stem is **эт+**:

$$
\begin{array}{lll}
\text{(m)} & - & \text{э́т + от} \\
\text{(f)} & - & \text{э́т + а} \\
\text{(n)} & - & \text{э́т + о} \\
\text{(pl)} & - & \text{э́т + и}
\end{array}
$$

B. **Это** - this/that is; these/those are

1. **Это человек.** - *This/that is a man.*
2. **Это женщина.** - *This/that is a woman.*
3. **Это яблоко.** - *This/that is an apple.*
4. **Это люди.** - *These/those are people.*

Note the distinctions between (A) and (B) above:

1. The pronominal **этот** *(this/that)* agrees with the noun it modifies, as in (A) above, and has four nominative case forms.

2. The **это** which has the meaning "this/that is; these/those are" is not declined, although it may refer to one or many words of any gender, as in (B) above.

In A, **этот** *modifies* the subject, and agrees with it in gender and number.

In B, **это** *is* the subject, and doesn't change form.

The **это** in **A3** and **B3** are homonyms - that is, they look alike, but have different meanings. The first is declined, the second is not.

Drill 3

Translate the words in parentheses into Russian.

1. *(This is)* _____ большáя гидростáнция.

2. *(This)* _____ гидростáнция большáя.

3. *(This)* _____ тигр мой.

4. *(This is)* _____ мой тигр.

5. *(These are)* _____ рýсские словá.

6. *(These)* _____ словá рýсские.

7. *(This)* _____ завóд большóй.

8. *(These)* _____ завóды большúе.

9. *(This is)* _____ завóд.

10. *(These are)* _____ завóды.

SUBJECT AND DIRECT OBJECT

In the English examples below, the subject is underlined once and the direct object twice.

The young doctor remembers the old doctor.

The old doctor remembers the young doctor.

The old grandmother remembers the old car.

Everybody remembers the old grandmother.

In Russian, the subject is in the nominative case and
the direct object in the accusative case.

ANIMATE AND INANIMATE

Animate refers to people, animals, names, titles, and
professions.

Animate: друг, человéк, тигр, Гýбкин, дóктор...

Inanimate: карандáш, завóд...

THE ACCUSATIVE SINGULAR

Paradigms

	M-animate	M-inanimate	С	Ж
Nom.	ста́рый до́ктор	ста́рый заво́д	ста́рое сло́во	ста́рая маши́на
Acc.	ста́рого до́ктора	ста́рый заво́д	ста́рое сло́во	ста́рую маши́ну

[Gen.-ста́рого до́ктора]

Chart of Endings

	M-animate	M-inanimate	С	
Nom.	...ij...∅	...ij...∅	...oje...o	...aja...a
Acc.	↑	↓	↓	...uju...u

[Gen.- ...ovo...a

Masculine and Neuter borrow the endings of other cases for the accusative; Feminine has its own endings.

1. M-animate: borrows the genitive endings.

   Молодо́й до́ктор по́мнит ста́рого до́ктора.

   (The young doctor remembers the old doctor.)

   Ста́рый до́ктор по́мнит молодо́го до́ктора.

   (The old doctor remembers the young doctor.)

2. M-inanimate: borrows the nominative endings.

   Они́ лю́бят ста́рый заво́д.

   (They love the old factory.)

3. Neuter: borrows the nominative endings.

   Все по́мнят ста́рое сло́во.

   (Everybody remembers the old word.)

4. Feminine: has its own acc. endings ...uju...u .

   Ста́рая ба́бушка по́мнит ста́рую маши́ну.

   (The old grandmother remembers the old car.)

   Все по́мнят ста́рую ба́бушку.

   (Everybody remembers the old grandmother.)

Вы сде́лали <u>гру́бую оши́бку</u>.

(You've made a terrible mistake.)

Drill 4

Put the words in parentheses into the accusative case.

1. Он по́мнит (бето́нный заво́д) _____.

2. Все лю́бят (молодо́й инжене́р) _____.

3. Вы по́мните (Вели́кое Бли́нское мо́ре)_____

   _____?

4. Я по́мню (ста́рая ба́бушка Ла́рина) _____

   _____.

5. Они́ по́мнят (ста́рая фотогра́фия)_____.

Translate into Russian. [по́мни+ - *remember*]

6. She remembers old inspector Petrov._____

   _____.

7. We remember old inspector Petrov's young wife.___

   _____

8. Do you see the new car? _____?

9. Do you see the new trolleybus?_____

   _____?

10. Do you remember the good composition?_____

    _____?

ACCUSATIVE OF PRONOMINALS

Pronominals have noun endings both in the nominative and accusative, except for the M-animate which borrows the genitive ending.

Paradigms

	M-animate	M-inanimate	С	Ж
Nom.	мой до́ктор	мой заво́д	моё сло́во	моя́ маши́на
Acc.	моего́ до́ктора	мой заво́д	моё сло́во	мою́ маши́ну

[Gen.-моего́ до́ктора]   (Note stress of моего́.)

Chart of Endings

	M-animate	M-inanimate	С	Ж
Nom.	∅	∅	o	a
Acc.	↑	↓	↓	u

[Gen.- ovo]

Drill 5

Put the words in parentheses into the accusative case.

1. Он по́мнит (мой заво́д)_____.

2. Они́ лю́бят (мой друг)_____.

3. Она́ по́мнит (на́ше сочине́ние) _____.

4. Мы по́мним (ва́ша жена́)_____.

5. Ты по́мнишь (моя́ маши́на)_____.

6. Мы лю́бим (ваш молодо́й друг)_____.

7. Он зна́ет (моя́ краси́вая жена́)_____.

8. Мы по́мним (ваш тролле́йбус)_____.

A small number of pronominals have an added or inserted element in the nominative singular masculine. Three very common ones are:

Stem:		but		
эт+	(э́тот,		э́то,	э́та...)
одн+	(оди́н,		одно́,	одна́...)
всь+	(весь,		всё,	вся...)

Drill 6

1. Мы по́мним (э́та же́нщина)_____.

2. Он зна́ет (э́тот челове́к)_____.

(continued)

3. Он по́мнит (оди́н до́ктор)_____.

4. Мы по́мним (одна́ маши́на)_____.

5. Мы лю́бим (вся брига́да)_____.

THE ACCUSATIVE CASE OF PERSONAL PRONOUNS

Nom.	я	ты	он/оно́	она́	мы	вы	они́
Асс.	меня́	тебя́	его́	её	нас	вас	их

Interrogatives

Nom.	кто	что
Асс.	кого́	что

Ста́рые троллейбусы понима́ют *меня́*.
(Old trolleybusses understand me.)

Ах, Бра́ун! Мы люби́ли *вас*.
(Oh, Brown! We loved you.)

His and him ⎫　　　　　　　　　его́　　его́
Her and her ⎬ are homonyms　её　　её
Their and them ⎭ in Russian:　их　　их

Его́ жена́ -*his wife*　　Я по́мню *его́*.-*I remember him.*
Её де́ти　-*her children*　Я *её* по́мню. -*I remember her.*
Их заво́д -*their*　　　　Я *их* по́мню. -*I remember*
　　　　　　factory　　　　　　　　　　　　　　*them.*

Unlike English word order, the accusative pronoun may
precede the noun: Коне́чно, я его́ по́мню.

```
Drill 2
Translate into Russian.

1. She loves me._____

2. We love them._____

3. They love us._____

4. We see you.  _____

5. Do you see my concrete-mixer?  Yes, I see it.

   _____

6. Do they remember your factory? Yes, they remember
```

(continued)

it. _____	
7. Who loves you? _____	
8. Who(m) do you love? _____	

Accusative Case Drills

Tape

A. Listen to column I, say column II.
B. After you hear column II on the tape, say column III.
Ex.:
   A. Listen: моя́ фотогра́фия
       Say: Вы по́мните мою́ фотогра́фию?
   B. Listen: Вы по́мните мою́ фотогра́фию?
       Say: Коне́чно я её по́мню.

Col. I	Col. II	Col. III
1. моя́ фотогра́фия	Вы по́мните мою́ фотогра́фию?	Коне́чно, я её по́мню.
2. мой друг		его́
3. моё сочине́ние		его́
4. мои́ сочине́ния		их
5. моя́ кни́га		её
6. я		вас
7. ста́рый до́ктор Гу́бкин		его́
8. ста́рая ба́бушка Ла́рина		её
9. ста́рая Москва́		её
10. ста́рый Ленингра́д		его́
11. моя́ краси́вая жена́		её
12. э́та же́нщина		её
13. моё я́блоко		его́

Tape	Say during pause
1. Ста́рый до́ктор Гу́бкин по́мнит вас.	И я по́мню ста́рого до́ктора Гу́бкина.
2.	И я по́мню ста́рую ба́бушку Ла́рину.
3.	" ма́ленькую Со́ню.
4.	" дорого́го учи́теля.
5.	" дорогу́ю учи́тельницу.
6.	" ста́рую Москву́.
7.	" ста́рый Ленингра́д.
8.	" их.
9.	" её.
10.	" его́.
11.	" ка́ждого челове́ка в Москве́.
12.	" ка́ждую же́нщину в Ленингра́де.

(continued)

Tape	Say during pause
13.	И я по́мню ка́ждого ти́гра в А́зии.
14.	" э́того уда́рника.

THE NOMINATIVE PREDICATE

The predicate of is/are is in the nominative case (as in super-correct English "It is I").

> Э́то *он*.
> Где *ста́рая маши́на*.
> Он *до́ктор*.
> Они́ *уда́рники*.

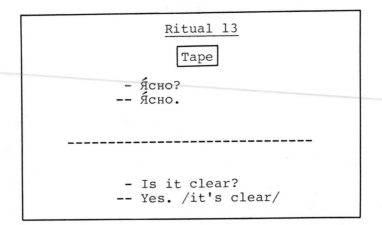

Ritual 13

Tape

- Я́сно?
-- Я́сно.

- -

- Is it clear?
-- Yes. /it's clear/

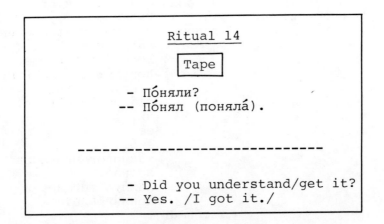

Ritual 14

Tape

- По́няли?
-- По́нял (поняла́).

- -

- Did you understand/get it?
-- Yes. /I got it./

WORKBOOK: STRESS IN CONSONANT-STEM VERBS

1. *Present Tense*

The present tense has vowel endings.

$$C + V \rightarrow CV$$

When joined to consonant stems, a stable environment results and no stem change occurs:

жив + у → живу́
знай + у → зна́ю

Stress: Stress in stable environments is easy to
predict. All C-stems are end-stressed in
the present tense, except those in й and
н, which are stem-stressed.

живу́, краду́ but зна́ю, ста́ну

Exercise 1

Form the 1st sg. of the following verbs. Mark stress.

1. вёз+   *(take)*   _____

2. стын+   *(freeze)*   _____

3. зрей+   *(mature)*   _____

4. плёт+   *(plait)*   _____

Hypothetical:
5. клун+   _____

6. клут+   _____

7. клей+   _____

As you have seen, it was possible to stress these
verbs correctly without *any* stress information for
each individual verb. In fact, no stress mark is
required for determining the present stress of C-
stems, except that:
   Stems in й which are polysyllabic (more than
   one syllable) must be marked to show which stem
   vowel is stressed. All such stems end in -ай+
   or -ей+.

ду́май+   *(think)* - where the stess mark shows it
                   is not "дума́й+"
красне́й+ *(blush)* -where the stress mark shows it
                   is not "кра́сней+"

Exercise 2

Form the 1st sg. of the following verbs. Mark stress.

   1. грей+   *(heat)*   _____

   2. старе́й+ *(grow old)* _____

   3. скрёб+ *(scrape)* _____

   4. стан+   *(become)* _____

Hypothetical:
   5. корта́й+   _____

   6. черёв+   _____

   7. плей+   _____

---

2. *Past Tense*

The past tense has consonant endings.

$$C + C \rightarrow \emptyset C$$

When joined to consonant stems, an *unstable* environment results and truncation occurs:

     жив + л → жил
     знай + л → знал

Stress: Stress in unstable environments is complicated. There are three types of stress in the past tense of C-stems.

  Stem-Stress: stem remains on the stem vowel throughout.
     знай+ : знал, зна́ла, зна́ло, зна́ли
     крад+ : крал, кра́ла, кра́ло, кра́ли

  End-Stress: stress falls on the endings except in the M, where the ending has no vowel.
     вёд+ : вёл, вела́, вело́, вели́

  Mobile-Stress: stress remains on the stem *except* in the feminine.
     жив+ : жил, жила́, жи́ло, жи́ли
     быв+ : был, была́, бы́ло, бы́ли

As we have shown, the stress mark in C-stems is not needed to show present tense stress. Instead, we will use the stress mark to show past tense stress.

(1) Stress mark on the stem vowel shows past
stem-stress:

зна́й+   кра́д+   де́лай+[1]

(2) Stress mark on the final consonant shows
past *end*-stress:

вё́д+

(3) → over the stem shows past mobile-stress(i.e.,
stem-stress, except feminine):

жи́в+   бы́в+

Exercise 3

Write the full past tense and present tense 1st and
3rd person. sg.   Mark stress.

	кла́д+*(put)*	цвё́т+*(bloom)*	плы́в+*(swim)*
PAST masc.	_____	_____	_____
fem.	_____	_____	_____
neut.	_____	_____	_____
pl.	_____	_____	_____
PRES. 1st sg.	_____	_____	_____
3rd sg.	_____	_____	_____

Exercise 4

Enter with the proper stress mark.
Ex.: был, была́, бы́ли :   бы́в+

1. пал, па́ла, па́ли   *(fall)*   :   пад+

2. пил, пила́, пи́ли   *(drink)* :   пий+

3. мёл, мела́, мели́   *(sweep)* :   мёт+

4. крыл, кры́ла, кры́ли *(cover)* :   крый+

5. лил, лила́, ли́ли   *(pour)*   :   лий+

6. плёл, плела́, плели́ *(braid)* :   плёт+

---

[1]Polysyllabic stems in й all turn out to have the
same stressed syllable in the present and past.
Therefore, the stress mark which was used to show
present tense stress shows past tense stress as
well. де́лай+ : де́лаю... де́лал, де́лала, де́лали

Exercise 5

Translate into Russian.

1. We lived in Blinsk.   _____

2. She lived in Betonograd.   _____

3. He was in Asia.   _____

4. She was in the park.   _____

5. They drank tea.   _____
        (tea - чай)

6. She drank vodka.   _____
        (vodka - во́дка)

Numbers 11 - 30

11 - 19 are composed of: X + на + дцать = X + onto + ten (-дцать is a contraction of де́сять).

Memory Aids:
    1. All but 11 and 14 are stressed on -на́-
    2. 2 in 12 here is две, not два
    3. 4 in 14 drops final "e"
    4. All drop final "ь" of first element

[Tape]

Listen and repeat

    (11) оди́ннадцать
    (12) двена́дцать
    (13) трина́дцать
    (14) четы́рнадцать
    (15) пятна́дцать
    (16) шестна́дцать
    (17) семна́дцать
    (18) восемна́дцать
    (19) девятна́дцать
    (20) два́дцать (2 tens)
    (21) два́дцать оди́н
    (22) два́дцать два

    (30) три́дцать (3 tens)

Accusative Case Drill

Кто знал кого?   Кто помнил кого?

$$\boxed{\text{Tape}}$$

Vocabulary		Symbols

кого   −*whom*

никого   −*nobody*

почта[на]−*post-office*

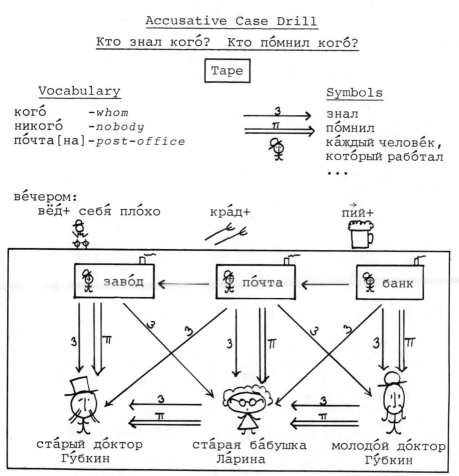

The tape contains two narratives describing some aspects of this diagram. Following each narrative are
the answers to the questions below, introduced by the
word "вопросы". Answer each question, then listen to
the correct answer on the tape. Repeat each set of
answers until your answers are identical to the tape.

A. Вопросы

1. Инженер Зóлотов рабóтал на завóде. Когó он знал?
2. Когó он пóмнил?
3. Ивáнов и Гладкóв рабóтали на пóчте. Когó они
   знáли? Когó они пóмнили?
4. Катери́на Пáвловна рабóтала в бáнке. Когó онá
   знáла? Когó онá пóмнила?
5. Кто знал стáрого дóктора Гýбкина?

(continued)

6. Кто не то́лько знал, но и по́мнил ста́рого до́ктора Гу́бкина?
7. Кого́ знал ста́рый до́ктор Гу́бкин?
8. Кто знал и по́мнил ста́рую ба́бушку Ла́рину?
9. Кого́ зна́ла и по́мнила ста́рая ба́бушка Ла́рина?
10. Кто знал ка́ждого челове́ка, кото́рый рабо́тал на заво́де?
11. Кого́ знал ка́ждый челове́к, кото́рый рабо́тал на заво́де?
12. Кого́ по́мнил ка́ждый челове́к, кото́рый рабо́тал в ба́нке?
13. Кто по́мнил ка́ждого челове́ка, кото́рый рабо́тал в ба́нке?
14. Бороди́н знал ка́ждого челове́ка, кото́рый рабо́тал на по́чте, ста́рую ба́бушку Ла́рину и молодо́го до́ктора Гу́бкина. Где рабо́тал Бороди́н?
15. Ка́ждый челове́к, кото́рый рабо́тал в ба́нке, знал молоду́ю учи́тельницу Ивано́ву. Где рабо́тала молода́я учи́тельница Ивано́ва?
16. Кто знал ка́ждого челове́ка, кото́рый рабо́тал на заво́де?
17. Кого́ по́мнил ста́рый до́ктор Гу́бкин?

Б. Вопро́сы

18. Зо́лотов вёл себя́ пло́хо ве́чером. Где он рабо́тал?
19. Ивано́в и Гладко́в рабо́тали на по́чте. Что они́ ве́чером де́лали?
20. Катери́на Па́вловна рабо́тала в ба́нке. Что она́ ве́чером де́лала?
21. Ма́ша по́мнила ста́рого до́ктора Гу́бкина. Что она́ ве́чером де́лала?
22. Пётр Ива́нович знал ста́рую ба́бушку Ла́рину. Что он ве́чером де́лал?
23. Мари́я Па́вловна зна́ла ста́рого до́ктора Гу́бкина. Что она́ ве́чером де́лала?
24. Но она́ по́мнила то́лько ста́рую ба́бушку Ла́рину. Где она́ рабо́тала?
25. Что де́лали ве́чером лю́ди, кото́рые зна́ли её?
26. А́нна Па́вловна зна́ла молодо́го до́ктора Гу́бкина. Что она́ ве́чером де́лала?

Write out answers to 27-35 (not on tape). Mark stress.
27. Доктора́ Че́ховы зна́ли молодо́го до́ктора Гу́бкина. Что они́ ве́чером де́лали?
28. Но они́ по́мнили то́лько ста́рую ба́бушку Ла́рину. Кто их знал?
29. Кого́ они́ зна́ли?
30. Вы рабо́тали на заво́де. Что вы ве́чером де́лали?
31. Кто вас знал?

(continued)

32. Кого́ вы зна́ли?
33. Я рабо́тал в ба́нке. Что́ я ве́чером де́лал?
34. Кого́ я по́мнил?
35. Кто меня́ знал?

WORKBOOK: STRESS IN VOWEL-STEM VERBS

1. *Present Tense*

   Joining: The present tense has vowel endings.
             V + V → ƔV
   When joined to vowel stems, an *unstable* environment results and truncation occurs:
       смотре + ю → смотрю
       говори + ю → говорю

   Stress:

(1)*Stem-Stress*	(2)*End-Stress*	(3)*Mobile-Stress*
по́мни+	говори́+	смотре́+
(remember)	*(speak)*	*(watch)*
по́мню	говорю́	смотрю́
по́мнишь	говори́шь	смо́тришь
по́мнит	говори́т	смо́трит
по́мним	говори́м	смо́трим
по́мните	говори́те	смо́трите
по́мнят	говоря́т	смо́трят

   Definitions: Present-stress is of three kinds:

   (1)Stem-Stress: Stress in all forms remains
       on the stem, as in по́мни+.

   (2)End-Stress: Stress in all forms falls on the
       first syllable of the ending, as in говори́+.

   (3)Mobile-Stress: Stress falls on the ending in
       the first person singular and on the sylla-
       ble preceding the ending in the other per-
       sons, as in смотре́+. The mark ˣ shows mo-
       bile-stress.

   Note: This pattern of stress shift is the
   only one possible in the present tense; any
   verb with present tense stress-shift has
   this stress shift. Therefore, the stress
   mark ˣ, by showing that stress shift takes
   place at all, shows the pattern of the
   shift.

   кури́+ *(smoke)* can only mean:
   курю́, ку́ришь, ку́рит, ку́рим, ку́рите, ку́рят

Exercise 1

A. Which of the verbs below have stem-stress, end-stress, or mobile stress? Mark stress.

Stem-Stress: _____

End-Stress: _____

Mobile-Stress: _____

B. Form and stress the 1st sg., 2nd sg., and 3rd pl.

	1st sg.	2nd sg.	3rd pl.
1. хвали̋+ (praise)	_____	_____	_____
2. ко́нчи+ (finish)	_____	_____	_____
3. смотре̋+ (watch)	_____	_____	_____
4. звене́+ (ring)	_____	_____	_____
5. учи̋+ (teach)	_____	_____	_____
6. сто́и+ (cost)	_____	_____	_____
7. стона̋+ (moan)	_____	_____	_____
8. тонӳ+ (drown)	_____	_____	_____

Hypothetical:

9. сури́+	_____	_____	_____
10. силе̋+	_____	_____	_____
11. кронӳ+	_____	_____	_____
12. сы́гну+	_____	_____	_____
13. пуша̋+	_____	_____	_____
14. рои́+	_____	_____	_____

Exercise 2

Determine the stress of the verbs below and mark the
stem with the correct stress mark.

Ex.:

		Stem
дышу́, ды́шишь	*(breathe)*	дыша̋+ (since this is mobile-stress)

			Stem
1.	дрожу́, дрожи́шь	*(shake)*	дрожа+
2.	па́хну, па́хнешь	*(smell)*	пахну+
3.	ценю́, це́нишь	*(value)*	цени+
4.	слы́шу, слы́шишь	*(hear)*	слыша+
5.	горю́, гори́шь	*(burn)*	горе+
6.	кле́ю, кле́ишь	*(stick)*	клеи+
7.	тяну́, тя́нешь	*(drag)*	тяну+
8.	шепну́, шепнёшь	*(whisper)*	шепну+
9.	му́чу, му́чишь	*(torture)*	мучи+

Hypothetical:

10.	моню́, мо́нишь	мони+
11.	суню́, суни́шь	суне+
12.	лучу́, лу́чишь	лучи+
13.	ми́шу, ми́шишь	миши+
14.	сону́, со́нешь	сону+
15.	лону́, лонёшь	лону+
16.	ращу́, ра́щишь	рацди+
17.	сарю́, сари́шь	сари+

Consonant Changes:

In certain stems, consonant changes take place.
We have seen:

$б \rightarrow бль$ люби́+:   люблю́, лю́бишь, лю́бит...

$д \rightarrow ж$ сиде́+:   сижу́, сиди́шь, сиди́т...
           ви́де+:   ви́жу, ви́дишь, ви́дит...

$с \rightarrow ш$ писа́+:   пишу́, пи́шешь, пи́шет...

These changes are fully predictable and will be
explained in Chapter 6.

2. *Past Tense and Infinitive*

The past tense and infinitive have consonant endings.

   V + V → VC

When joined to vowel stems, a *stable* environment
results and no stem changes occur:

   смотре + л → смотрел

   смотре + ть → смотреть

Stress:

Stress remains on the same syllable throughout the
past.

   по́мни+ : по́мнил, по́мнила, по́мнило, по́мнили,
           по́мнить

   говори́+: говори́л, говори́ла, говори́ло, говори́ли,
           говори́ть

   смотре́+: смотре́л, смотре́ла, смотре́ло, смотре́ли,
           смотре́ть

(The $^{\times}$ in смотре́+ shows stress shift in the *present*, not in the *past*; however, the place of $^{\times}$
shows *which* syllable is stressed in the past.)

Conjugation Drills

Learn the symbols for the following ит-verb stems:

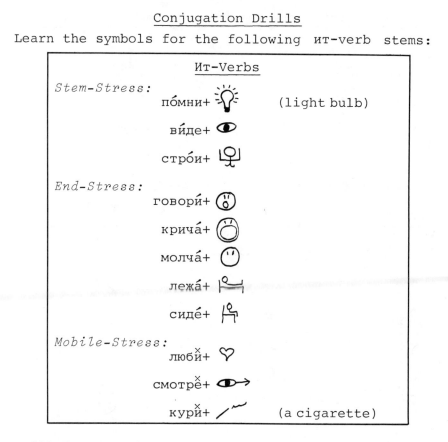

Ит-Verbs

Stem-Stress:

помни+ 🔆 (light bulb)

виде+ 👁

строи+ 👤

End-Stress:

говори+ 😮

крича+ 😲

молча+ 🙂

лежа́+ 🛏

сиде́+ 🪑

Mobile-Stress:

люби́+ ♡

смотре́+ 👁→

кури́+ 〰 (a cigarette)

Drill 1: ит-verbs

| Tape |

Using only these symbols as clues, answer the questions which you will hear on the tape.

Ex: Tape   Answer during pause   Listen

😮 Что́ вы де́лаете? -Я говорю́.

1. 😮   7. 🔆   13. 👤   19. 🙂

2. 😮   8. 🔆   14. 👤   20. 🙂

3. 🛏   9. 👁→   15. ♡   21. 👁

4. 🛏   10. 👁→   16. ♡   22. 👁

5. 🛏   11. 〰   17. 😲   23. 〰

6. 🛏   12. 〰   18. 😲   24. 〰

Learn the symbols for the following ёт-verb stems:

Ёт-Verbs

читáй+   отдыхáй+

дýмай+   крáд+

слýшай+   вёд+ себя́ плóхо

рабóтай+   жив+

краснéй+   писа́+

хихи́кай+   (a pencil)

Drill 2: ёт-verbs

Tape

1.   6.   11.
2.   7.   12.
3.   8.   13.
4.   9.   14.
5.   10.   15.

Drill 3: ит-verbs and ёт-verbs

Tape

1.   9.   17.
2.   10.   18.
3.   11.   19.
4.   12.   20.
5.   13.   21.
6.   14.   22.
7.   15.   23.
8.   16.   24.

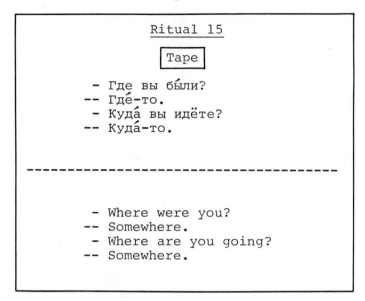

```
                    Ritual 15

                    ┌──────┐
                    │ Tape │
                    └──────┘

              - Где вы бы́ли?
             -- Где́-то.
              - Куда́ вы идёте?
             -- Куда́-то.

     ------------------------------------

              - Where were you?
             -- Somewhere.
              - Where are you going?
             -- Somewhere.
```

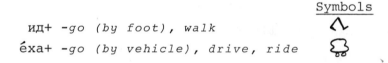

The Verbs ид+ *and* éxa+

		Symbols
ид+ -*go (by foot), walk*		∧
éxa+ -*go (by vehicle), drive, ride*		☙

Conjugation:

ид+: present tense is regular:

   иду́, идёшь, идёт...

   past tense is irregular and will be treated in Chapter 10

   infinitive is идти́:

   Мне пора́ идти́. - *It's time for me to go.*

éxa+: present stem is éд+:

éду	éдем
éдешь	éдете
éдет	éдут

   past and infinitve are regular:

   éхал, éхала, éхали, éхать

LOCATION VS. MOTION

| in/at | Location is denoted by the prepositional case.

Он сиди́т в па́рке.   -He is sitting in the park.
Он чита́ет на заво́де. -He reads in the factory.
Он живёт в Москве́.   -He lives in Moscow.
Он ду́мает на рабо́те. -He thinks at work.

| (in)to | Motion is denoted by the accusative case.

Он идёт в парк.   -He is going to the park.
Он е́дет на заво́д.   -He is driving to the factory.
Они́ е́дут в Москву́.   -They are driving to Moscow.
Они́ иду́т на рабо́ту. -They are walking to work.

Where?

где -location: Где он живёт? В Москве́.
                        Where does he live? In Moscow.

куда́ -motion: Куда́ он е́дет? В Москву́.
                        Where is he going? To Moscow.

Drill 8

Translate into Russian.

1. Where does he live? In Moscow.

_____

2. Where are they going? ( ) To Moscow.

_____

3. Where are you going? ( ) To the park.

_____

4. Where are they sitting? In the park.

_____

5. Where do you live? In the city.

_____

6. Where are you going?( )I'm going to the city.

_____

The Verbs нёс+ and вёз+

нёс+ -carry, take (by foot)   Parallel   ид+
вёз+ -carry, take (by vehicle)   to: éха+

go	ид+	éxa+
carry	нёс+	вёз+

Drill 9

Translate into Russian.

1. I'm going ($\wedge$) to the factory. I'm carrying little packages (пакéт) to the factory.

_____

2. She's driving to Moscow. She's carrying big packages to Moscow.

_____

<u>Что такóе жизнь?</u>

[Tape]

Что такóе жизнь? Кто такие лЮди? Я хочý знать, что такóе жизнь. Я сижý на крЫше гаражá. Почемý я сихý на крЫше гаражá? Чтобы лýчше видеть. Чтобы лýчше видеть что? Чтобы лýчше видеть, что дéлают лЮди.

Внизý лЮди. Одни кудá-то идýт, другие кудá-то éдут. ЛЮди, котóрые кудá-то идýт, несýт портфéли. Кудá они идýт? Кудá они несýт эти портфéли? На рабóту. Кáждый человéк несёт портфéль на рабóту. Почемý они несýт портфéли? Почемý они идýт на рабóту? Они не знáют почемý.

Другие кудá-то éдут. ЛЮди, котóрые кудá-то éдут, везýт большие пакéты. Кудá они éдут? Кудá они везýт эти большие пакéты? Тóже на рабóту. Почемý они éдут на рабóту? Они не знáют почемý.

Недалекó от меня муравьи. Они кудá-то ползýт. Кудá они ползýт? Они ползýт в гарáж. Почемý в гарáж? В гаражé нахóдится муравéйник. Муравьи несýт яйца в муравéйник. Кáждый муравéй несёт однó яйцó в муравéйник. Почемý они ползýт в гарáж? Почемý они несýт яйца в муравéйник? Они не знáют почемý.

Что такóе жизнь? Кто такие лЮди? ЛЮди - муравьи, и жизнь - муравéйник.

Чем кончáется жизнь?
Жизнь кончáется нулём.

What is Life?

What is life? What are people? I want to know what
life is. I'm sitting on the roof of the garage. Why
am I sitting on the roof of the garage? In order to
see better. In order to see what better? In order to
see better what people are doing/do.

Below are people. Some are walking somewhere, others
are riding somewhere. The people who are walking somewhere are carrying briefcases. Where are they going?
Where are they carrying those briefcases? To work.
Every person is carrying a briefcase to work. Why are
they carrying those briefcases? Why are they going to
work? They don't know why.

Others are riding somewhere. The people who are riding somewhere are carrying (by vehicle) big packages.
Where are they riding? Where are they carrying those
big packages? Also to work. Why are they going (by
vehicle) to work? They don't know why.

Near me are ants. They are crawling somewhere. Where
are they crawling? They're crawling into the garage.
Why into the garage? In the garage is located an anthill. The ants are carrying eggs into the anthill.
Every ant is carrying one egg into the anthill. Why
are they crawling into the garage? Why are they carrying eggs into the anthill? They don't know why.

What is life? What are people? People are ants, and
life is an anthill.

In what does life end? Life ends in zero.

Ritual 16

> Tape

- Какóго вида глагóл написá+? Совершéнного или
  несовершéнного вида?
-- Я предпочёл бы (предпочлá бы) о политике не спóрить.
- Дéло не в политике, а в граммáтике.
-- В такóм слýчае, я предпочёл бы (предпочлá бы) о
  граммáтике не спóрить.

- Of what aspect is the verb написá+? Of the perfec-
  tive or the imperfective aspect?
-- I'd prefer not to argue about politics.
- It's not a question of politics, but of grammar.
  /The affair is not in politics, but in grammar./
-- In that case, I'd rather not argue about grammar.

ASPECT

A. *Tense*

Both Russian and English have three tenses - present, past, and future. In English there are several forms of each tense.

Present: I work, I am working, I do work, I
         have worked...

Past: I worked, I was working, I did work,
         I had worked...

Future: I will work, I'm going to work, I will
         be working, I will have been working...

In Russian, each verb has only one present tense (some even lack this), one past tense and one future tense. In this sense, Russian is simpler than English. Unlike English, however, most verbal notions are represented by a pair of verbs, one member of the pair denoting perfective aspect, and the other denoting imperfective aspect. (The meaning of "perfective" and "imperfective" will be discussed immediately below.) Perfective verbs have no present tense. Schematically:

	Imperfective	Perfective
Present	X	none
Past	X	X
Future	X	X

B. *Prefix and Aspect*

A *prefix* is an element joined to the beginning of a word. For verbs introduced so far, perfective verbs are prefixed, imperfective are unprefixed. For example:

Perfective Aspect (совершённый вид)	Imperfective Aspect (несовершённый вид)	Entry
сде́лай+	де́лай+	с/де́лай+
написа́+	писа́+	на/писа́+
укра́д+	кра́д+	у/кра́д+
прочита́й+	чита́й+	про/чита́й
постро́и+	стро́и+	по/стро́и+

C. *Vocabulary Entry*

с/де́лай+ means perfective сде́лай+, imperf. де́лай+
на/писа́+ means perfective написа́+, imperf. писа́+

D. *Meaning*

The difference in meaning between perfective and imperfective, though in itself simple, is difficult to express in English. This is because English does not make this distinction, and as a

result, no English definition is fully adequate.
The definitions below will be of some help, but
only continued use will make the distinction between perfective and imperfective sharp and clear.
In this chapter we will deal with *past* perfective
and imperfective. Future perfective and imperfective will be discussed in Chapter 7.

Two conditions must hold for a verb to be *perfective*.
(1) There must be a *single act* referred to;
(2) The focus must be on the *result or completion*
     of that act.
If either of these conditions is not met, then the
verb is *imperfective*.

Examples: на/писӑ+

1. Он то́лько что написа́л письмо́. *(He just wrote a*
                                        letter.)
   is *perfective* because it describes a *single act*
   with focus on the *result or completion*.

2. Ка́ждый день он писа́л письмо́. *(Every day he wrote*
                                   /used to write a letter.)
   is *imperfective* because, even though there is
   focus on *result or completion*, it is *not* a
   single act.

3. Он сиде́л и писа́л.   *(He sat and wrote/*
                            he was sitting and writing.)
   is *imperfective* because, even though there is
   a *single act* referred to, focus is not on *result*
   or completion, but rather on the activity as
   such.

Examples: про/чита́й+

1. Я уже́ прочита́л э́ти журна́лы. *(I've already read*
                                   those magazines.)
   is *perfective* because it describes a *single act*
   with focus on the *result or completion*.

2. Я ча́сто чита́л журна́лы.   *(I often read mag-*
                                      azines.)
   is *imperfective* because, even though there is
   focus on *result or completion*, it is *not* a
   single act.

3. Я чита́л весь день.   *(I read all day.)*

   is *imperfective* because, even though there is a
   single act referred to, focus is *not* on *result*
   or completion, but rather on the activity as
   such.

Perfective	Imperfective
a single act with focus on result or completion	not a single act OR focus is not on result or completion

Imperfective has been defined as *not* a single act or as *not* having focus on result or completion. To state this in a more positive way, Imperfective:
  (1) refers to a repeated or habitual act, not a single one;
  (2) has focus on the activity or process, not on the result or completion.

Perfective	Imperfective
a single act with focus on result or completion	a repeated or habitual act OR focus on activity or process

More Examples:

P: Почему́ вы укра́ли его́ карандаши́?
              Why did you steal his pencils?

I-repeated: Он ча́сто крал карандаши́.
              He often stole/used to steal pencils.

I-activity: Весь день он крал карандаши́.
              All day he stole pencils.

P: Мы постро́или но́вый заво́д.
              We built/have built a new factory.

I-repeated: Они́ всегда́ стро́или хоро́шие заво́ды.
              They always built/used to build good factories.

I-activity: Мы до́лго стро́или заво́д.
              We were building the factory for a long time, i.e., we spent a long time building the factory.

E. *Imperfective Signals*
  1. Repeated or habitual acts are often signalled by a word or phrase such as ка́ждый день *(every day)*, всегда́ *(always)*, ча́сто *(often)*:
        Ка́ждый день он писа́л письмо́.
        Every day he wrote a letter.

  2. Focus on activity or process is often signalled by the following:
      a. A stated length of time, e.g., весь день *(all day)*, до́лго *(for a long time)*:

Он писа́л пи́сьма весь день.
He wrote letters all day.

Он до́лго чита́л журна́л.
He read the magazine a long time.

   b. A conjunction such as когда́, пока́ *(while)*
      which shows that the act serves as a back-
      ground for another:
      Пока́ он писа́л письмо́, он ду́мал о ней.
      While he wrote/was writing the letter,
      he thought about her.

   c. Lack of an object after a transitive verb[1]:
      Он писа́л.
      He wrote/was writing.

   d. A progressive ("ing" form) in English must
      be rendered by an imperfective in Russian:
      Он писа́л письмо́.
      He was writing a letter.

Sometimes none of the above signs are present and yet
the verb is imperfective. For example:
      Что́ вы вчера́ *де́лали?*
      What did you do yesterday? (i.e., How
      did you spend your time?)

as contrasted with:
      Что́ вы *сде́лали* вчера́?
      What did you do yesterday? (i.e., What
      did you get done yesterday?)

F. *Finished vs. Completed*
   There is an important difference between "finished"
   and "completed". All past tense actions are *fin-*
   ished, i.e., no longer happening. But only perfective ones are necessarily *completed*.

   (1) Она́ писа́ла письмо́.   - is finished but not
                                  perfective

   (2) Она́ написа́ла письмо́. - is finished and per-
                                  fective

---

[1] A transitive verb is a verb which could take an
   object.
      писа́+,   чита́й+

An intransitive verb could not.
      пла́ка+ *(cry)*

Drill 10

Translate orally into English for classroom discussion.

Vocabulary

то́лько что - *just*	уже́ -*already*
пока́ - *while*	до́лго -*for a long time*
по́сле того́, как - *after*	

1. Вчера́ она́ написа́ла сочине́ние.

2. Пока́ она́ писа́ла сочине́ние, она́ пла́кала. (пла́ка+ - *cry*)

3. Ка́ждый день она́ писа́ла сочине́ние.

4. Я то́лько что укра́л его́ карандаши́.

5. Я ча́сто крал его́ карандаши́.

6. Она́ уже́ прочита́ла ва́ше письмо́. (письмо́ - *letter*)

7. По́сле того́, как я прочита́л письмо́ Ивано́ва, я прочита́л письмо́ Гладко́ва.

8. Она́ чита́ла весь день.

9. Когда́ я чита́л письмо́, Гладко́в укра́л мой каранда́ш.

10. Что он вчера́ де́лал?

11. Они́ всегда́ де́лали граммати́ческие оши́бки.

12. Жи́тели Восто́чного Бли́нска стро́или гидроста́нции.

13. Я мно́го де́лал в Калифо́рнии.

14. Я мно́го сде́лал в Калифо́рнии.

15. Они́ до́лго стро́или заво́д.

16. Они́ сиде́ли в клу́бе и чита́ли "Бойс Лайф".

17. Я уже́ прочита́л "А́нну Каре́нину".

18. Мы постро́или большу́ю хоро́шую гидроста́нцию.

Drill 11

Put the missing Russian verb into the correct past tense form.

1. Ка́ждый день Ната́ша *(wrote)*
   но́вое сочине́ние.   _____

2. Вчера́ она́ *(wrote)*
   сочине́ние о Калифо́рнии.   _____

3. Пока́ она́ *(was writing)*
   сочине́ние, она́ пла́кала.   _____

4. По́сле того́, как она́ *(had written)* _____

   пе́рвое сочине́ние, она́ *(wrote)*   _____
   друго́е.

5. Я то́лько что *(read)*
   ва́шу кни́гу.   _____

6. Они́ всегда́ *(made)*
   оши́бки.   _____

7. Вы то́лько что *(made)*
   па́йдную оши́бку.   _____

8. Моя́ сестра́ *(was building)*
   гидроста́нцию.   _____

9. Я ча́сто *(used to read)*
   ве́чером.   _____

10. Я уже́ *(read)*
    э́тот журна́л.   _____

11. Он *(read)*   _____

    журна́л и пото́м он *(wrote)*   _____
    письмо́. (пото́м-*then*)

12. Мы то́лько что *(built)*
    но́вую гидроста́нцию.   _____

13. Он *(was reading)*
    кни́гу.   _____

14. Почему́ он всегда́ *(stole)*
    карандаши́?   _____

15. Почему́ вы *(stole)*
    мою́ фотогра́фию?   _____

16. Они́ до́лго *(built)*   _____
    заво́д. (*i.e., they spent a long time building the
    factory*)

сказа́+ and говори́+

Sometimes the perfective and imperfective have entire-
ly different stems. For example:

   Imperfective: говори́+ (speak, talk)
    Perfective: сказа́+ (say, tell)(i.e., completion
                  of a single act of speaking
                  or talking)

Вчера́ он *говори́л* в клу́бе заво́да.
(Yesterday he spoke in the club of the factory.)

Он *сказа́л*, что на́ше вели́кое де́ло - бето́н.
(He said that our great task is concrete.)

Drill 12

Translate into English.

1. О чём она́ говори́ла?   _____

2. Что она́ сказа́ла?   _____

3. Она́ сказа́ла, что ти́гры не живу́т в Нью-Йо́рке.

_____

4. Тигр смотре́л на нас, пока́ она́ говори́ла.

_____

Drill 13

Put the missing Russian verb into the correct past
tense form.

1. Он *(spoke)*   _____   о ти́грах.

2. "Кто э́то?" *(said)* _____   она́.

3. Они́ *(spoke)*   _____   по-ру́сски.

4. Они́ *(said)*   _____   , что она́

   (used to speak) _____   по-алба́нски.

Single Aspect Verbs

There are many verbal notions which cannot be con-
ceived of as a single completed act and are intrin-
sically imperfective (рабо́тай+- *work*; жи̂в+- *live*).
Such verbs do not have corresponding perfectives.

СВОЙ

1. свой *may* replace мой, твой, наш, ваш to express
   "one's own".
2. свой *must* replace его́, её, их when subject and
   possessor are identical.

Он лю́бит свою́ жену́.	-*his (i.e., his own wife)*
Он лю́бит его́ жену́.	-*his (i.e., somebody else's)*
Она́ лю́бит свой дом.	-*her (i.e., her own house)*
Она́ лю́бит её дом.	-*her (i.e., somebody else's)*
Они́ по́мнят свою́ маши́ну.	-*their(i.e., their own car)*
Они́ по́мнят их маши́ну.	-*their(i.e., somebody else's)*

Drill 14

Translate into Russian. *(brother - брат)*

1. We understand his brother. _____

2. Ivan understands his brother. (his own)

   _____

3. Ivan understands his brother. (i.e., Vladimir's)

   _____

4. Natasha remembers her husband. (her own)

   _____

5. I remember her husband.   _____

6. Natasha remembers her husband. (i.e., Tamara's)

   _____

7. All the engineers know their factories. (the factories of the competing engineers)

   _____

8. All the engineers know their factories. (the ones
   in which they work)

   _____

Ненорма́льная же́нщина

Tape

Я ненорма́льная же́нщина. Мой дорого́й муж лю́бит свою́ жену́. Е́сли бы он знал, что́ бы он сказа́л?! Мои́ дороги́е де́ти лю́бят свою́ ма́му. Е́сли бы они́ зна́ли, что́ бы они́ поду́мали?!

Зна́ете ли вы, где я сего́дня была́? И зна́ете, что́ де́лала? В го́роде есть оди́н шика́рный рестора́н. Я была́ там це́лый день. Там бы́ли и[1] други́е же́нщины. Они́ пи́ли чай и вообще́ вели́ себя́ хорошо́. А я пила́ во́дку и вообще́ вела́ себя́ о́чень нехорошо́. Они́ слу́шали класси́ческую му́зыку, пока́ я сиде́ла под столо́м и кури́ла больши́е чёрные сига́ры. Пока́ они́ говори́ли о культу́ре и жи́зни, я урка́ла все их ту́фли. И пока́ я кра́ла их ту́фли, я пла́кала.

Почему́? Почему́ я всё э́то сде́лала?
Я не хоте́ла вести́ себя́ пло́хо.
Я не хоте́ла кури́ть больши́е чёрные сига́ры.
Я не хоте́ла красть все их ту́фли.

Бо́же мой, до́ктор Шульц! Почему́? Почему́ же?

The Abnormal Woman

I'm an abnormal woman. My dear husband loves his wife. If he knew, what would he say?! My dear children love their mommy. If they knew, what would they think?!

Do you know where I was today? And do you know what I did? In the city there is a chic restaurant. I was there the whole day. Other women were there as well. They drank tea and, in general, behaved well. I drank vodka and, in general, behaved very badly. They listened to classical music while I sat under the table and smoked big black cigars. While they spoke about culture and life, I stole all their shoes. And while I stole their shoes, I cried.

Why? Why did I do all that?
I didn't want to behave badly.
I didn't want to smoke big black cigars.
I didn't want to steal all their shoes.

My God, Dr. Schultz! Why? *Why?*

---

[1]и - here, "as well, also"

Ritual 17

Tape

```
  - Привéт.
 -- Привéт.
  - Ты кудá?*
 -- Я тудá.  А ты кудá?
  - Я сюдá.  Я оттýда и сюдá.
 -- А я отсюда и тудá.
  - Мне порá.  Покá.
 -- Покá.
```

```
  - Greetings.
 -- Greetings.
  - You where (are going)?
 -- I there (am going).
    And you where (are going)?
  - I here (am coming).
    I from there to here (am coming).
 -- And I from here to there (am going).
  - It's time (to go).  So long!
 -- So long!
```

* Sometimes the verb go is omitted in Russian.

CASE REVIEW

	M	C	Ж	Pl.
Nom.	ij...ø	oje...o	aja...a	ije...i/a
Acc.			uju...u	↕ [1]
Gen.	ovo...a		( )	( )
Prep.	( )...e*		( )...e*	( )...ax

* ij+e → ij+i   ( )-endings not yet treated

We have now introduced four cases: nominative, accusative, genitive, and prepositional. The two remaining cases (dative and instrumental) will be treated in the next two chapters.

Function of Cases

Cases have two functions:
    Primary - their use without prepositions
    Secondary - their use as objects of prepositions

Primary Function:
    Nominative - subject of a verb; after is/are
    Accusative - direct object of a verb
    Genitive   - possession
    [Prepositional - used only with certain prepositions (see below)]

Secondary Function:
Each preposition is assigned one(or more) case(s) to serve as its object in prepositional phrases. Since there is no obvious connection between the meaning of the preposition and the case it demands, it is necessary to learn individually the case demanded by each preposition.

Nominative	- no preposition demands the nominative case
Accusative	- в, на*(to)* when indicating motion (на in the phrase смотре́+ на is really an example of this)
Genitive	- без*(without)*, от*(from)*, у*(by)*, кро́ме*(except)*, о́коло*(near)*
Prepositional	- о*(about)*, в*(in)*, на*(on, in/at)*

---

[1] The accusative plural borrows its endings either from the nominative or, as we shall see in Chapter 9, from the genitive.

Translation

1. Did you say that you were in Asia? Do you remember old Asia? Were you speaking about Asia?

2. I just read a book about hooligans who lived in the park. They generally conducted themselves badly, stole, and never listened to the young director. *(just-* то́лько что, *book-* кни́га)

3. Of course I remember her. Everybody here remembers that young woman. She is a real enthusiast. She used to build hydroelectric power stations.

4. Who(m) does your grandmother like? Who likes your grandmother?
Grandmother, do you like them?

5. Does he like his grandmother? His grandmother doesn't like anybody.

6. She loves her dear former husband. *(former-* бы́вший)

7. My father thinks that we remember that great writer.

8. Young director Ivanov's wife was smoking cigars and drinking alcoholic beverages in the park of culture and rest. Do you smoke? Do you drink?

9. My sisters said that the language laboratory will not be open tomorrow. It will be closed. I don't care. *(sister-* сёстра́)

10. They are at work. We are going($\wedge$) to work. She was at the concrete factory.

11. We are going to Leningrad. ($\mathcal{S}$) Where are they going? Somewhere.

12. -What is life?
--Either a golden egg or a red apple. *(red-* кра́сный)

13. Every day that little-boy wrote a composition about life in California.

14. The ants are looking at the real tiger who is sitting on the roof of the garage.

15. All day our stepmother sat in the room, beat us, and drank vodka. My God! She's an abnormal woman. *(stepmother-* ма́чеха, *room-* ко́мната, *beat-* бий+)

16. Do you see that pretty little-girl? She is carrying books to school. *(school-* шко́ла)

17. This is a woman. This woman is my wife.

Слова́рь

Nouns

М

гара́ж	-garage
писа́тель	-writer
фрукт	-fruit
кабине́т	-office, study
лингафо́нный кабине́т-	
language laboratory	
муж	-husband
мураве́йник	-anthill
чай	-tea
энтузиа́ст	-enthusiast
напи́ток	-beverage
(pl.-напи́тки)	
до́ктор(а)	-doctor
портфе́ль	-briefcase
паке́т	-package
мураве́й	-ant
(nom. pl. муравьи́)	
рестора́н	-restaurant
оте́ц	-father
дива́н	-couch

Ж

ба́бушка	-grandmother
стена́	-wall
трава́	-grass
скамья́	-bench
во́дка	-vodka
энтузиа́стка-	(female)
enthusiast	
сига́ра	-cigar
ту́фля	-shoe
кры́ша	-roof
рабо́та[на]-	work
жизнь Ж	-life
му́зыка	-music

С

я́блоко	-apple
яйцо́	-egg

Adjectives

алкого́льный-	alcoholic
чёрный	-black
жесто́кий	-cruel
це́лый	-whole
шика́рный	-chic
класси́ческий-	classical
золото́й	-golden

Short-form Adjectives

закры́т/а/о/ы	-closed
откры́т/а/о/ы	-open
напи́сан/а/о/ы	-written

Verbs

по́мни+	-remember
пий+	-drink
мог+	-can, be able
бы́в+	-was/were
кури+	-smoke
пла́ка+	-cry
ид+	-go(on foot), walk
е́ха+	-go(by vehicle), drive, ride
нёс+	-carry, take by foot
вёз+	-carry, take by vehicle
полз+	-crawl
сказа́+	-say, tell

Other

так мно́го, как-	as much as
на ремо́нт	-for repair
парк культу́ры и о́тдыха-	park of culture and rest
ему́ всё равно́-	he doesn't care (to-him it's-all the same)
мне всё равно́-	I don't care
бо́же мой!	-My God!
слаб от недоеда́ния-	weak from malnutrition
пока́	-while, so long
под столо́м	-under the table
что́бы	-in order to
лу́чше	-better
кто таки́е лю́ди?-	What are people?
ведь	-after all (un-stressed particle)
и...и...	-both...and...
тут	-here
есть	-there is/are
куда́	-(to) where
куда́-то	-(to) somewhere
внизу́	-below
свой	-one's own
конча́ется	-end (in a gen-eral sense)
cf. ока́нчивается-	end (in a grammatical sense)

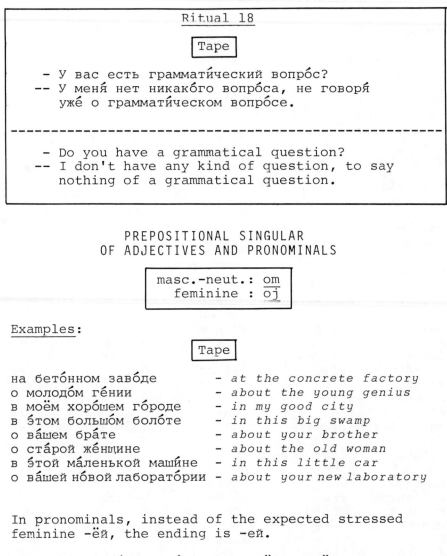

PREPOSITIONAL SINGULAR
OF ADJECTIVES AND PRONOMINALS

masc.-neut.:	<u>om</u>
feminine :	o<u>j</u>

<u>Examples</u>:

Tape

на бетóнном завóде	- *at the concrete factory*
о молодóм гéнии	- *about the young genius*
в моём хорóшем гóроде	- *in my good city*
в э́том большóм болóте	- *in this big swamp*
о вáшем брáте	- *about your brother*
о стáрой жéнщине	- *about the old woman*
в э́той мáленькой машúне	- *in this little car*
о вáшей нóвой лаборатóрии	- *about your new laboratory*

In pronominals, instead of the expected stressed
feminine -ёй, the ending is -ей.

моéй, своéй <u>NOT</u> моёй, своёй

в моéй машúне - *in my car*

Drill 1

Put the words in parentheses into the prepositional case.

1. Мы говорили о (ваш молодо́й до́ктор)

   _____

2. Он ду́мает о (плохо́е сочине́ние)

   _____

3. Мы живём в (э́тот забы́тый *(forgotten)* го́род)

   _____

4. Он крадёт карандаши́ на (свой заво́д)

   _____

5. Мы сиди́м в (моя́ ма́ленькая маши́на)

   _____

6. Они́ говори́ли об (э́та краси́вая же́нщина)

   _____

7. Они́ ду́мали о (мой лу́чший друг)

   _____

8. Они́ жи́ли в (больша́я пусты́ня *(desert)*)

   _____

9. Они́ ду́мают об (э́то хоро́шее ме́сто)

   _____

10. Они́ жи́ли в (далёкая Ара́вия *(distant Arabia)*)

    _____

11. Каранда́ш лежи́т на (большо́й стол *(table)*)

    _____

12. Она́ чита́ет в (своя́ лаборато́рия)

    _____

Chart of Endings (updated)

	M	C	Ж	Pl.
Nom.	ij...∅	oje...o	aja...a	ije...i/a
Acc.	↓	↓	uju...u	↕
Gen.	↑ ovo...a		( )	( )
Prep.	om...e*		oj...e*	( )...ax

*ij + e → ij + i

Drill: Где сиди́т говоря́щий тарака́н?

Tape

Vocabulary:

далёкий —*distant*	пусты́ня —*desert*
забы́тый —*forgotten*	стол —*table*
закры́тый —*closed*	тарака́н —*cockroach*
говоря́щий—*talking*	

Listen to the tape. Answer the questions, which are based on the diagram below.

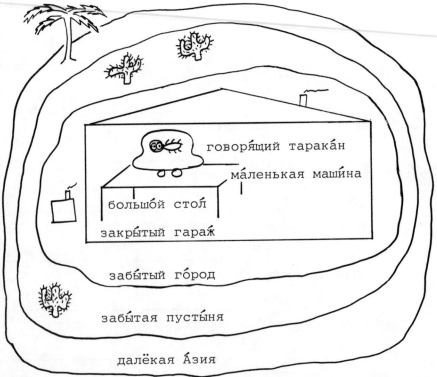

говоря́щий тарака́н

ма́ленькая маши́на

большо́й стол

закры́тый гара́ж

забы́тый го́род

забы́тая пусты́ня

далёкая А́зия

Drill: Ма́ленький Никола́й, ма́ленькая Со́ня и лю́ди,
       кото́рые рабо́тают на бето́нном заво́де
       и в раке́тной лаборато́рии

$$\boxed{\text{Tape}}$$

Listen to the narrative on tape. Then answer the
questions which follow.

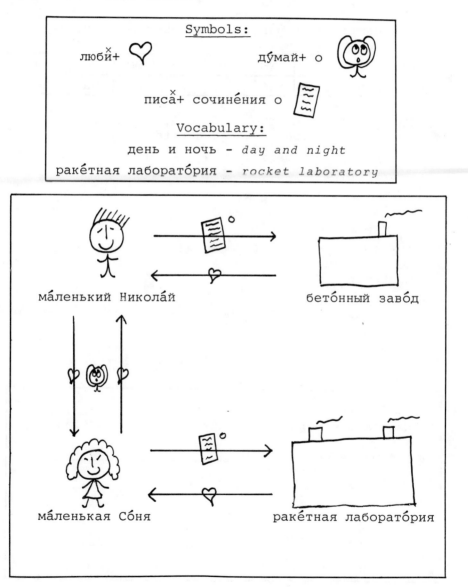

POSSESSION

1. Possession is expressed by y + genitive.

   У моего друга (есть) вопрос.

   My friend has (Literally: "by my friend there-is") a question.

   Есть may be omitted.

2. The genitive of personal pronouns is identical to the accusative.

Nom.	я	ты	он	она́	мы	вы	они́
Acc./Gen.	меня́	тебя́	его́	её	нас	вас	их

3. Whenever a form of он/оно́, она́, они́ is the object of a preposition, н is joined to the pronoun.

   "у его́" → у него́

   Similarly:

   "у её" → у неё
   "без их" → без них
   "кроме её" → кроме неё

   The indeclinables его́, её, их *(his, her, their)* do not join this н.
   Contrast:

   У *него* но́вый дом.   *-He has a new house.*
   У *его* дру́га но́вый дом. *-His friend has a new house.*

   без *неё*   *-without her*
   без *её* карандаша́   *-without her pencil*

Drill 2

Translate the words in parentheses into Russian.

1. Я живу́ далеко́ от *(him)*_____.

2. Они́ живу́т далеко́ от *(his factory)*_____

   _____.

3. *(His (m.) teacher has)*_____

   хоро́шая маши́на.

(continued)

4. *(She has)* _____ интере́сный вопро́с.

5. *(Her husband has)* _____ интере́сный вопро́с.

6. У *(their)* _____ дру́га больша́я маши́на.

7. У *(them)* _____ больша́я маши́на.

4. *есть – нет*

The negative of есть *(there is)* is нет *(there is not)*.

The predicate of есть is nominative:

У меня́ (есть) вопро́с.
(Literally: "By me there-is a question.")

The predicate of нет is genitive:

У меня́ нет вопро́са.
(Literally: "By me there-isn't a question.")

In the above construction, есть may be omitted, but нет may not.

Note: There are two нет's in Russian.
(1) The exclamation "no"!
(2) The negative of есть.

Drill

Tape

Tape	Say during pause	Listen
У вас есть граммати́ческий вопро́с?	У меня́ нет никако́го вопро́са (gen.), не говоря́ уже́ о граммати́ческом вопро́се (prep.).	
1. У меня́ нет никако́го карандаша́, не говоря́ уже́ о но́вом карандаше́.		
2. У него́ " " дру́га, " " " "лу́чшем дру́ге.		
3. У них фру́кта, настоя́щем фру́кте.		
4. У меня́ карандаша́, ва́шем карандаше́.		
5. У меня́ карандаша́, моём карандаше́.		
6. У неё тарака́на, кра́сном тарака́не.		
7. У него́ тролле́йбуса, своём тролле́йбусе.		

ACCUSATIVE SINGULAR OF FEMININE NOUNS IN ∅

Both nominative and accusative have the ending ∅.

    Nom. жизнь
    Acc. жизнь

Examples:

    Nom. Кака́я счастли́вая жизнь! *-What a happy life!*

    Acc. Мы ведём счастли́вую жизнь. *-We lead a happy life.*

Drill 3

Vocabulary

horse - ло́шадь Ж
door - дверь Ж

Translate the words in parentheses into Russian.

1. Я по́мню *(this good woman)* _____ .

2. Она́ чита́ет *(this good book)* _____ .

3. Как я люблю́ *(this old horse)* _____ !

4. Все лю́бят *(this good citizen)* _____ .

5. Все по́мнят *(this good park)* _____ .

6. Вы ви́дите *(this old door)* _____ ?

Chart of Endings (updated)

	M	C	Ж		Pl.
Nom.	ij...∅	oje...o	aja...a	∅	ije...i/a
Acc.	↓	↓	uju...u	∅	↕
Gen.	ovo...a		( )	( )	( )
Prep.	om...e*	oj...e*	( )		( )...ax

*ij + e → ij + i

<u>Drill</u>: <u>Дéвочка, мáльчик и лóшадь</u>

$$\boxed{\text{Tape}}$$

Based on the narrative which you will hear on tape, answer the questions which follow.

<u>Symbols:</u>

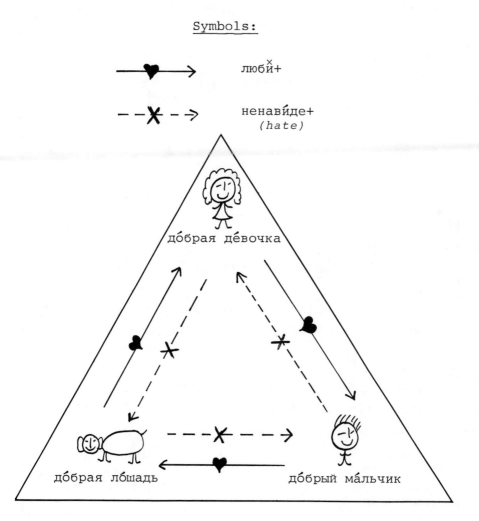

Whether

Они́ не зна́ют, живу́т ли лю́ди на луне́.

They don't know whether people live on the moon.

Ему́ всё равно́, мо́ются ли они́ ка́ждый день.

He doesn't care whether they wash every day.

"Whether" is expressed in Russian by a statement followed by a "yes-no" question.

Word Order:

In ли sentences, and hence in whether clauses, the verb is normally placed first, followed directly by ли and then the subject.

Drill

Tape

A. Principle: You don't care.

   Мне всё равно́, (main verb) ли (subject) ...

Listen	Say during pause	Listen
1. Гладко́в понима́ет.	Мне всё равно́, понима́ет ли Гладко́в.	
2. Гладко́в бу́дет понима́ть.		
3. На́ши студе́нты понима́ют по-ру́сски.		
4. Лю́ди живу́т на луне́.		
5. Лю́ди бу́дут жить на луне́.		

B. Principle: You don't know.

   Same as above, with *я не зна́ю* instead of *мне всё равно́*.

PREFIX AND ASPECT

In most of the verb aspectual pairs which we have had, the perfective is prefixed and the imperfective not.

Perfective	Imperfective	Vocabulary Entry
написа́+	писа́+	на/писа́+
сде́лай+	де́лай+	с/де́лай+

However, in many aspectual pairs, both members are prefixed. Where this happens, the two verbs differ in the suffixes, i.e., in the final portion of the verb.

Perfective	Imperfective	Vocabulary Entry
повтори́+ (repeat)	повторя́й+	повтори́+/повторя́й+
изучи́+ (master)	изуча́й+ (make a study of)*	изучи́+/изуча́й+

*Note that the aspectual difference in Russian is rendered by two different verbs in English.

As we shall see in Part III, it is almost always possible to predict the imperfective of such pairs from the perfective. In the meantime, it will be necessary to learn both members of such pairs.

Two Irregular Verbs: стоя́+ and хоте́+

стоя́+ *(be standing)*

сто́ю	стои́м	It is an ит-verb, although
стои́шь	стои́те	a is preceded by j, rather
стои́т	стоя́т	than ж, ч, ш, щ

хоте́+ *(want)*

хочу́	хоти́м	2nd and 3rd sg. are
хо́чешь	хоти́те	irregular
хо́чет	хотя́т	

Masculine Nouns in a

Nouns denoting male persons are always of the masculine gender, even those ending in a.

    ма́ленький Са́ша   - *little Sasha (a name)*
    до́брый дя́дя   - *kind uncle*

Such nouns will be entered with the mark M.

    Са́ша M   - *Sasha*
    дя́дя M   - *uncle*
    мужчи́на M   - *a man*

$$\boxed{\text{Tape}}$$

Ма́ленький Са́ша: Я ара́бский князь Абду́л. И э́то мои́ дороги́е жёны. Мы живём в далёкой Ара́вии. Наш до́мик стои́т в ара́бской пусты́не. Це́лый день я лежу́ в ара́бской пусты́не и ду́маю о жи́зни. Мои́ жёны рабо́тают на раке́тном заво́де. То́лко моя́ люби́мая жена́, Фати́ма, не рабо́тает на раке́тном заво́де. Она́ сиди́т в на́шем до́мике и гото́вит суп с гриба́ми. Бо́же мой, как я люблю́ суп с гриба́ми! Мы ведём счастли́вую жизнь здесь в ара́бской пусты́не.

Ма́ленькая Со́ня: Я до́ктор всех нау́к. Я уже́ изучи́ла фи́зику, тополо́гию и астробиоло́гию. Веду́щие профессора́ повторя́ют всё, что я говорю́. Наприме́р, вчера́ я сказа́ла: "Матема́тика — цари́ца нау́к." Сегодня все веду́щие профессора́ повторя́ют: "Матема́тика — цари́ца нау́к." Я рабо́таю в раке́тной лаборато́рии. Здесь мы изуча́ем жизнь на луне́. Мы хоти́м узна́ть, живу́т ли лю́ди на луне́.

Ма́ленький Ва́ня: Бах, бах, бах! Я америка́нский ковбо́й Джим. И э́то моя́ говоря́щая ло́шадь, Ва́льдорф. Це́лый день мы е́здим и ку́рим. (То ость, куро́ я. Как изве́стно, ло́шади не ку́рят.) Ве́чером мы сиди́м в аризо́нской пусты́не и игра́ем на гита́ре. Мы осо́бенно лю́бим пе́сни о жи́зни в аризо́нской пусты́не. Я уважа́ю мою́ ло́шадь Ва́льдорф, и, наско́лько я зна́ю, Ва́льдорф уважа́ет меня́.

Со́ня: Мне пора́ идти́.
Са́ша: Куда́ вы идёте, раке́тная же́нщина?
Со́ня: Я сейча́с иду́ в гара́ж, князь Абду́л. В гараже́ нахо́дится моя́ раке́та.
Са́ша: Мои́ жёны хотя́т знать, кака́я у вас раке́та. Но они́ понима́ют то́лько по-ара́бски.
Со́ня: Она́ но́вая и кра́сная, князь Абду́л.

Жёны кня́зя Абду́ла: Что она́ сказа́ла?
Са́ша: Она́ сказа́ла, что у неё но́вая и кра́сная раке́та.

Са́ша: Мои́ жёны то́же хотя́т знать, куда́ вы лети́те.
Со́ня: Я лечу́ на Луну́.
Са́ша: Вот как! У них ещё оди́н вопро́с. Почему́ вы хоти́те полете́ть на Луну́?
Со́ня: Что́бы узна́ть, живу́т ли лю́ди на Луне́.
Са́ша: Мои́ жёны говоря́т: "Счастли́вого пути́, раке́тная же́нщина!"

Ва́ня: Нау́ка не интересу́ет нас.
Же́нщины не интересу́ют нас.
И нам всё равно́, живу́т ли лю́ди на Луне́.
Пойдём, Ва́льдорф! В пусты́ню!

<u>Little Sasha</u>: I am Arabian prince Abdul. And these are
my dear wives. We live in distant Arabia. Our little-
house stands in the Arabian desert. All day I lie in
the Arabian desert and think about life. My wives work
at the rocket factory. Only my favorite wife, Fatima,
doesn't work at the rocket factory. She sits in our
little-house and prepares soup with mushrooms. My God,
How I like soup with mushrooms! We lead a happy life
here in the Arabian desert.

<u>Little Sona</u>: I am a doctor of all the sciences. I have
already studied physics, topology, and astrobiology.
The leading professors repeat everything that I say.
For example, yesterday I said: "Mathematics is the
queen of the sciences." Today all the leading professors repeat: "Mathematics is the queen of the sciences." I work in the rocket laboratory. Here we are
studying life on the moon. We want to find out whether people live on the moon.

<u>Little Vana</u>: I am American cowboy Jim. And this is my
talking horse Waldorf. All day we ride and smoke.
(That is, <i>I</i> smoke. As is well-known, horses don't
smoke.) In the evening we sit in the Arizona desert
and play on the guitar. We especially like songs
about life in the Arizona desert. I respect my horse
Waldorf, and as far as I know, Waldorf respects me.

<u>Sona</u>: It's time for me to go.
<u>Sasha</u>:Where are you going, rocket woman?
<u>Sona</u>: Right now I'm going to the garage, prince
        Abdul. In the garage is located my rocket.
<u>Sasha</u>:My wives want to know what sort of a rocket
        you have. But they only understand Arabic.
<u>Sona</u>: It's new and red, Prince Abdul.

<u>Wives of Prince Abdul</u>: What did she say?
<u>Sasha</u>: She said that she has a new red rocket.

<u>Sasha</u>:My wives also want to know where you are flying.
<u>Sona</u>: I am flying to the moon.
<u>Sasha</u>:You don't say! They have one more /still one/
        question. Why do you want to fly to the moon?
<u>Sona</u>: In order to find out whether people live on the
        moon.
<u>Sasha</u>:My wives say: "Bon voyage, rocket woman!"

<u>Vana</u>: Science doesn't interest us.
        Women don't interest us.
        And we don't care whether people live on the
        moon.
        Let's go, Waldorf! Into the desert!

Вопро́сы

Tape

Ма́ленькии Са́ша

1. Кто Са́ша?
2. Кто э́ти же́нщины?
3. Где они́ живу́т?
4. Где стои́т до́мик?
5. Где лежи́т Абду́л це́лый день?
6. О чём он ду́мает?
7. Где рабо́тают его́ жёны?
8. Кто не рабо́тает там?
9. Что она́ де́лает це́лый день?
10. Каку́ю жизнь они́ веду́т?

Ма́ленькая Со́ня

1. Кто Со́ня?
2. Что она́ сде́лала уже́?
3. Что де́лают веду́щие профессора́?
4. Что сказа́ла вчера́ Со́ня?
5. Что сего́дня повторя́ют веду́щие профессора́?
6. Почему́ они́ э́то де́лают?
7. Где рабо́тает Со́ня?
8. Что изуча́ют там?
9. Что они́ хотя́т узна́ть?

Ма́ленький Ва́ня

1. Кто Ва́ня?
2. Кто Ва́льдорф?
3. Что они́ де́лают це́лый день?
4. Где они́ сидя́т ве́чером?
5. Что они́ там де́лают?
6. Каки́е пе́сни они́ осо́бенно лю́бят?
7. Кого́ уважа́ет америка́нский ковбо́й Джим?
8. Кого́ уважа́ет Ва́льдорф?

Все

1. Куда́ идёт Со́ня?
2. Почему́?
3. Кака́я у неё раке́та?
4. Почему́ жёны кня́зя Абду́ла не понима́ют, что говори́т Со́ня?
5. Куда́ лети́т Со́ня?
6. Почему́?
7. Что говоря́т жёны?

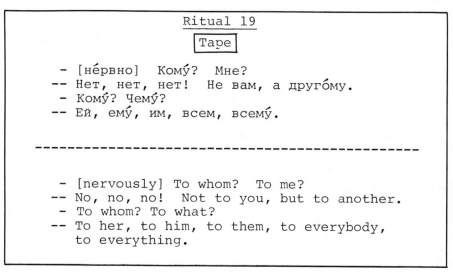

```
                    Ritual 19
                     ┌─────┐
                     │Tape │
                     └─────┘

   - [не́рвно]  Кому́?  Мне?
  -- Нет, нет, нет!  Не вам, а друго́му.
   - Кому́? Чему́?
  -- Ей, ему́, им, всем, всему́.

 ------------------------------------------------

   - [nervously] To whom?  To me?
  -- No, no, no!  Not to you, but to another.
   - To whom? To what?
  -- To her, to him, to them, to everybody,
     to everything.
```

DATIVE SINGULAR MASCULINE-NEUTER

┌─────────────────┐
│ ...*оти*...*u* │
└─────────────────┘

Uses of the Dative:

1. *Indirect object* after a verb, answering the question "to whom", "to what". In is often found after verbs expressing "communicate" or "give". Verbs which we have had which may take an indirect object are: сказа̌+, говори́+, на/писа̌+, про/читай+.

   In the following examples, the direct object is underlined once and the indirect object twice.

   Она́ пи́шет <u>письмо́</u> <u><u>ста́рому до́ктору Гу́бкину</u></u>.

   (She is writing a letter to old Doctor Gubkin.)

   Она́ сказа́ла <u>э́то</u> <u><u>своему́ дорого́му му́жу</u></u>.

   (She said that to her dear husband.)

2. In *impersonal (subjectless) expressions.*

   Как изве́стно ка́ждому шко́льнику...

   (As [∅-subj.] is well-known to every schoolchild)

3. A small group of *prepositions* take the dative case. We have seen по *(on the subject of).*

   Он большо́й специали́ст *по бето́ну.*

   (He is a big specialist on the subject of concrete.)

Drill 4

Vocabulary

to whom - кому́   *letter* - письмо́

Translate into Russian.

1. To whom does she write? /Who does she write to?/

_____

2. She writes to the abnormal young engineer Ivanov.

_____

3. She always reads her compositions to my naive husband.

_____

4. I often say to my best friend, "I don't care."

_____

5. As is well-known to this great writer, educated people love his books. *(educated* - образо́ванный*)*

_____

6. She is writing our director a letter /a letter to our director/.

_____

7. I am writing to one comrade and not to the other.

_____

8. He is a well-known specialist on the subject of wild western jazz.

_____

Chart of Endings (updated)

	M	C	Ж		Pl.
Nom.	ij...∅	oje...o	aja...a	∅	ije...i/a
Acc.	↓	↓	uju...u	∅	↕
Gen.	ovo...a		( )	()	( )
Dat.	omu...u		( )	()	( )
Prep.	om...e*		oj...e*	()	( )...ax

*ij + e → ij + i

Drill: Чтó извéстно комý?

The left-hand column contains several assertions. The right-hand column contains several people or things. Your task: decide which assertion is best known to which person or thing. For example: the fact that "студéнтки краснéют в лаборатóрии" is probably best known to "кáждый механик в лаборатóрии". Therefore, То, что (*the fact that*) студéнтки краснéют в лаборатóрии, извéстно *кáждому механику* в лаборатóрии.

1. Студéнтки краснéют в лаборатóрии.	стáрый дóктор Гýбкин
2. Не все тúгры живýт в Áзии.	кáждый механик (*mechanic*) в лаборатóрии
3. Стáрый дóктор Гýбкин – настоя́щий гéнии (*genius*).	тóлько Ивáн Ивáнович
4. Женá Ивáна Ивáновича не стáрая машúна.	кáждый тигр, котóрый живёт в Áфрике
5. Блинск – большóй политúческий центр.	мóй автомобúль (*auto*)
6. Моú сёстры смóтрят телевúзор в гаражé.	кáждый шпиóн в Вашингтóне(*Washington*)
7. "Молодáя бетóнщица"– не óчень скандáльный (*scandalous*) журнáл.	кáждый молодóй ковбóй в Аризóне
8. Кáждое рýсское слóво окáнчивается нулём.	кáждый человéк, котóрый пьёт вóдку вторóго сóрта
9. Лóшади говоря́т не óчень чáсто.	моё стрóйное (*well-built*) молодóе тéло (*body*)
10. Вóдка вторóго сóрта (*of the 2nd sort*-"2nd rate vodka") – óчень плохáя.	кáждый студéнт, котóрый слýшает лéкции без большóго энтузиáзма
11. Комары́ (*mosquitoes*) – не нáши товáрищи.	кáждый читáтель(*reader*) журнáла "Молодáя бетóнщица"
12. Декадéнтство – э́то слýшать дúкий джаз Зáпадного Блúнска.	кáждый жúтель Востóчного Блúнска, котóрый хóчет слýшать дúкий джаз
13. Не все эстóнские докторá говоря́т по-эстóнски.	
14. Бетóнное я́блоко – не настоя́щий фрукт.	кáждый эстóнский дóктор, котóрый говорúт по-албáнски
15. Киты́ тепéрь (*now*) отдыхáют на пля́же у Велúкого Блúнского мóря.	

(continued)

16.Троллейбусы не люди,   каждый настоящий фрукт
   а машины.
                            только мой психиатр (psy-
17.Моя бетономешалка -   chiatrist)
   мой лучший друг.
                            каждый троллейбус, который
                            хочет говорить

Translation

Translate the following passage into Russian. (See
p.302 for the answer to this translation.)

Vocabulary (you are not responsible for learning this
vocabulary): '

holiday	-праздник	brotherly-	братский
international	-международный	greetings-	привет
center	-центр	mankind	-человечество
collective	-коллектив	glory(to)	-слава (+dat.)
sends (3sg.)	-передаёт	progressive -	
			прогрессивный

Tho Holiday

Today is a big holiday. At the concrete factory nobody is working. In the club of the factory is written:

> Today is International Concrete Day.
> Therefore, the concrete factory is closed.
> Tomorrow it will be open.
>   The Directors

In the center of Betonograd there is a park of culture and rest. Today in the park of culture and rest
is the day of the collective of the concrete factory.
Director Ivanov, a famous specialist on concrete, is
reading a lecture to our collective. We love and respect our director and we will remember his every
word /every his word/.

- Comrade (m) and (f) concrete-workers! As is well-
  known to every schoolchild, today is International Concrete Day.
                 [applause]
- As is well-known to every citizen of Betonograd,
  our city is the concrete center of the whole
  world.
                 [applause]
- Our great city sends brotherly greetings to all
  progressive mankind.
                 [applause]

(continued)

> - And all progressive mankind sends brotherly
>   greetings to our great city.
>   [stormy applause]
> - Today, comrades, we say to the whole world:
>   Glory to concrete!
>   Glory to our great city!
>   Glory to our great concrete factory!
>   [ovation]

THE RELATIVE КОТО́РЫЙ

Кото́рый agrees in number and gender with the noun it
refers to. Its case depends on its use in its own
clause. For example:

Ка́ждый челове́к, кото́рый живёт в Ленингра́де,
рабо́тает с энтузиа́змом.
*Every person who lives in Leningrad works with
enthusiasm.*

Кото́рый: singular, masculine because *челове́к* is singular masculine; nominative because it is the
subject of the clause.

<u>More Examples:</u>

Subject of its clause: nominative case
ка́ждая же́нщина, *кото́рая* живёт в Ленингра́де...
(every woman who lives in Leningrad...)
ка́ждое сло́во, *кото́рое* ока́нчивается на <u>о</u>...
(every word which ends in <u>o</u>...)
все слова́, *кото́рые* ока́нчиваются на <u>а</u>...
(all words which end in <u>a</u>...)

Direct object of its clause: accusative case
челове́к, *кото́рого* я по́мню...
(the person who(m) I remember...)
же́нщина, *кото́рую* я люблю́...
(the woman who(m) I love...)
сочине́ние, *кото́рое* она́ пи́шет...
(the composition which she is writing...)
фотогра́фии, *кото́рые* я по́мню...
(the photographs which I remember...)
Indirect object of its clause: dative case
челове́к, *кото́рому* я пишу́...
(the person to whom I am writing...)
Object of a preposition
рестора́н, в *кото́ром* я рабо́таю...
(the restaurant in which I work...)
челове́к, о *кото́ром* я говори́л...
(the person about whom I was speaking...)
парк, о́коло *кото́рого* я живу́...
(the park near which I live)

Drill 5

Translate into Russian.

1. The woman who worked at the factory is Gladkov's
   wife.

   _____

2. The woman whom I remember always spoke with great
   enthusiasm.

   _____

3. The engineer whom she loves doesn't love her.

   _____

4. The word which I remember ends in a.

   _____

5. The boy to whom she often writes lives near me.

   _____

6. The factory at which I work is very big.

   _____

7. The doctor without whom she cannot live doesn't
   love her.

   _____

8. The engineer who loves her doesn't love me.

   _____

9. The compositions which I am writing are very good.

   _____

10. The park in which I am sitting is the cleanest
    park in the city in which we live.

    _____

    _____

WORKBOOK: V+V MUTATION IN ИТ-VERBS

Certain consonants may be regularly replaced by others. Substitution of this kind is called *consonant
mutation*. It occurs in such English pairs as: face -
facial (*s → sh*), rite - ritual (*t → ch*), erode - ero-
sion (*d → zh*), Christ - Christian (*st → shch*). Consonant mutation is similarly regular and predictable
in Russian. In Russian, however, consonant mutations
are spelled as well as pronounced. Various types of
consonant mutation occur in Russian. The names assigned to them will refer to the environments in
which they occur. The type of mutation occurring in
the environment V+V - and hence in the present tense
of vowel-stems - will be called *V+V mutation*.

Which consonants undergo V+V mutation:

> For purposes of V+V mutation, consonants and con-
> sonant groups may be classified as:
>
> Dentals - made by bringing tongue to or near teeth.
>   д, т, з, с and the cluster ст
>
> Labials - made with one or both lips.
>   б, п, в, ф, м
>
> The following mutations occur in V+V mutation:
>
> Dentals mutate to Ч
> Labials add л

	Dentals			
д	т	з	с	ст
ж	ч	ж	ш	щ

Labials				
б	п	в	ф	м
бл	пл	вл	фл	мл

V+V mutation occurs only in the environment V+V,
but is does not always occur in that environment.
In the present tense, mutable consonants (those in
the top row of the above table) mutate under the
conditions described below.

V+V mutation in um-verbs

> V+V mutation occurs in the 1st person singular and
> *only* the 1st person singular.
>
> *люби̯+* - люблю́, лю́бишь, лю́бит, лю́бим, лю́бите, лю́бят
>
> *сиде̯+* - сижу́, сиди́шь, сиди́т, сиди́м, сиди́те, сидя́т

Exercise 1: Dentals

Form the 1st sg. and 1st pl. MARK STRESS.

	1st sg.	1st pl.
1. следи́+ (follow)		
2. прости́+ (forgive)		
3. вози̋+ (transport)		
4. носи̋+ (carry)		
5. оби́де+ (insult)		
6. тра́ти+ (waste)		
7. грусти́+ (be sad)		
8. лете́+ (fly)		
9. грузи̋+ (load)		
(hypothetical)		
10. прози̋+		
11. ла́си+		
12. мисте́+		
13. мите̋+		
14. сруди̋+		

Exercise 2: Labials

Form the 1st sg. and 2nd sg.

	1st sg.	2nd sg.
1. знако́ми+ (acquaint)		
2. руби̋+ (chop)		
3. храпе́+ (snore)		
4. гото́ви+ (prepare)		

(continued)

Exercise 2 (cont.)	1st sg.	2nd sg.
5. графи́+ (line)	_____	_____
6. ста́ви+ (put)	_____	_____
7. оживи́+ (enliven)	_____	_____
8. ломи́+ (break)	_____	_____
9. крепи́+ (strengthen) (hypothetical)	_____	_____
10. ме́ви+	_____	_____
11. ниме́+	_____	_____
12. ропи́+	_____	_____
13. ла́фи+	_____	_____
14. морбе́+	_____	_____

Exercise 3: Mixed

Form infinitive, 1st person singular, and 3rd person plural. Note that the infinitive of V-stems is formed by simple addition, V+C. Consequently, no changes of any kind occur in stress or consonant.

	inf.	1st sg.	3rd pl.
1. корми́+ (nourish)	_____	_____	_____
2. греши́+ (sin)	_____	_____	_____
3. кра́си+ (paint)	_____	_____	_____
4. чи́сти+ (clean)	_____	_____	_____
5. гляде́+ (glance)	_____	_____	_____
6. лежа́+ (lie)	_____	_____	_____
7. уточни́+ (make precise)	_____	_____	_____
8. веле́+ (order)	_____	_____	_____

(continued)

Exercise 3 (cont.)	inf.	1st sg.	3rd pl.
9. отве́ти+ *(answer)*	_____	_____	_____
10. висе́+ *(hang)*	_____	_____	_____
11. положи́+ *(put)*	_____	_____	_____
12. води́+ *(lead)*	_____	_____	_____
13. ви́де+ *(see)*	_____	_____	_____
14. пусти́+ *(permit)*	_____	_____	_____
15. храни́+ *(save)*	_____	_____	_____
16. учи́+ *(teach)*	_____	_____	_____
17. яви́+ *(appear)*	_____	_____	_____
(hypothetical)			
18. ласи́+	_____	_____	_____
19. руде́+	_____	_____	_____
20. порзи́+	_____	_____	_____
21. гужи́+	_____	_____	_____
22. соне́+	_____	_____	_____
23. прусти́+	_____	_____	_____
24. куми́+	_____	_____	_____
25. зуве́+	_____	_____	_____
26. гласте́+	_____	_____	_____
27. муфи́+	_____	_____	_____

Ит-Verb Inventory

	V+V mutation in 1st sg.
говори́+	ви́де+
крича́+	сиде́+
молча́+	шути̌+ *(joke)* [a person joking]
дрожа́+ *(shake)*	лете́+ *(fly)* [an airplane]
лежа́+	чи́сти+ *(clean)* [a shiny surface]
по́мни+	люби̌+
смотре̌+	руби̌+ *(chop, hack)* [a knife]
стро́и+	гото́ви+ *(prepare)* [a bowl of soup]
кури̌+	храпе́+ *(snore)* [a person snoring]

Drill 6

Translate the following symbols into the correct
present tense Russian verb form.

Vocabulary: *cabbage* - капуста
                fear - страх
            mushroom - гриб

1. Почему вы ⟋⌒ _____? Я не ⟋⌒ _____.

    Другие не ⟋⌒ _____.

2. Я 👁 _____, что вы ✎ _____ капусту.

3. Где вы ⚥ _____? Я ⚥ _____ в парке.

4. О ком вы 🌀 _____? Я 🌀 _____ о вас.

5. Почему вы 👁→ _____ на меня? Я не 👁→

    _____ на вас.

6. Они 👤 _____ новый завод.

7. Я ♡ _____ капусту. Они ничего не ♡

    _____.

8. Они 🍵 _____ хороший суп. Я ничего не

    🍵 _____.

9. Они 🏃 _____ от страха. Я 🏃 _____

    от недоедания.

10. Они 🛏 _____ у болота. Я нигде не 🛏

    _____.

11. Они ∖∖∖ _____ свои машины. Я ∖∖∖

    _____ грибы.

12. Вы 🌀 _____. Я никогда не 🌀 _____.

13. Они 🛏°°Храп _____, когда профессор Шульц

    читает лекции. Я никогда не 🛏°°Храп _____.

(continued)

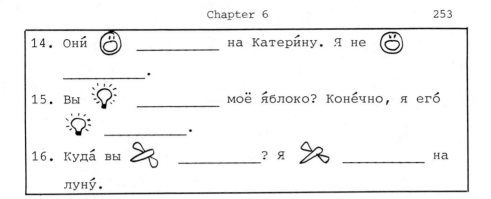

14. Они ⊙ _____ на Катери́ну. Я не ☺

_____ .

15. Вы 💡 _____ моё я́блоко? Коне́чно, я его

💡 _____ .

16. Куда́ вы ✂ _____ ? Я ✂ _____ на

луну́.

Verb Vocabulary Drill

Write the stem which corresponds to each symbol.
Then check p. 251.

1. ♡ _____   7. ☺ _____   13. ☕ _____

2. ⚇ _____   8. 💡 _____   14. ⚡ _____

3. 💤 _____   9. ◉ _____   15. ◉ _____

4. ✐ _____   10. ▂ _____   16. ⟋ _____

5. 👁→ _____ 11. ╱ _____   17. ✂ _____

6. 🛏 _____   12. 👁 _____   18. ◠ _____

Verb Conjugation Drill

Using only these symbols as clues, put the following
verbs into the correct present tense forms.

Tape

Что он де́лает?	Что я де́лаю?	Что вы де́лаете?
1. 👁	1. ╱	1. 👁
2. 🛏	2. ◉	2. 🛏
3. ▂	3. 🛏	3. ▂
4. 💤	4. ⚡	4. 👁→
5. 💡	5. ♡	5. ✐
6. ◉	6. ✐	6. ♡

(continued)

Что́ он де́лает?	Что́ я де́лаю?	Что́ вы де́лаете?
7.	7.	7.
8.	8.	8.
9.	9.	9.
10.	10.	10.
11.	11.	11.
12.	12.	12.
13.	13.	13.
14.	14.	14.
15.	15.	15.
16.	16.	16.

Ritual 20

Tape

- На сле́дующий раз пригото́вьте весь уро́к! Я́сно?
-- Э́то сли́шком мно́го.
- Не для меня́.
-- Я не тако́й ге́ний, как вы.
- Тем ху́же для вас.
-- [дрожа́] И́зверг ро́да челове́ческого!

- For next time prepare the whole lesson! Is that
  clear?
-- That's too much.
- Not for me.
-- I'm not a genius like you. /I'm not such a
  genius as you./
- So much the worse for you.
-- [shaking] Monster of the human race!

Бедная Катя

Tape

Ресторан "Дружба" - самый шикарный ресторан в нашем
городе. В этом шикарном ресторане сидят люди. Кто эти
люди? Я вижу, что они самые образованные люди нашего
города. Ведь они сидят и говорят о социологии, о
топологии и об этнологии. Какая культура!

Почему они сидят в ресторане, в котором я работаю?
Как известно каждому любителю хорошего супа, суп,
который я готовлю, лучший суп в городе.

Весь день я стою в кухне ресторана и рублю капусту.
И когда я не рублю капусту, я чищу грибы. Весь день
я рублю и чищу, чищу и рублю. Всё говорят с энтузиазмом о капусте, которую я рублю. Все говорят с большим
энтузиазмом о грибах, которые я чищу. Но их энтузиазм
не интересует меня. Их аплодисменты не интересуют меня.
Капуста не интересует меня, [с грустью] не говоря уже
о грибах.

Я не хочу чистить. Я не хочу рубить. Я хочу сидеть в
ресторане и как все образованные люди говорить о
социологии, о топологии и об этнологии. Но я
необразованная девушка, которая ничего не знает. Я
бедная девушка, которая рубит капусту и чистит грибы
весь день.

В ресторане также сидят мои недобрые сёстры. Они
ничего не рубят. Они ничего не чистят. Весь день мои
недобрые сёстры шутят и хихикают. Я чищу и рублю, а
они шутят и хихикают.

Одна сестра пьёт алкогольные напитки. Другая сестра
лежит под столом и храпит. Образованные люди смотрят
на неё с отвращением. Все знают, что храпеть в
шикарном ресторане очень некультурно.

О, я вижу книгу, которая лежит на столе. Никто не
смотрит на меня. Может быть, я буду читать немного о
социологии, о топологии и об этнологии. Боже мой, как
я хочу читать о социологии, о топологии и об
этнологии!

Сестра Соня кричит: "Катя! Что ты читаешь?" И другая
сестра тоже кричит: "Катя! Почему ты не рубишь?" Я
дрожу от страха.

Дорогие сёстры, весь день вы шутите и хихикаете. Я не
шучу и не хихикаю. Весь день вы пьёте, а я никогда не
пью. Весь день вы кричите на меня. Я никогда не кричу
на вас. Дорогие сёстры, я очень рада рубить вашу

(continued)

*капусту и чистить ваши грибы. Но когда я рублю, я хочу
читать о социологии, о топологии и об этнологии. Все
другие девушки читают о социологии, о топологии, и об
этнологии. Все, кроме меня.*

Они не слушают меня. Никто не слушает меня. Никто не
любит меня. Я забыта. Я одна.

(Не точно, Катя. Может быть, ты одна, но не забыта.
Каждый любитель хорошего супа помнит о тебе.)

Poor Kate

The restaurant "Friendship" is the most chic restaurant in our city. In this chic restaurant are sitting
people. Who are these people? I see that they are the
most educated people of our city. After all, they are
talking about sociology, topology, and ethnology.
What culture!

Why are they sitting in the restaurant in which I
work? As is well-known to every lover of good soup,
the soup which I prepare is the best soup in town.

All day I stand in the kitchen of the restaurant and
chop cabbage. And when I'm not chopping cabbage, I
clean mushrooms. All day I chop and clean, clean and
chop. Everybody speaks with enthusiasm about the cabbage which I chop. Everybody speaks with great enthusiasm about the mushrooms which I clean. But their
enthusiasm doesn't interest me. Their applause does-
n't interest me. Cabbage doesn't interest me, [with
sadness] to say nothing of mushrooms.

I don't want to clean. I don't want to chop. I want
to sit in the restaurant and, like all educated people, talk about sociology, topology, and ethnology.
But I'm an uneducated girl who doesn't know anything.
I'm a poor girl who chops cabbage and cleans mushrooms all day.

In the restaurant also sit my unkind sisters. They
don't chop anything. They don't clean anything. All
day my unkind sisters joke and giggle. I clean and
chop, and they joke and giggle.

One sister is drinking alcoholic beverages. The other
sister is lying under the table and snoring. The educated people look at her with disgust. Everybody
knows that it is very uncultured to snore in a chic
restaurant.

Oh, I see a book which is lying on the table. Nobody

(continued)

is looking at me. Perhaps I'll read a little about
sociology, topology, and ethnology. My God, how I
want to read about sociology, topology, and ethnology!

Sister Sona screams, "Kate! What are you reading?"
And my other sister also screams, "Kate! Why aren't
you chopping?" I shake from fear.

*Dear sisters, all day you joke and giggle. I don't
joke and giggle. All day you shout at me. I never
shout at you. Dear sisters, I'm very happy to chop
your cabbage and clean your mushrooms. But when I
chop I want to read about sociology, topology, and
ethnology. All the other girls are reading about sociology, topology, and ethnology. Everybody except me.*

They aren't listening to me. Nobody listens to me.
Nobody loves me. I'm forgotten. I'm alone.

(Not exactly, Kate. Perhaps you're alone, but not forgotten. Every lover of good soup remembers you /
about you/.)

Вопро́сы: Tape

 1. В како́м рестора́не рабо́тает бе́дная Ка́тя?

 2. Каки́е лю́ди сидя́т там?

 3. Отку́да вы зна́ете?

 4. Почему́ они́ сидя́т в рестора́не, в кото́ром рабо́тает
    Ка́тя?

 5. Где сиди́т Ка́тя?

 6. Что она́ там де́лает?

 7. Ка́тя, что ты де́лаешь?

 8. Ка́тя, что ты хо́чешь де́лать?

 9. Почему́?

10. Что де́лают недо́брые сёстры?

11. Что де́лает одна́ сестра́?

12. Что де́лает друга́я?

13. Почему́ сёстры крича́т на Ка́тю?

14. Отчего́ дрожи́т Ка́тя?

15. Одна́ ли Ка́тя?

16. Забы́та ли Ка́тя?

17. Почему́?

PERSONAL PRONOUNS: SUMMARY

Nom.	я	ты	он/оно́	она́	мы	вы	они́
Acc.) Gen.)	меня́	тебя́	его́	её	нас	вас	их
Dat.	мне	тебе́	ему́	ей	нам	вам	им
Prep.	мне	тебе́	нём	ней	нас	вас	них

The Cocktail Party
Reading Comprehension

Read the following for meaning (if you can find any).
Be able to account for the aspect of the underlined
verbs. You are not responsible for learning the new
vocabulary.

Vocabulary

то́лько что - *just*   огро́мный   - *enormous*
после́дний - *latest*   ко́смос   - *cosmos*
стра́нный - *strange*   сама́   - *myself (fem.)*
фра́за   - *sentence*   бы́вший   - *former*
вдруг   - *suddenly*   пра́вильно - *correctly*
хоте́ + сказа́ть - *mean*   плане́та   *planet*
  (Что вы э́тим   прекра́сный - *fine*
   хоти́те сказа́ть?-   ни...ни... - *neither...nor...*
   What do you mean   индустриа́льный - *industrial*
   by that?)   любо́вь Ж   - *love*

Note:
Imperfective- Она́ понима́ла по-ру́сски.
                    (She understood Russian.)
     понима́ла -"understood", i.e., in the sense of
                  being in a state of knowing

Perfective- Она́ поняла́, что́ он хоте́л сказа́ть.
                  (She realized/grasped what he meant.)
     поняла́ - "grasped/realized"

The difference in form between the imperfective and
perfective stems will be explained in a later chapter.

The Cocktail Party

- Извини́те! Вы не изве́стный писа́тель П.П. Помидо́ров?

-- Да, э́то я - Пётр Па́влович Помидо́ров, изве́стный
   писа́тель.

- А я Со́фья Семёновна Самова́рова. Я то́лько что
  прочита́ла ва́шу после́днюю кни́гу. Вы написа́ли о́чень
  хоро́шую кни́гу. Това́рищ Помидо́ров, большо́е спаси́бо!

-- [красне́я] Да что́ вы!

(continued)

- Пока я читала вашу книгу, я плакала. Да, плакала, потому что я видела себя, Софью Семёновну Самоварову, в книге.   Странная, дикая женщина, которая жила у болота - это я. Молодая женщина, которая строила гидростанцию, пока другие женщины слушали дикий западный джаз - это тоже я. Дорогой Пётр Павлович, я знаю, что когда вы писали книгу, вы думали обо мне. Каждая фраза, каждое слово, каждый глагол, не говоря уже о предлогах - это я.

-- Я не понимаю, о чём вы говорите.

- Вчера я читала весь день. Читала и плакала..., плакала и читала. И когда я прочитала вашу книгу, я вдруг поняла, что вы хотели сказать. Огромное яблоко, которое сидело в океане, не настоящий фрукт. Яблоко, конечно, наш космос, не правда ли?

-- Космос? Яблоко? Какое огромное яблоко?

- Я так и думала, Пётр Павлович. Я сама часто говорила моему бывшему мужу: "Космос, Ваня, - это яблоко, огромное яблоко."

-- Дорогая Софья Семёновна, вы, может быть, не понимаете, что...

- Я всё помню. В книге вы много говорили о тиграх, которые лежат на пляжах. Вы правильно сказали, что мы все живём "как тигры на пляже". Всё, что вы говорите о тиграх, известно каждому образованному человеку на нашей планете. Ах, Пётр Павлович, это так прекрасно - "тигры на пляже."

-- Тигры? Пляж? Какие тигры? Какой пляж?

- Но почему ваши тигры делали грубые грамматические ошибки? Что вы этим хотели сказать? Что тигры - не люди? Что тигры не говорят по-русски? Или что?

-- Дорогая Софья Семёновна, вы, кажется, делаете ошибку. Я о тиграх никогда не писал, никогда не пишу и никогда не буду писать. Я Пётр Павлович Помидоров, известный писатель. Но я пишу не о тиграх, не о фруктах, а об индустриальной социологии, то есть об ударниках, которые работают весь день с энтузиазмом и отдыхают в парках культуры и отдыха. Может быть, вы знаете мою последнюю работу, "Жизнь и любовь на гидростанциях."

             [очень неловкая пауза]

- Извините, товарищ Помидоров! Мне пора идти. До свидания.

Comprehension Drill: Абду́л и его́ образо́ванная ло́шадь

Read the questions for Part I, then listen to the tape
and answer the questions. Do the same for Part II.
The following new words are introduced:
  Names: Б.В. Андре́ев, Найфа, Нази́ма, Меди́на
  English Cognates: институ́т, докуме́нт, факт,
  примити́вный, фигу́ра, гру́ппа (Note last two end in a)
  Also: почти́ -*almost*
        увидим -*we'll see*   социоло́гии -*of sociology*
        вероя́тно -*probably*   тополо́гии -*of topology*

Part I

```
Tape
```

1. Где нахо́дится го́род Меди́на?
2. Где нахо́дится институ́т социоло́гии?
3. Кто Б.В. Андре́ев?
4. Где он рабо́тает?
5. Что интересу́ет его́?
6. Что он тепе́рь изуча́ет?
7. Почему́ он тепе́рь не изуча́ет ара́бскую жизнь в го́роде?
8. Где нахо́дится до́мик Б.В. Андре́ева?
9. У него́ есть маши́на?
10. Отку́да вы зна́ете?
11. Кто небольша́я фигу́ра в пусты́не?
12. Кто Фати́ма?
13. Что де́лал Абду́л?
14. Что де́лала Фати́ма?
15. Как вы ду́маете? Почему́ ло́шадь кня́зя Абду́ла не
    кури́ла?
16. Что несёт Андре́ев в портфе́ле?
17. Кто сказа́л слова́: "На́ша жизнь не примити́вная и не
    счастли́вая"? Догада́йтесь! (*guess*)

Part II
1. Кто Фати́ма?
2. Что изуча́ет Фати́ма?
3. Почему́ сказа́ла Фати́ма, что она́ не зна́ет, како́го
   ро́да сло́во "гру́ппа"?
4. Где рабо́тает тепе́рь Найфа?
5. Что её интересу́ет?
6. Когда́ гото́вит Найфа суп с гриба́ми?
7. Когда́ ви́дит Абду́л Найфу?
8. Что ви́дят Б.В. Андре́ев и князь Абду́л?
9. Куда́ лети́т Нази́ма?
10. Почему́?
11. Почему́ ду́мает Б.В. Андре́ев, что Нази́ма стра́нная
    же́нщина?
12. Почему́ ду́мает Абду́л, что Нази́ма стра́нная же́нщина?
13. Каку́ю жизнь ведёт князь Абду́л, по мне́нию (*in the
    opinion of*) Б.В. Андре́ева?
14. Абду́л, что тако́е жизнь?
15. Почему́?

Translation

1. He has a question. He wants to know who my dear
   sisters are writing to/to whom/ and what they are
   writing about /about what/.

2. I'm sitting in a chic restaurant in which are sitting very educated people.

3. I wrote a letter to my favorite American writer.
   In the letter I wrote about our new hydroelectric
   station. *(letter-* письмо́)

4. The janitor about whom I was reading cleans
   benches in the little park of culture and rest
   which is located not far from this eastern city.
   (janitor- убо́рщик)

5. They are shaking from fear. Why? Just because.
   They like to shake from fear. You're joking? I
   never joke.

6. On the wall of the concrete factory was written:
   Glory to every lover of concrete! *(glory to-*сла́ва+dat.)

7. Why are those cowboys shouting at poor Svetlana?

8. My talking horse knows everything about contempo-
   rary ethnology, not to mention topology. But she
   doesn't know anything about me. *(contemporary-*
   совреме́нный)

9. Everybody here speaks with great enthusiasm about
   the red cabbage which I chop.

10. All day I prepare soup in my kitchen, chop tomatoes,
    and clean mushrooms. You don't clean anything, you
    don't prepare anything. I cannot respect you.
    (tomato- помидо́р)

11. We want to find out whether they lead a happy life.

12. A leading professor said to his best friend: "Astro-
    biology is the queen of the sciences."

13. He especially likes Albanian songs about life in
    the distant Arabian desert.

14. - Everything interests my sister. For example, she
     has already studied all life on the earth. She is
     now studying life on the moon. *(earth-*земля́; *now-*
     тепе́рь)
     -- You don't say!

15. They are now flying to a distant planet in their big
    new red rocket. Bon voyage! *(planet-* плане́та[на])

Словáрь

Nouns

М

кня́зь	-prince
сýп	-soup
ковбóй	-cowboy
люби́тель	-lover
гриб	-mushroom
дóмик	-little-house
стол	-table
страх	-fear

Ж

Арáвия	-Arabia
пусты́ня	-desert
ракéта	-rocket
фи́зика	-physics
тополóгия	-topology
астробиолóгия	-astro-biology
цари́ца	-queen
лунá	-moon
пéсня	-song
гитáра	-guitar
лаборатóрия	-laboratory
лóшадь Ж	-horse
дрýжба	-friendship
социолóгия	-sociology
этнолóгия	-ethnology
капýста	-cabbage
дéвушка	-girl (post-puberty)
дéвочка	-little-girl
сёстрá	-sister
кни́га	-book
кýхня	-kitchen
наýка	-science

Adjectives

арáбский	-Arabian
далёкий	-distant
ракéтный	-rocket
люби́мый	-favorite, beloved
счастли́вый	-happy
ведýщий	-leading
америкáнский	-American
говоря́щий	-talking
образóванный	-educated
необразóванный	-uneducated
недóбрый	-unkind
аризóнский	-Arizona
крáсный	-red
сáмый	-most
бéдный	-poor

Short-Form Adjectives

рад/а/о/ы	-happy
забы́т/а/о/ы	-forgotten

Verbs

стоя́+	-be standing
при/готóви+	-prepare
изучи́+/изучáй+	-master/study
повтори́+/повторя́й+	-repeat
éзди+	-ride
игрáй+	-play(on an instrument: на+prep.)
уважáй+	-respect
рубй+	-chop, hack
чи́сти+	-clean
шути́+	-joke
хихи́кай+	-giggle
храпé+	-snore
кричá+ (на+acc.)	-shout (at)
дрожá+	-shake
узнáй+	-find out (perf.)
по/летé+	-fly

Other

с грибáми	-with mushrooms
здесь	=тут (here)
всех наýк	-of all the sciences
всё, что	-everything that
напримéр	-for example
вот как	-Well, Well! You don't say!
счастли́вого пути́!	-Bon voyage!
интересýет/интересýют	-interest(s)
пойдём	-let's go!
сейчáс	-now, right now, right away
ещё	-still
тáкже	-also (in the sense of "in addition")
немнóго	-a little

TABLES

A. NOUNS AND ADJECTIVES

1. Table of Endings

	Мужской	Средний	Женский		Множественное Число
Именительный	ij[1]...∅	oje...o	aja...a	∅	ije...i/a[4]
Винительный	↓	↓	uju...u	∅	↕
Родительный	ovo...a		oj...i	i	ix...∅/ej/ov[5]
Дательный	omu...u		oj...e*		im...am
Предложный	om...e* (u)[2]				ix...ax
Творительный	im...om	oj[3]..oj[3]	ju	imi...ami

*Stems in ij: ij + e → ij + i

[1] ij → oj when stressed

[2] Some masc. nouns have stressed u. Some common ones are: лесу́, году́, саду́

[3] Alternates oju are largely restricted to written Russian.

[4] a in: Neuter plural   (сло́во: слова́)
         Certain M nouns (до́ктор: доктора́)

[5] Nouns ending in a vowel have gen. pl. in ∅.

        ко́мната: ко́мнат
        неде́ля : неде́ль
        па́ртия : па́ртий

Nouns ending in ∅ have gen. pl. in:

   -ej if the stem consonant is soft or Ч.
        писа́тель: писа́телей
        ночь   : ноче́й

   -ov otherwise.
        заво́д: заво́дов
        ме́сяц: ме́сяцев
        геро́й: геро́ев

2. Noun Paradigms

There are three spelling variations for each set of endings. The spelling is automatic and depends on whether the final stem consonant is hard, soft or ј.

М - Hard
завод (factory)

И.	завод	заводы
В.	завод	заводы
Р.	завода	заводов
Д.	заводу	заводам
П.	заводе	заводах
Т.	заводом	заводами

С - Hard
слово (word)

И.	слово	слова́
В.	слово	слова́
Р.	слова	слов
Д.	слову	слова́м
П.	слове	слова́х
Т.	словом	слова́ми

Ж - Hard
комната (room)

И.	комната	комнаты
В.	комнату	комнаты
Р.	комнаты	комнат
Д.	комнате	комнатам
П.	комнате	комнатах
Т.	комнатой	комнатами

М - Soft
писатель (writer)

И.	писатель	писатели
В.	писателя	писателей
Р.	писателя	писателей
Д.	писателю	писателям
П.	писателе	писателях
Т.	писателем	писателями

С - Soft
море (sea)

И.	море	моря́
В.	море	моря́
Р.	моря	морей
Д.	морю	морям
П.	море	моря́х
Т.	морем	моря́ми

Ж - Soft
неделя (week)

И.	неделя	недели
В.	неделю	недели
Р.	недели	недель
Д.	неделе	неделям
П.	неделе	неделях
Т.	неделей	неделями

М - ј
герой (hero)

И.	герой	герби
В.	героя	героев
Р.	героя	героев
Д.	герою	героям
П.	герое	героях
Т.	героем	героями

С - ј
сочинение (composition)

И.	сочинение	сочинения
В.	сочинение	сочинения
Р.	сочинения	сочинений
Д.	сочинению	сочинениям
П.	сочинении	сочинениях
Т.	сочинением	сочинениями

Ж - ј
фотография (photograph)

И.	фотография	фотографии
В.	фотографию	фотографии
Р.	фотографии	фотографий
Д.	фотографии	фотографиям
П.	фотографии	фотографиях
Т.	фотографией	фотографиями

i-declension*
жизнь (life)

И.	жизнь	жизни
В.	жизнь	жизни
Р.	жизни	жизней
Д.	жизни	жизням
П.	жизни	жизнях
Т.	жизнью	жизнями

*There are no spelling variants to the i-declension.

3. Adjective Paradigms

но́вый – *new*

	М	С	Ж	Мн.
И.	но́вый	но́вое	но́вая	но́вые
В.	↓	↓	но́вую	↕
Р.	но́вого		но́вой	но́вых
Д.	но́вому			но́вым
П.	но́вом			но́вых
Т.	но́вым		↓	но́выми

ру́сский – *Russian*

	М	С	Ж	Мн.
И.	ру́сский	ру́сское	ру́сская	ру́сские
В.	↓	↓	ру́сскую	↕
Р.	ру́сского		ру́сской	ру́сских
Д.	ру́сскому			ру́сским
П.	ру́сском			ру́сских
Т.	ру́сским		↓	ру́сскими

хоро́ший – *good*

	М	С	Ж	Мн.
И.	хоро́ший	хоро́шее	хоро́шая	хоро́шие
В.	↓	↓	хоро́шую	↕
Р.	хоро́шего		хоро́шей	хоро́ших
Д.	хоро́шему			хоро́шим
П.	хоро́шем			хоро́ших
Т.	хоро́шим		↓	хоро́шими

после́дний – *last, latest*

	М	С	Ж	Мн.
И.	после́дний	после́днее	после́дняя	после́дние
В.	↓	↓	после́днюю	↕
Р.	после́днего		после́дней	после́дних
Д.	после́днему			после́дним
П.	после́днем			после́дних
Т.	после́дним		↓	после́дними

4. Irregular Nouns

1. *Masculine and Neuter plurals in j*

A small number of Masculine and Neuter nouns insert
j in the plural.

	Russian	Transcription
sg.	брат	brat
pl.	бра́тья	braţja

The genitive plural is either ov or j with an inserted e.

sg.	бра́тьев	braţjev
pl.	друзе́й	druẓej

The singular of these nouns is regular, and is giv-
en below for comparison with the plural.

брат (brother)

И.	брат	бра́тья
В.	бра́та	бра́тьев
Р.	бра́та	бра́тьев
Д.	бра́ту	бра́тьям
П.	бра́те	бра́тьях
Т.	бра́том	бра́тьями

друг (friend)

И.	друг	друзья́
В.	дру́га	друзе́й
Р.	дру́га	друзе́й
Д.	дру́гу	друзья́м
П.	дру́ге	друзья́х
Т.	дру́гом	друзья́ми

Other examples:

стул: сту́лья   (chair)
де́рево: дере́вья (tree)
перо́: пе́рья   (pen)

Other examples:

муж: мужья́ (husband)
сын: сыновья́ (son)

2. *Nouns in aņin*

граждани́н (citizen)

И.	граждани́н	гра́ждане
В.	граждани́на	гра́ждан
Р.	граждани́на	гра́ждан
Д.	граждани́ну	гра́жданам
П.	граждани́не	гра́жданах
Т.	граждани́ном	гра́жданами

Other examples:

англича́нин: англича́не (Englishman)
славяни́н: славя́не   (Slav)

3. мать Ж (mother) and дочь Ж (daughter)

И.	мать	ма́тери		И.	дочь	до́чери
В.	мать	матере́й		В.	дочь	дочере́й
Р.	ма́тери	матере́й		Р.	до́чери	дочере́й
Д.	ма́тери	матеря́м		Д.	до́чери	дочеря́м
П.	ма́тери	матеря́х		П.	до́чери	дочеря́х
Т.	ма́терью	матеря́ми		Т.	до́черью	дочерьми́

4. Neuters in -мя

вре́мя *(time)*

И.	вре́мя	времена́
В.	вре́мя	времена́
Р.	вре́мени	времён
Д.	вре́мени	времена́м
П.	вре́мени	времена́х
Т.	вре́менем	времена́ми

Other examples:

и́мя   *(name)*
зна́мя   *(banner)*

5. путь (road, path, journey) - the only masculine
i-stem noun

И.	путь	пути́
В.	путь	пути́
Р.	пути́	путе́й
Д.	пути́	путя́м
П.	пути́	путя́х
Т.	путём	путя́ми

5. <u>Noun Stress Types</u>

Summary of Symbols:
´ - no shift
× over a noun - shift *between* sg. and pl.
(×) in parentheses after a noun - shift *within* sg. or pl.

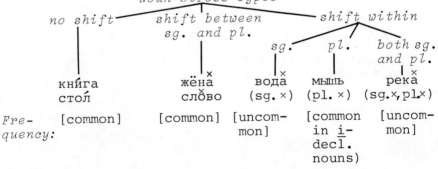

Noun Stress Types

No Shift

Stem-Stress

кни́га (book)

И. кни́га кни́ги
В. кни́гу кни́ги
Р. кни́ги книг
Д. кни́ге кни́гам
П. кни́ге кни́гах
Т. кни́гой кни́гами

End-Stress

сто́л (table)

И. стол столы́
В. стол столы́
Р. стола́ столо́в
Д. столу́ стола́м
П. столе́ стола́х
Т. столо́м стола́ми

Shift between Sg. and Pl.

Ending to Stem

жёна́ (wife)

И. жена́ жёны
В. жену́ жён
Р. жены́ жён
Д. жене́ жёнам
П. жене́ жёнах
Т. женой жёнами

Stem to Ending

сло́во (word)

И. сло́во слова́
В. сло́во слова́
Р. сло́ва слов
Д. сло́ву слова́м
П. сло́ве слова́х
Т. сло́вом слова́ми

Shift within Sg.

вода́(sg.×)(water)

И. вода́ во́ды
В. во́ду во́ды
Р. воды́ вод
Д. воде́ во́дам
П. воде́ во́дах
Т. водо́й во́дами

Shift within Pl.

мышь(pl.×)(mouse)

И. мышь мы́ши
В. мышь мыше́й
Р. мы́ши мыше́й
Д. мы́ши мыша́м
П. мы́ши мыша́х
Т. мы́шью мыша́ми

Shift within Sg. and Pl.

река́ (sg.×, pl.×)
(river)

И. река́ ре́ки
В. ре́ку ре́ки
Р. реки́ рек
Д. реке́ река́м
П. реке́ река́х
Т. реко́й река́ми

B. PERSONAL PRONOUNS

И.	я	ты	он/оно́	она́	мы	вы	они́	none
В.	меня́	тебя́	его́	её	нас	вас	их	себя́
Р.	меня́	тебя́	его́	её	нас	вас	их	себя́
Д.	мне	тебе́	ему́	ей	нам	вам	им	себе́
П.	мне	тебе́	нём	ней	нас	вас	них	себе́
Т.	мной	тобо́й	им	ей	на́ми	ва́ми	и́ми	собо́й

C. PRONOMINALS

1. possessives:
   - мой (*my*)
   - твой (*your*)
   - свой (*one's own*)
   - наш (*our*)
   - ваш (*your*)
   - indeclinable:
   - его́ (*his*)
   - её (*her*)
   - их (*their*)
2. demonstratives:
   - э́тот (*this/that*)
   - тот (*that*)
3. interrogatives:
   - кто (*who*)
   - что (*what*)
   - чей (*whose*)
4. others:
   - оди́н (*one*)
   - весь (*all*)
   - тре́тий (*third*)
   - сам (*oneself*)
5. surnames in ов and ин

General Feature: noun-like endings in the direct cases (non-acc.); adjective-like endings in the oblique cases

1. Table of Endings

	<u>М</u>	<u>С</u>	<u>Ж</u>	<u>Мн.</u>
И.	∅	o	a	i
В.	↓	↓	u	↕
Р.	↑ ovo		oj	ix
Д.	omu			im
П.	om			ix
Т.	im		↓	imi

Adjustments

1. Special nom. sg. masc. forms:

од(и)н, трет(и)й	- insert и
в(е)сь, ч(е)й	- insert е
эт(от), т(от)	- add от
к(то), ч(то)	- add то

2. Endings in $\underline{i}$:

    (a) весь, тот, кто, что: $\underline{i} \rightarrow \underline{e}$
        (всем, всех, те, тех,...)
    (b) all other pronominals: $\underline{i}$ softens preceding
        consonants (одним, этим, эти,...)

3. $\underline{oj} \rightarrow \underline{ej}$

    after soft consonants and $\underline{j}$, feminine oblique
    $\underline{oj} \rightarrow \underline{ej}$ (моéй, всéй,...)

2. Paradigms

мой (твой, свой)

	<u>М</u>	<u>С</u>	<u>Ж</u>	<u>Мн</u>.
И.	мой	моё	моя́	мои́
В.			мою́	
Р.	моего́		моéй	мои́х
Д.	моему́			мои́м
П.	моём			мои́х
Т.	мои́м			мои́ми

ваш (наш)

	<u>М</u>	<u>С</u>	<u>Ж</u>	<u>Мн</u>.
И.	ваш	вáше	вáша	вáши
В.			вáшу	
Р.	вáшего		вáшей	вáших
Д.	вáшему			вáшим
П.	вáшем			вáших
Т.	вáшим			вáшими

эт(от) (*Stem: эт+*)   *тот* (*Stem: т+*)

	<u>М</u>	<u>С</u>	<u>Ж</u>	<u>Мн</u>.
И.	э́тот	э́то	э́та	э́ти
В.	↑ ↓	↓	э́ту	↕
Р.	э́того		э́той	э́тих
Д.	э́тому			э́тим
П.	э́том			э́тих
Т.	э́тим		↓	э́тими

	<u>М</u>	<u>С</u>	<u>Ж</u>	<u>Мн</u>.
И.	тот	то	та	те
В.	↑↓	↓	ту	↕
Р.	того́		той	тех
Д.	тому́			тем
П.	том			тех
Т.	тем		↓	те́ми

од(и)н (*Stem: одн+*)

	<u>М</u>	<u>С</u>	<u>Ж</u>	<u>Мн</u>.
И.	оди́н	одно́	одна́	одни́
В.	↑ ↓	↓	одну́	↕
Р.	одного́		одно́й	одни́х
Д.	одному́			одни́м
П.	одно́м			одни́х
Т.	одни́м		↓	одни́ми

в(е)сь (*Stem: вс ь+*)   *ч(е)й* (*Stem: чьй+*)

	<u>М</u>	<u>С</u>	<u>Ж</u>	<u>Мн</u>.
И.	весь	всё	вся	все
В.	↑↓	↓	всю	↕
Р.	всего́		всей	всех
Д.	всему́			всем
П.	всём			всех
Т.	всем		↓	все́ми

	<u>М</u>	<u>С</u>	<u>Ж</u>	<u>Мн</u>.
И.	чей	чьё	чья	чьи
В.	↑↓	↓	чью	↕
Р.	чьего́		чьей	чьих
Д.	чьему́			чьим
П.	чьём			чьих
Т.	чьим		↓	чьи́ми

трéт(и)й (Stem: третьй)

	M	C	Ж	Мн.
И.	трéтий	трéтье	трéтья	трéтьи
В.			трéтью	
Р.	трéтьего		трéтьей	трéтьих
Д.	трéтьему			трéтьим
П.	трéтьем			трéтьих
Т.	трéтьим			трéтьими

сам

	M	C	Ж	Мн.
И.	сам	самó	самá	сáми
В.			самý*	
Р.	самогó		самóй	самúх
Д.	самомý			самúм
П.	самóм			самúх
Т.	самúм			самúми

	к(то)	*ч(то)*
Stem:	*к+*	*ц+*
И.	кто	что
В.	когó	что
Р.	когó	чегó
Д.	комý	чемý
П.	ком	чём
Т.	кем	чем

*also - самоё

Surnames in ов and ин are also pronominal except in certain M. sg. forms (starred).

	M	Ж	Мн.
И.	Зóлотов	Зóлотова	Зóлотовы
В.		Зóлотову	
Р.	*Зóлотова	Зóлотовой	Зóлотовых
Д.	*Зóлотову		Зóлотовым
П.	*Зóлотове		Зóлотовых
Т.	Зóлотовым		Зóлотовыми

	М	Ж	Мн.
И.	Пу́шкин	Пу́шкина	Пу́шкины
В.	↑	Пу́шкину	↑
Р.	*Пу́шкина	Пу́шкиной	Пу́шкиных
Д.	*Пу́шкину		Пу́шкиным
П.	*Пу́шкине		Пу́шкиных
Т.	Пу́шкиным	↓	Пу́шкиными

D. PREPOSITIONS

A few of the less commonly used prepositions have not been included in the table. Prepositions which often take more than one case are italicized.

Genitive

без	-without
вдоль	-along
вме́сто	-instead of
вне	-outside of
внутри́	-inside of
во́зле	-beside
вокру́г	-around
для	-for
до	-up to
из	-from
из-за	-because of
из-под	-from under
кро́ме	-except for
ми́мо	-past
о́коло	-near
от	-from
по́сле	-after
про́тив	-against
ра́ди	-for the sake of
с	-from
среди́	-among
у	-by, at

Prepositional

в	-in
на	-on, at, in
о/об	-about
при	-at the time of, in the presence of

Accusative

в	-to
зи	-for
за	-behind
на	-to
под	-under
про	-about
сквозь	-through
че́рез	-through

Dative

благодаря́	-thanks to
вопреки́	-despite
к	-to, towards
по	-along, according to, on the subject of
согла́сно	-according to

Instrumental

за	-behind
ме́жду	-between
над	-over
пе́ред	-in front of, before
под	-under
с	-with

E. NUMBERS

one, two...	*first, second...*
1 – оди́н	пе́рвый
2 – два/две	второ́й
3 – три	тре́тий
4 – четы́ре	четвёртый
5 – пять	пя́тый
6 – шесть	шесто́й
7 – семь	седьмо́й
8 – во́семь	восьмо́й
9 – де́вять	девя́тый
10 – де́сять	деся́тый
11 – оди́ннадцать	оди́ннадцатый
12 – двена́дцать	двена́дцатый
13 – трина́дцать	трина́дцатый
14 – четы́рнадцать	четы́рнадцатый
15 – пятна́дцать	пятна́дцатый
16 – шестна́дцать	шестна́дцатый
17 – семна́дцать	семна́дцатый
18 – восемна́дцать	восемна́дцатый
19 – девятна́дцать	девятна́дцатый
20 – два́дцать	двадца́тый
21 – два́дцать оди́н	два́дцать пе́рвый
22 – два́дцать два	два́дцать второ́й
23 – два́дцать три	два́дцать тре́тий
30 – три́дцать	тридца́тый
31 – три́дцать оди́н	три́дцать пе́рвый
40 – со́рок	сороково́й
50 – пятьдеся́т	пятидеся́тый
60 – шестьдеся́т	шестидеся́тый
70 – се́мьдесят	семидеся́тый
80 – во́семьдесят	восьмидеся́тый
90 – девяно́сто	девяно́стый
100 – сто	со́тый
101 – сто оди́н	сто пе́рвый
113 – сто трина́дцать	сто трина́дцатый
145 – сто со́рок пять	сто со́рок пя́тый
200 – две́сти	двухсо́тый
300 – три́ста	трёхсо́тый
400 – четы́реста	четырёхсо́тый
500 – пятьсо́т	пятисо́тый
600 – шестьсо́т	шестисо́тый
700 – семьсо́т	семисо́тый
800 – восемьсо́т	восьмисо́тый
900 – девятьсо́т	девятисо́тый
1,000 – ты́сяча	ты́сячный
1,001 – ты́сяча оди́н	ты́сяча пе́рвый
2,000 – две ты́сячи	двухты́сячный
5,000 – пять ты́сяч	пятиты́сячный
10,000 – де́сять ты́сяч	десятиты́сячный

```
      100,000 - сто тысяч        сто тысячный
    1,000,000 - миллион          миллионный
    2,000,000 - два миллиона     двухмиллионный
1,000,000,000 - миллиард         миллиардный
                биллион          биллионный
```

2. Declension of Numbers

Notes: 1. Один is a pronominal.
2. Два/две, три, четыре and сорок, девяносто, сто are irregular.
3. All numbers ending in ь are declined like i-declension nouns.(5-20, 30 have final stress)
4. Пятьдесят, шестьдесят, семьдесят, восемьдесят are unusual in that: a)no ь at end; b)both halves are declined.

	М	С	Ж	Мн.		М-С	Ж		3
И.	один	одно	одна	одни		два/две			три
В.			одну						
Р.	одного		одной	одних		двух			трёх
Д.	одному			одним		двум			трём
П.	одном			одних		двух			трёх
Т.	одним			одними		двумя			тремя

	4		5,6,7,9,10		8		11-19
И.	четыре		пять		восемь		двенадцать
В.			пять		восемь		двенадцать
Р.	четырёх		пяти		восьми		двенадцати
Д.	четырём		пяти		восьми		двенадцати
П.	четырёх		пяти		восьми		двенадцати
Т.	четырьмя		пятью		восьмью		двенадцатью

	20 и 30		40		50 и 60		70
И.	двадцать		сорок		пятьдесят		семьдесят
В.	двадцать		сорок		пятьдесят		семьдесят
Р.	двадцати		сорока		пятидесяти		семидесяти
Д.	двадцати				пятидесяти		семидесяти
П.	двадцати				пятидесяти		семидесяти
Т.	двадцатью				пятьюдесятью		семьюдестью

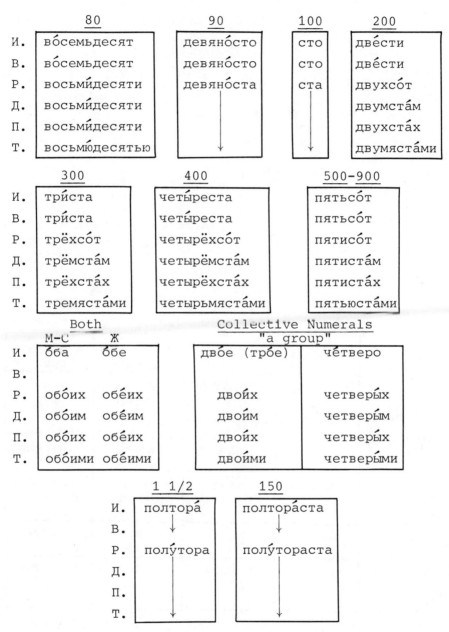

	80	90	100	200
И.	во́семьдесят	девяно́сто	сто	две́сти
В.	во́семьдесят	девяно́сто	сто	две́сти
Р.	восьми́десяти	девяно́ста	ста	двухсо́т
Д.	восьми́десяти			двумста́м
П.	восьми́десяти			двухста́х
Т.	восьмю́десятью			двумяста́ми

	300	400	500-900
И.	три́ста	четы́реста	пятьсо́т
В.	три́ста	четы́реста	пятьсо́т
Р.	трёхсо́т	четырёхсо́т	пятисо́т
Д.	трёмста́м	четырёмста́м	пятиста́м
П.	трёхста́х	четырёхста́х	пятиста́х
Т.	тремяста́ми	четырьмяста́ми	пятьюста́ми

	Both		Collective Numerals	
	М-С	Ж	"a group"	
И.	о́ба	о́бе	дво́е (тро́е)	че́тверо
В.				
Р.	обо́их	обе́их	двои́х	четверы́х
Д.	обо́им	обе́им	двои́м	четверы́м
П.	обо́их	обе́их	двои́х	четверы́х
Т.	обо́ими	обе́ими	двои́ми	четверы́ми

	1 1/2	150
И.	полтора́	полтора́ста
В.		
Р.	полу́тора	полу́тораста
Д.		
П.		
Т.		

F. TIME EXPRESSIONS

1. Vocabulary

Days of the Week

Monday	—понеде́льник
Tuesday	—вто́рник
Wednesday	—среда́ (sg.×)
Thursday	—четве́рг
Friday	—пя́тница
Saturday	—суббо́та
Sunday	—воскресе́нье

Seasons

winter	—зима́
spring	—весна́
summer	—ле́то
fall	—о́сень Ж

Months of the Year

January	—янва́рь
February	—февра́ль
March	—март
April	—апре́ль
May	—май
June	—ию́нь
July	—ию́ль
August	—а́вгуст
September	—сентя́брь
October	—октя́брь
November	—ноя́брь
December	—дека́брь

2. Chart

	on/in...	this...	last...	next...
Day *в + acc.*	в сре́ду	в э́ту сре́ду	в про́шлую сре́ду	в бу́дущую сре́ду
Time of Day *instr.*	у́тром	сего́дня у́тром	вчера́ у́тром	за́втра у́тром
Week *на + prep.*		на э́той неде́ле	на про́шлой неде́ле	на бу́дущей неде́ле
Month *в + prep.*	в октябре́	в октябре́ э́того го́да	в октябре́ про́шлого го́да	в октябре́ бу́дущего го́да
Season *instr.*	ле́том	э́тим ле́том	про́шлым ле́том	бу́дущим ле́том
Year[1] *в + prep.*		в э́том году́	в про́шлом году́	в бу́дущем году́

[1] Specific year is also *в + prep.* Only the last number is declined.

in 1975 - в ты́сяча девятьсо́т се́мьдесят *пя́том* году́

3. Telling Time

a.	*hour*	-3:00	три часа́
		-5:00	пять часо́в
b.	½ *hour*	-3:30	полови́на четвёртого
c.	¼ *hour*	-5:15	че́тверть шесто́го
		-5:45	без че́тверти шесть
d.	*minutes*	-5:05	пять мину́т шесто́го
		-5:55	без пяти́ шесть
e.	*a.m.-p.m.*	-7:00 a.m.	семь часо́в утра́
		-2:00 p.m.	два часа́ дня
		-7:00 p.m.	семь часо́в ве́чера
		-2:00 a.m.	два часа́ но́чи

4. Dates

Day, month and year:

a. the 22nd of June, 1975 - два́дцать второ́е ию́ня
   ты́сяча девятьсо́т се́мьдесят пя́того го́да
   (abbr.: 22ое ию́ня, 1975 г.)

b. on the 22nd of June, 1975 - два́дцать второ́го ию́ня
   ты́сяча девятьсо́т се́мьдесят пя́того го́да
   (abbr.: 22ого ию́ня, 1975 г.)

G. VERBS

Stems in:	*um-verbs*		*ëm-verbs*	
	-и	-ча	-а	-у
	-е		-о	-C

1. Stem Types

Syllabics   Non-Syllabics

Vowel-Stems	Cons.-Stems	a	р	н
(all suffixed)	(suffixed)	жда́+	у́мр+	на́чн+

говори́+ ⎤
сиде́+ ⎬ *um-vbs.*
держӑ+ ⎦

красне́й+
де́лай+

$\left(\dfrac{\text{по́д-нм}}{\text{Subtype}}\right)\left(\dfrac{\text{по́-нм}}{\text{Subtype}}\right)$
поднм+ понм+

Radical: *Resonant*

писӑ+ ⎤
поро̆+ ⎬ *ëm-vbs.*
тре́бова+ ⎪
шепну́[2] ⎪
привы́кну ⎦[1]

жи́в+
пи̂й+
мы́й+

Obstruent ⎫ *ëm-vbs.*
д/т: вёд́+
з/с: нёс́+
г/к: пёќ+
б: грёб́+

2.   Endings and Suffixes

CONJUGATION

Present:

	um-vbs.		*ëm-vbs.*
ю	им	у	ём
ишь	ите	ёшь	ёте
ит	ят	ёт	ут

Imperative: и

Past: л (rarely: ∅), ла, ло, ли

Infinitive: ть (rarely: ти, чь)

DEVERBALS

Pres. Gerund: я

Past Gerund: в (ши)

Pres. Act. Part.:   ящий, ущий

Past Act. Part.:   вший

Pres. Pass. Part.:   им, ом

Past Pass. Part.:

```
              Suffixed              Radical
           ┌──────┐              ┌──────┐
           и    others         Res.    Ob.
           │                    │
          ён¹        н          т³      ён²
```

[1] ён¹ - V+V mutation (предста́ви+ → представле́ние)
[2] ён² - no V+V mutation (повёд+ → поведе́ние)
[3] Stems in ну and о also have т (трону+ → тронут, поро+ → порот)

3.   V+V Mutation

Dentals → *ч*

д	т	з	с	ст
ж	ч	ж	ш	щ

Labials add ль

б	п	в	ф	м
бль	пль	вль	фль	мль

Velars → *ч*

к	г	х	ск
ч	ж	ш	щ

Liquids soften

л	р
ль	рь

V+V Mutation occurs:

	Conjug.	Imper.	Pres. Ger.	Past Act. Part.	Past Pass. Part. and Deverbal N
in um- verbs:	1st sg. only	*no*	*no*	*no*	yes
in stems in a+*:	through- out pres.	yes	yes	yes	*no*

     * i.e., whenever a stem in a+ is joined to a V ending or suffix

4.   Verb Paradigms

Stress alternates are given in brackets.

When a form of the model verb does not occur, an example from a similar type verb is given in parentheses.

говори́+	*[ста́ви+]*	*[проси̋+]*	*сиде́+*	*держа̋+*
говорю́	ста́влю	прошу́	сижу́	держу́
говори́шь	ста́вишь	про́сишь	сиди́шь	де́ржишь
говори́т	ста́вит	про́сит	сиди́т	де́ржит
говори́м	ста́вим	про́сим	сиди́м	де́ржим
говори́те	ста́вите	про́сите	сиди́те	де́ржите
говоря́т	ста́вят	про́сят	сидя́т	де́ржат
говори́!	ставь!	проси́!	сиди́!	держи́!
говори́л	ста́вил	проси́л	сиде́л	держа́л
говори́ла	ста́вила	проси́ла	сиде́ла	держа́ла
говори́ть	ста́вить	проси́ть	сиде́ть	держа́ть
говоря́	ста́вя	прося́	(смотря́)	держа́
говори́в	ста́вив	проси́в	сиде́в	держа́в
говоря́щий	ста́вящий	прося́щий	сидя́щий	держа́щий
говори́вший	ста́вивший	проси́вший	сиде́вший	держа́вший
(люби́мый)	(люби́мый)	проси́мый	-	-
(объяснён)	-ста́влен	-про́шен	(-смо́трен)	-де́ржан

писӑ+	[*пла́ка+*]	*поро̆+*	*интересова́+*
пишу́	плачу	порю́	интересу́ю
пи́шешь	пла́чешь	по́решь	интересу́ешь
пи́шет	пла́чет	по́рет	интересу́ет
пи́шем	пла́чем	по́рем	интересу́ем
пи́шете	пла́чете	по́рете	интересу́ете
пи́шут	пла́чут	по́рют	интересу́ют
пиши́!	плачь!	пори́!	интересу́й!
писа́л	пла́кал	порбл	интересова́л
писа́ла	пла́кала	порбла	интересова́ла
писа́ть	пла́кать	поро́ть	интересова́ть
(пла́ча)	пла́ча	поря́	интересу́я
писа́в	пла́кав	порбв	интересова́в
пи́шущий	пла́чущий	по́рющий	интересу́ющий
писа́вший	пла́кавший	поробвший	интересова́вший
			(тре́буемый)
-пи́сан	(-пи́сан)	-по́рот	-интересо́ван

[*тре́бова+*]	*тривбыкну+*[1]	*шепну́+*[2]	*де́лай+*
тре́бую	привы́кну	шепну́	де́лаю
тре́буешь	привы́кнешь	шепнёшь	де́лаешь
тре́бует	привы́кнет	шепнёт	де́лает
тре́буем	привы́кнем	шепнём	де́лаем
тре́буете	привы́кнете	шепнёте	де́лаете
тре́буют	привы́кнут	шепну́т	де́лают
тре́буй!	привы́кни!	шепни́!	де́лай!
тре́бовал	привы́к	шепну́л	де́лал
тре́бовала	привы́кла	шепну́ла	де́лала
тре́бовать	привы́кнуть	шепну́ть	де́лать
тре́буя	–	–	де́лая
тре́бовав	привы́кши	шепну́вши	де́лав
тре́бующий	–	–	де́лающий
тре́бовавший	привы́кший	шепну́вший	де́лавший
тре́буемый	–	–	де́лаемый
-тре́бован	(све́ргнут)	-шепну́т	-де́лан

красне́й+	жи́в+ →	пи́й+ →	[би́й+]	мы́и+
красне́ю	живу́	пью	бью	мо́ю
красне́ешь	живёшь	пьёшь	бьёшь	мо́ешь
красне́ет	живёт	пьёт	бьёт	мо́ет
красне́ем	живём	пьём	бьём	мо́ем
красне́ете	живёте	пьёте	бьёте	мо́ете
красне́ют	живу́т	пьют	бьют	мо́ют
красне́й!	живи́!	пей!	бей!	мой!
красне́л	жил	пил	бил	мыл
красне́ла	жила́	пила́	би́ла	мы́ла
красне́ть	жи́ло	пи́ло	би́ло	мы́ло
	жи́ли	пи́ли	би́ли	мы́ли
красне́я	жить	пить	бить	мыть
красне́в				
красне́ющий	живя́	–	–	мо́я
красне́вший	жи́вши	пи́вши	би́вши	мы́вши
–	живу́щий	пью́щий	бью́щий	мо́ющий
–	жи́вший	пи́вший	би́вший	мы́вший
			–	–
	–жит	–пит	–бит	–мыт

вёд+	[кра́д+]	мёт+	вёз+	[гры́з+]
веду́	краду́	мету́	везу́	грызу́
ведёшь	крадёшь	метёшь	везёшь	грызёшь
ведёт	крадёт	метёт	везёт	грызёт
ведём	крадём	метём	везём	грызём
ведёте	крадёте	метёте	везёте	грызёте
веду́т	краду́т	мету́т	везу́т	грызу́т
веди́!	кради́!	мети́!	вези́!	грызи́!
вёл	крал	мёл	вёз	грыз
вела́	кра́ла	мела́	везла́	гры́зла
вело́	кра́ло	мело́	везло́	гры́зло
вели́	кра́ли	мели́	везли́	гры́зли
вести́	красть	мести́	везти́	грызть
ведя́	крадя́	(крадя́)	везя́	грызя́
ве́дши	кра́вши	мётши	вёзши	гры́зши
веду́щий	краду́щий	мету́щий	везу́щий	грызу́щий
ве́дший	кра́вший	мётший	вёзший	гры́зший
ведо́мый	(ведо́мый)	(ведо́мый)	везо́мый	грызо́мый
–веде́н	–кра́ден	мете́н	–везе́н	–гры́зен

нёс+	стриг+	[берёг+]	пёк+	грёб+
несу́	стригу́	берегу́	пеку́	гребу́
несёшь	стрижёшь	бережёшь	печёшь	гребёшь
несёт	стрижёт	бережёт	печёт	гребёт
несём	стрижём	бережём	печём	гребём
несёте	стрижёте	бережёте	печёте	гребёте
несу́т	стригу́т	берегу́т	пеку́т	гребу́т
неси́!	стриги́!	береги́!	пеки́!	греби́!
нёс	стриг	берёг	пёк	грёб
несла́	стри́гла	берегла́	пекла́	гребла́
несло́	стри́гло	берегло́	пекло́	гребло́
несли́	стри́гли	берегли́	пекли́	гребли́
нести́	стричь	бере́чь	печь	грести́
неся́	–	–	–	гребя́
нёсши	стри́гши	берёгши	пёкши	грёбши
несу́щий	стригу́щий	берегу́щий	пеку́щий	гребу́щий
нёсший	стри́гший	берёгший	пёкший	грёбший
несо́мый	–	–	–	
-несён	-стри́жен	-бережён	-печён	-гребён

The following verb types are treated in Part 3.

жда+	на́чн+	у́мр+	по́днм+	по́нм+
жду	начну́	умру́	подниму́	пойму́
ждёшь	начнёшь	умрёшь	подни́мешь	поймёшь
ждёт	начнёт	умрёт	подни́мет	поймёт
ждём	начнём	умрём	подни́мем	поймём
ждёте	начнёте	умрёте	подни́мете	поймёте
ждут	начну́т	умру́т	подни́мут	пойму́т
жди!	начни́!	умри́!	подними́!	пойми́!
ждал	на́чал	у́мер	по́днял	по́нял
ждала́	начала́	умерла́	подняла́	поняла́
ждало́	на́чало	у́мерло	по́дняло	по́няло
жда́ли	на́чали	у́мерли	по́дняли	по́няли
ждать	нача́ть	умере́ть	подня́ть	поня́ть
–	–	–	–	–
ждав	нача́в	у́мерши	подня́в	поня́в
жду́щий	(жму́щий)	(тру́щий)	–	–
жда́вший	нача́вший	у́мерший	подня́вший	поня́вший
		–	–	–
-ждан	на́чат	(-тёрт)	по́днят	по́нят

5. Irregular Verbs

Below is a list of common irregular verbs. Irregularities are italicized.

Stem	*Present*		*Imp.*	*Past*	*Inf.*
бежа́+ (run)	*бегу́* бежишь бежит	бежи́м бежи́те *бегу́т*	*беги́!*	бежа́л бежа́ла бежа́ли	бежа́ть
бра́+ (take)	бер́у́ бер́ёшь бер́ёт	бер́ём бер́ёте бер́у́т	бер́и́!	брал брала́ бра́ли	брать
бы́в+ (be)	*бу́д+(Future)* бу́ду бу́дешь бу́дет	бу́дем бу́дете бу́дут	будь!	был была́ бы́ли	быть
во́змь+ (take)	возьму́ возьмёшь возьмёт	возьмём возьмёте возьму́т	возьми́!	*взял взяла́ взя́ли*	*взять*
гна́+ (chase)	гоню́ го́нишь го́нит	го́ним го́ните го́нят	гони́!	гнал гнала́ гна́ли	гнать
да́й+ (give)	*дам дашь даст*	*дади́м дади́те даду́т*	дай!	дал дала́ да́ли	дать
е́д+ (eat)	*ем ешь ест*	*еди́м еди́те едя́т*	*ешь!*	ел е́ла е́ли	есть
е́ха+ (go, drive)	*е́ду е́дешь е́дет*	*е́дем е́дете е́дут*	*поезжа́й!*	е́хал е́хала е́хали	е́хать
зва́+ (call)	зову́ зовёшь зовёт	зовём зовёте зову́т	зови́!	звал звала́ зва́ли	звать
ид+ (go, walk)	иду́ идёшь идёт	идём идёте иду́т	иди́!	*шёл шла шло шли*	*идти́*

Stem	*Present*		*Imp.*	*Past*	*Inf.*
лéз+[1]	лéзу	лéзем	лезь!	лез	лезть
(climb)	лéзешь	лéзете		лезлá	
	лéзет	лéзут		лезлú	
лёг+[1]	ля́гу	ля́жем	ляг!	лёг	лечь
(lie)	ля́жешь	ля́жете		леглá	
	ля́жет	ля́гут		леглú	
мóг+[1]	могу́	мóжем		мог	(мочь)[4]
(be	мóжешь	мóжете		моглá	
able)	мóжет	мóгут		моглú	
пéй+[1]	пою́	поём	пой!	пел	петь
(sing)	поёшь	поёте		пéла	
	поёт	пою́т		пéли	
принм+[1]	приму́	примем	примú!	принял	принять
(accept)	примешь	примете		принялá	
	примет	примут		принялы	
раст́+	расту́	растём	растú!	*рос*	*растú*
(grow)	растёшь	растёте		*рослá*	
	растёт	расту́т		*рослú*	
сéд+[1]	ся́ду	ся́дем	сядь!	сел	сесть
(sit	ся́дешь	ся́дете		сéла	
down)	ся́дет	ся́дут		сéли	
сосá+[2]	сосу́	сосём	сосú!	сосáл	сосáть
(suck)	сосёшь	сосёте		сосáла	
	сосёт	сосу́т		сосáли	
спá+	сплю	спим	спи!	спал	спать
(sleep)	спишь	спи́те		спалá	
	спит	спят		спáли	
ткá+[3]	тку	ткём	тки!	ткал	ткать
(weave)	ткёшь	ткёте		*ткалá*	
	ткёт	ткут		ткáли	
хотé+	хочу́	хоти́м		хотéл	хотéть
(want)	*хóчешь*	хоти́те		хотéла	
	хóчет	хотя́т		хотéли	

[1] Stress is irregular
[2] No V+V mutation
[3] No Consonant mutation
[4] Found in dictionaries but in fact never occurs

6. Prefixes

	Meaning	Latin Equivalent	Examples
в	*into*	in-	втёк+-*flow in(to)*
вз/воз	*up*		возбуди́+ -*arouse*
вы	*out of*	ex-	вы́сказа+-*express, speak out*
до	*as far as*		дочита́й+-*read as far as*
за	*behind, beyond*		зайд+ -*go behind, beyond*
	block		закры́й+ -*close*
из	*out of*	ex-	избе́гну+ -*escape, avoid*
на	*onto*		напа́д+ -*attack*
над	*above*	super-	надписа́+ -*super-scribe, autograph*
низ	*down*	de-	снизойд+ -*conde-scend*
о/об	*around*	circum-	обойд+-*circumvent, go around*
от	*away from*	dis-	откры́й+ -*open, discover*
	back	re-	отрази́+ -*reflect*
пере	*across*	trans-	переда́й+-*transmit, hand over*
	re-		перечита́й+-*reread*
под	*from under underhandedly*	sub-	поддержа́+ -*support*
			подслу́шай+-*eaves-drop*
пред	*before*	pre-	предсказа́+ -*pre-dict*
про	*through*		протёк+ -*flow through*
	past		протёк+-*flow past*
раз	*apart*	dis-	распа́д+-*disinte-grate*
			...ся-*fall apart*
	un	dis-	раскры́й+-*discover, disclose*
с/со	*together*	con-	содержа́+ -*contain*
у	*away*		уе́ха+-*go away, leave*

ANSWER BOOK

CHAPTER 1

PAGE 11 - Exercise 1

1. та	6. тю	11. как	16. мы
2. тя	7. те	12. кот	17. мю
3. то	8. тэ	13. так	18. му
4. тё	9. ти	14. ки	19. ме
5. ту	10. ты	15. ми	20. кто

PAGE 11 - Exercise 2

1. да	6. дут	11. бомба	16. дел
2. за	7. дю	12. пы	17. дул
3. зя	8. где	13. пи	18. факт
4. бя	9. бот	14. пло	19. флот
5. дама	10. без	15. лё	20. футбол

PAGE 12 - Exercise 3

1. ви	9. су	17. дё	25. в парках
2. вы	10. сю	18. на	26. крадут
3. вут	11. ху	19. ня	27. они
4. вод	12. хи	20. вот	28. на заводах
5. вед	13. крад	21. плохо	29. ведут себя
6. ни	14. работ	22. где	30. ударники
7. ны	15. ря	23. парк	
8. се	16. до	24. работе	

PAGE 12 - Exercise 4

1. Ударники не крадут на заводах.
2. Они не ведут себя плохо в парках.

PAGE 15 - Exercise 1

1. ат	5. культ	9. скол	13. дель
2. ать	6. рит	10. сколь	14. бездельник
3. кул	7. рить	11. насколько	
4. куль	8. курить	12. день	

PAGE 16 - Exercise 2

1. нуль	6. завод
2. нуля	7. завода
3. нулю	8. заводу
4. нулём	9. заводом
5. нули	10. заводы

PAGE 16 - Exercise 3

1. слов   3. комнат   5. князь
2. стиль   4. дынь   6. жив

PAGE 16 - Exercise 4

1. троллейбуса   2. нуля   3. спортсмена
   троллейбусу   нулю   спортсмену
   троллейбусом   нулём   спортсменом
   троллейбусы   нули   спортсмены
   троллейбусах   нулях   спортсменах

PAGE 19 - Exercise 1

A. Not preceded by a consonant letter: 1, 4, 6, 8,
   11, 14, 15, 16, 18, 19.

B. 1. mojo   6. ludojed   11. Aziji   16. moji
   2. nos   7. lubat   12. oni   17. tigr
   3. net   8. jazik   13. kradom   18. jest
   4. svojej   9. kuxna   14. pojot   19. grubuju
   5. delajut   10. Aziji   15. jug   20. rumka

PAGE 19 - Exercise 2

A. Contain j: 1, 2, 4, 6, 8, 9, 10.

B. 1. novaja   5. kon   9. moji
   2. novij   6. trojka   10. trollejbus
   3. vedot   7. sola
   4. moj   8. mojo

PAGE 20 - Exercise 3

A. Followed by vowel: 1, 3, 4, 7, 8, 10, 11, 14, 15.

B. 1. оя   6. мой   11. ё
   2. ой   7. моя   12. ой
   3. ую   8. мои   13. о
   4. ю   9. строй   14. ёй
   5. вуй   10. строи   15. её

PAGE 20 - Exercise 4

1. яма   6. искал   11. русский
2. еры   7. сыскал   12. другие
3. идёт   8. писатель   13. май
4. мой   9. ни   14. образуй
5. тигр   10. и   15. образуйте

PAGE 21 - Exercise 5

1. moj   mojom   2. kon   konom
   moja   moji   kona   koni
   moju   mojej   konu   konej

PAGE 21 - Exercise 6

1. икр	5. ед	9. поль
2. конь	6. думай	10. жён
3. бой	7. мест	11. кухнь
4. любль	8. зданий	12. партий

PAGE 21 - Exercise 7

1. идола	идолу	идолом	идолы
2. нуля	нулю	нулём	нули
3. моя	мою	моём	мои

PAGE 26 - Exercise 1

1. ки	4. парки	7. советский
2. ги	5. хихикать	8. великие
3. хи	6. дорогим	

PAGE 26 - Exercise 2

1. вопросы	4. тигры	7. философы
2. парки	5. грехи	8. ударники
3. дороги	6. писатели	

PAGE 33 - Exercise 1

1. ша	9. чи	17. чём
2. жа	10. щи	18. честь
3. ца	11. большим	19. ошибку
4. ча	12. сочи	20. жук
5. ща	13. улицам	21. карандаши
6. ши	14. товарищи	22. настоящий
7. жи	15. хуже	
8. ци	16. жён	

PAGE 33 - Exercise 2

1. лежу	лежит	лежат
2. кончу	кончит	кончат
3. слышу	слышит	слышат
4. смотрю	смотрит	смотрят
5. говорю	говорит	говорят
6. пишу	пищит	пищат

PAGE 37 - Pre-Translation

1. ведут себя плохо - в троллейбусах
2. ударники - на заводах
3. некультурные люди - моются
4. любит курить - на заводе
5. живут бездельники
6. моется - в троллейбусе - каждый день

(continued)

7. культу́рные лю́ди - чита́ют
8. культу́рный челове́к
9. ду́мают - о жи́зни на заво́дах
10. рабо́тает - на заво́де
11. лю́бят кури́ть - в па́рках
12. краду́т ли
13. хоро́ший граждани́н - ведёт себя́ пло́хо - в па́рке

CHAPTER 2

PAGE 44 - Drill 1

1. дире́ктор заво́да
2. дире́ктор па́рка
3. парк това́рища Петро́ва
4. в па́рке тора́рища Петро́ва
5. дире́ктор заво́да Гладко́ва

PAGE 46 - Exercise 1

A. 1. ё   5. e   9. ё   13. e
   2. e   6. e   10. e   14. ё
   3. ё   7. e   11. e
   4. ё   8. e   12. ё

B. Do not require stress marks: 1, 3, 4, 9, 12, 14.
   The letter ё is always stressed.

PAGE 50 - Drill 2

1. они́ живу́т
2. мы живём
3. вы живёте
4. ты живёшь
5. он крадёт
6. я краду́
7. они́ рабо́тают
8. я рабо́таю
9. он рабо́тает
10. мы зна́ем
11. вы ду́маете
12. ты зна́ешь
13. я чита́ю
14. она́ чита́ет
15. вы ведёте себя́ пло́хо
16. я де́лаю
17. он де́лает
18. мы де́лаем
19. вы де́лаете
20. они́ де́лают

PAGE 60 - Exercise 1

A. Not immediately preceded by a consonant letter:
   2, 3, 4, 5, 6, 7, 9, 10, 11, 13, 14, 15, 17, 18,
   20.

B. 1. <u>t͡o</u>   6. <u>pju</u>   11. <u>je</u>   16. <u>sho</u>
   2. <u>jo</u>   7. <u>jug</u>   12. <u>t͡e</u>   17. <u>shjo</u>
   3. <u>ojo</u>   8. <u>t͡u</u>   13. <u>tje</u>   18. <u>chju</u>
   4. <u>t͡jo</u>   9. <u>aju</u>   14. <u>t͡je</u> 19. <u>zhi</u>
   5. <u>t͡jo</u> 10. <u>tju</u>   15. <u>oje</u>   20. <u>zhja</u>

PAGE 60 - Exercise 2

1. <u>krad͡ot</u>
2. <u>podjom</u>
3. <u>stat͡ji</u>
4. <u>pam̦ați</u>
5. <u>d͡ad͡a</u>
6. <u>d͡javol</u>
7. <u>chudo</u>
8. <u>chju</u>
9. <u>zhon</u>
10. <u>ruzhjo</u>

PAGE 60 - *Exercise 3*

1. тья	6. ча	11. пения
2. дьё	7. да	12. пенья
3. тъя	8. дя	13. вёл
4. дъё	9. дья	14. объём
5. чья	10. дъя	15. житьё

PAGE 61 - *Exercise 4*

1. k	4. j	7. j
2. s̄h	5. j̄	8. ɪ̄
3. ɪ̄	6. j̄	9. j̄

PAGE 61 - *Exercise 5*

(a)	(b)	(c)	(d)
1. подъеха+	1. избегай+	1. объясни+	1. входи+
2. подписа+	2. изъясни+	2. обработай+	2. въед+
3. поднимай+	3. измени+	3. обобщи+	3. вший+
4. подъём+	4. изъезди+	4. объём+	4. въеха+

PAGE 71 - *Drill 3*

1. па́рка	8. в тролле́йбусе	16. музе́и
2. тролле́йбуса	9. в музе́е	17. инспектора́
3. това́рища	10. на заво́де	18. лю́ди
4. писа́теля	11. тролле́йбусы	19. в па́рках
5. музе́я	12. заво́ды	20. в музе́ях
6. инспе́ктора Петро́ва	13. па́рки	21. в тролле́йбусах
7. в па́рке	14. това́рищи	22. на заво́дах
	15. писа́тели	

PAGE 80 - *Drill 4*

1. но́вый	5. хоро́ший
2. но́вые	6. хоро́шие
3. граммати́ческий	7. до́брый
4. граммати́ческие	8. до́брые

PAGE 80 - *Drill 5*

1. молодо́й	6. каки́е
2. молоды́е	7. плохо́й
3. ста́рый	8. плохи́е
4. ста́рые	9. но́вый
5. како́й	10. но́вые

CHAPTER 3

PAGE 92 - Exercise 1

A. Consonant stems: 2, 4, 6
   Vowel stems: 1, 3, 5

B. Consonant endings: 1, 5, 7, 8
   Vowel endings: 2, 3, 4, 6, 9

PAGE 93 - Exercise 2

A. C+C: 1, 13   V+C: 5, 7, 8, 10, 14
   C+V: 2, 12   V+V: 3, 4, 6, 9, 11, 15

B. 1. плыть   6. тронут   11. коню
   2. плыву   7. тронул   12. соду
   3. говорю   8. ждать   13. сол
   4. говорят   9. жду   14. влал
   5. говорить   10. конеть   15. влёт

PAGE 94 - Exercise 3

1. помню   помнит   помнят
2. служу   служит   служат
3. лежу   лежит   лежат

PAGE 94 - Exercise 4

1. плывёт   2. одéнет   3. лéзет   4. везёт

PAGE 95 - Exercise 5

1. живу   3. стану   5. трону   7. гребу
2. делаю   4. лаю   6. грею

PAGE 96 - Exercise 6

1. паду   падёт   4. лаю   лает
2. грею   греет   5. играю   играет
3. спасу   спасёт

PAGE 96 - Exercise 7

1. вёл   7. дрожу   13. лею   19. сýнем
2. велá   8. дрожат   14. леть   20. суть
3. ведёт   9. грею   15. нетý   21. сужит
4. деть   10. грéет   16. нёл   22. сужу
5. дену   11. греть   17. нелá   23. сужат
6. дéнет   12. пить   18. нетём   24. сужить

PAGE 101 - *Drill 1*

1. большáя
2. кáждый молодóй
3. кáждая молодáя
4. бетóнный
5. бетóнная
6. кáждая хорóшая
7. кáждое велúкое
8. кáждый велúкий
9. плохáя
10. плохóе
11. лýчший
12. стáрая
13. мáленькая
14. нóвое мáленькое
15. лýчшая
16. кáждая нóвая мáленькая
17. велúкое
18. бетóнный
19. хорóшее
20. плохóе стáрое
21. кáждая хорóшая

PAGE 113 - *Drill 2*

1. Кондýктор знал.
2. Учúтельница рабóтала.
3. Мы дýмали о бетóне.
4. Я говорúл/а/ о бетóне.
5. Мáма, ты отдыхáла в Блúнске?
6. Онú любúли бетóн.
7. Вы говорúли о Блúнске?
8. Онú рабóтали с энтузиáзмом.
9. Он жил в Блúнске.

PAGE 115 - *Drill 3*

1. Мы бýдем рабóтать.
2. Онá бýдет отдыхáть в Блúнске.
3. Мы бýдем знать, чтó вы бýдете дéлать.
4. Онú бýдут говорúть в бетóне.
5. Я бýду отдыхáть в Блúнске.

PAGE 117 - *Drill 4*

1. Весь мир говорúт о бетóне.
2. Вся бригáда говорúла о троллéйбусе.
3. Мáма, ты говорúла о бетóне?
4. Вся Áзия говорúт о карандашáх.
5. Вся Еврóпа бýдет говорúть о пáрке товáрища Петрóва.
6. Все другúе пáрки стáрые и плохúе.

CHAPTER 4

PAGE 133 - *Exercise 1*

1. крáсный
2. огрóмный
3. срéдний
4. настоáщий
5. америкáнский
6. свéжий
7. крýглый
8. стрóгий
9. дóбрый
10. послéдний

PAGE 133 - Exercise 2

1. но́вый	4. тако́й	7. тёмный
2. мирово́й	5. дорого́й	8. лесно́й
3. высо́кий	6. ле́тний	

PAGE 134 - Exercise 3

1. но́вая	5. после́дняя	9. така́я
2. хоро́шая	6. культу́рная	10. стро́гая
3. ру́сская	7. лесна́я	
4. дорога́я	8. сре́дняя	

PAGE 134 - Exercise 4

1. но́вое	4. лесно́е	7. стро́гое
2. ру́сское	5. све́жее	8. молодо́е
3. дорого́е	6. сре́днее	

PAGE 135 - Exercise 5

1. культу́рный	культу́рная	культу́рное
2. после́дний	после́дняя	после́днее
3. хоро́ший	хоро́шая	хоро́шее
4. ма́ленький	ма́ленькая	ма́ленькое
5. дорого́й	дорога́я	дорого́е

PAGE 135 - Exercise 6

1. кра́сная	кра́сное	3. све́жая	све́жее
2. англи́йская	англи́йское	4. сре́дняя	сре́днее

PAGE 137 - Exercise 1

1. мой	1. ва́ша	1. чей	1. одна́	1. вся
2. моё	2. ва́ше	2. чьё	2. оди́н	2. весь
3. моя́	3. ваш	3. чья	3. одно́	3. всё
4. мой	4. ва́ша	4. чей	4. оди́н	4. вся
5. моё	5. ва́ше	5. чьё	5. одна́	5. весь

PAGE 138 - Drill 2

1. мой но́вый	7. ва́ша ру́сская	13. оди́н но́вый
2. моя́ но́вая	8. чья ста́рая	14. вся на́ша
3. моё ста́рое	9. чей но́вый	15. весь
4. ваш хоро́ший	10. чьё хоро́шее	16. всё
5. наш после́дний	11. одна́ плоха́я	
6. наш ру́сский	12. одно́ хоро́шее	

PAGE 142 - Drill 3

1. пи́сьма	3. права́	5. сочине́ния
2. зда́ния	4. моря́	

PAGE 143 - Drill 4

1. студе́нты	5. города́	9. зда́ния
2. брига́ды	6. слова́	10. учителя́
3. места́	7. това́рищи	
4. ку́хни	8. фотогра́фии	

PAGE 143 - Drill 5

1. культу́рные	3. хоро́шие	5. молоды́е
2. граммати́ческие	4. после́дние	

PAGE 144 - Drill 6

1. моя́	1. на́ше	1. чей	1. оди́н	1. вся
2. мой	2. на́ша	2. чьи	2. одни́	2. весь
3. мой	3. на́ши	3. чьё	3. одна́	3. все

PAGE 145 - Drill 7

1. мои́ но́вые заво́ды
2. ва́ши хоро́шие брига́ды
3. на́ши до́брые учителя́
4. мои́ но́вые слова́
5. чьи граммати́ческие вопро́сы
6. одни́ дороги́е кондуктора́
7. ва́ши после́дние сочине́ния
8. все пла́ны
9. на́ши больши́е о́кна

PAGE 146 - Drill 8

1. наш ста́рый тролле́йбус
2. на́ши ста́рые тролле́йбусы
3. моя́ хоро́шая маши́на
4. мои́ хоро́шие маши́ны
5. моё хоро́шее сло́во
6. чьи хоро́шие слова́
7. чей но́вый учи́тель
8. чья ру́сская маши́на
9. вся на́ша бето́нная брига́да
10. все молоды́е бето́нщики
11. ва́ша после́дняя фотогра́фия
12. ва́ши после́дние фотогра́фии

PAGE 146 - Drill 9

1. Э́то мой ста́рый това́рищ.
2. Э́то мои́ ста́рые това́рищи.
3. Э́то на́ши но́вые маши́ны.
4. Э́то ва́ше после́днее сочине́ние.

PAGE 149 - Exercise 1

1. ти́гры	5. тела́	9. сёстры	13. звёзды
2. ле́нты	6. усы́	10. зада́ния	14. ре́ки
3. стра́ны	7. столы́	11. гаражи́	
4. сёла	8. облака́	12. гнёзда	

PAGE 149 - Exercise 2

1.
враг	бал	план	гара́ж	долг
врага́	ба́ла	пла́на	гаража́	до́лга
врагу́	ба́лу	пла́ну	гаражу́	до́лгу
враги́	балы́	пла́ны	гаражи́	долги́
враго́в	ба́лов	пла́нов	гаражей́	долго́в
врага́м	бала́м	пла́нам	гаража́м	долга́м

2. A. because it is end-stressed
   B. because it has mobile-stress

PAGE 150 - Exercise 3

1. города́   3. учителя́   5. места́   7. дома́
2. жи́тели   4. столы́   6. сёдла

PAGE 150 - Exercise 4

1. черта́   4. трава̋   7. гнёздо̋   10. учи́тель(а)
2. са́д   5. ядро̋   8. ве́чер(а)
3. сто́л   6. те́ло   9. сёстра̋

PAGE 161 - Exercise 1

ит: 3, 5, 7, 12, 14, 15, 17
ёт: 1, 2, 4, 6, 8, 9, 10, 11, 13, 16, 18

PAGE 162 - Exercise 2

1. тро́нуть   тро́нет
2. ко́нчить   ко́нчит
3. визжа́ть   визжи́т
4. горе́ть   гори́т
5. слыть   слывёт
6. крича́ть   кричи́т
7. боле́ть   боли́т
8. худе́ть   худе́ет
9. сиде́ть   сиди́т
10. пища́ть   пищи́т
11. ги́бнуть ги́бнет
12. меня́ть   меня́ет
13. оде́ть   оде́нет
14. звене́ть звени́т
15. въезжа́ть въезжа́ет
16. ждать   ждёт
17. ла́ять   ла́ет
18. лежа́ть   лежи́т
19. муть   му́ет
20. му́ить   му́ит
21. плуть   плу́нет
22. пача́ть   пачи́т
23. пача́ть   пача́ет
24. полну́ть полнёт
25. поле́ть   поли́т

PAGE 163 - Exercise 3

1. по́мню   по́мнят
2. окружу́   окружа́т
3. жужжу́   жужжа́т
4. звеню́   звеня́т
5. везу́   везу́т
6. ду́ю   ду́ют
7. па́хну   па́хнут
8. зу́ю   зу́ют
9. уду́   уду́т
10. тесу́   тесу́т
11. луню́   луня́т
12. корщу́   корща́т
13. прещу́   преща́т
14. парню́   парня́т

PAGE 164 - Exercise 4

1. рвать	рвёт	5. личáть	личи́т
2. слы́шать	слы́шит	6. личáть	личáет
3. слу́шать	слу́шает	7. личáть	личáнет
4. стать	стáнет		

PAGE 165 - Exercise 5

1. окружи́т	окружи́ть	4. сарди́т	сарди́ть
2. дрожи́т	дрожáть	5. поржи́т	поржáть
3. звени́т	звенéть	6. порби́т	порбéть

PAGE 165 - Exercise 6

{1. кричáть	кричи́т	{11. лежáть	лежи́т
{2. кончáть	кончáет	{12. въезжáть	въезжáет
{3. сидéть	сиди́т	{13. страдáть	страдáет
{4. худéть	худéет	{14. ждать	ждёт
{5. пищáть	пищи́т	{15. мунéть	муни́т
{6. прощáть	прощáет	{16. мунéть	мунéет
{7. повторя́ть	повторя́ет	{17. кожáть	кожи́т
{8. ла́ять	ла́ет	{18. кожáть	кожáет
{9. звенéть	звени́т	{19. влать	влáнет
{10. краснéть	краснéет	{20. влать	влáет
		{21. влать	влёт

PAGE 168 - Drill 10

1. дирéктор нáшего нóвого завóда
2. лу́чший друг кáждого хорóшего студéнта
3. карандáш моегó лу́чшего дру́га
4. без вáшего бетóнного завóда
5. крóме плохóго студéнта Зóлотова
6. без Вели́кого Бли́нского мóря

PAGE 171 - Drill 11

1. мой	3. вáше/твоё	5. наш
2. éго	4. её	6. их

CHAPTER 5

PAGE 182 - Drill 1

1. о бригáде	7. о болóте	13. в лаборатóрии
2. о бригáдах	8. об учи́теле	14. в Бли́нске
3. в Москвé	9. об Áзии	15. на завóде
4. в Рóссии	10. о гéнии	16. о сочинéнии
5. на урóке	11. о гéниях	
6. на столé	12. в лаборатóриях	

PAGE 182 - *Drill 2*

1. Мы бы́ли на заво́де.   3. Она́ была́ в па́рке.
2. Он был в А́зии.   4. Где вы бы́ли?

PAGE 192 - *Drill 3*

1. э́то   3. э́тот   5. э́то   7. э́тот   9. э́то
2. э́та   4. э́то   6. э́ти   8. э́ти   10. э́то

PAGE 194 - *Drill 4*

1. бето́нный заво́д   7. Мы по́мним молоду́ю жену́
2. молодо́го инжене́ра   ста́рого инспе́ктора Петро́ва.
3. Вели́кое Бли́нское мо́ре   8. Вы ви́дите но́вую маши́ну?
4. ста́рую ба́бушку Ла́рину   9. Вы ви́дите но́вый
5. ста́рую фотогра́фию   тролле́йбус?
6. Она́ по́мнит ста́рого   10. Вы по́мните хоро́шее
   инспе́ктора Петро́ва.   сочине́ние?

PAGE 195 - *Drill 5*

1. мой заво́д   5. мою́ маши́ну
2. моего́ дру́га   6. ва́шего молодо́го дру́га
3. на́ше сочине́ние   7. мою́ краси́вую жену́
4. ва́шу жену́   8. ваш тролле́йбус

PAGE 195 - *Drill 6*

1. э́ту же́нщину   4. одну́ маши́ну
2. э́того челове́ка   5. всю брига́ду
3. одного́ до́ктора

PAGE 196 - *Drill 7*

1. Она́ меня́ лю́бит.   6. Они́ по́мнят ваш заво́д?
2. Мы их лю́бим.   Коне́чно, они́ его́
3. Они́ нас лю́бят.   по́мнят.
4. Мы вас/тебя́ ви́дим.   7. Кто вас лю́бит?
5. Вы ви́дите мою́   8. Кого́ вы лю́бите?
   бетономеша́лку?
   Коне́чно, я её ви́жу.

PAGE 199 - *Exercise 1*

1. везу́   3. зре́ю   5. клу́ну   7. кле́ю
2. сты́ну   4. плету́   6. клуту́

PAGE 200 - *Exercise 2*

1. гре́ю   3. скребу́   5. корта́ю   7. пле́ю
2. старе́ю   4. ста́ну   6. череву́

PAGE 201 - Exercise 3

1. *клад+*   клал   клала   кла́ло
              кла́ли   кладу́   кладёт
2. *цвёт+*   цвёл   цвела́   цвело́
              цвели́   цвету́   цветёт
3. *плы̆в+*   плыл   плыла́   плы́ло
              плы́ли   плыву́   плывёт

PAGE 201 - Exercise 4

1. па́д+   3. мёт+   5. лйй+
2. пи́й+   4. кры́й+   6. плёт+

PAGE 202 - Exercise 5

1. Мы жи́ли в Бли́нске.   4. Она́ была́ в па́рке.
2. Она́ жила́ в Бетоногра́де.   5. Они́ пи́ли чай.
3. Он был в А́зии.   6. Она́ пила́ во́дку.

PAGE 206 - Exercise 1

A. Stem-stress: 2, 6, 12
   End-stress: 4, 9, 14
   Mobile-stress: 1, 3, 5, 7, 8, 10, 11, 13

B. 1. хвалю́   хва́лишь   хва́лят
   2. ко́нчу   ко́нчишь   ко́нчат
   3. смотрю́   смо́тришь   смо́трят
   4. звеню́   звени́шь   звеня́т
   5. учу́   у́чишь   у́чат
   6. сто́ю   сто́ишь   сто́ят
   7. стону́   сто́нешь   сто́нут
   8. тону́   то́нешь   то́нут
   9. сурю́   сури́шь   суря́т
  10. силю́   си́лишь   си́лят
  11. крону́   кро́нешь   кро́нут
  12. сы́гну   сы́гнешь   сы́гнут
  13. пушу́   пу́шишь   пу́шат
  14. ро́ю   ро́ишь   ро́ят

PAGE 207 - Exercise 2

1. дышӑ+   7. кле́и+   13. лучй+
2. дрожа́+   8. тянў+   14. мйши+
3. па́хну+   9. шепну́+   15. сону+
4. ценй+   10. мўчи+   16. лону́+
5. слы̆ша+   11. монй+   17. ращи+
6. горе́+   12. суне́+   18. сари́+

PAGE 212 - *Drill 8*

1. Где он живёт? В Москве́.
2. Куда́ они́ е́дут? В Москву́.
3. Куда́ вы идёте? В парк.
4. Где они́ сидя́т? В па́рке.
5. Где вы живёте? В го́роде.
6. Куда́ вы е́дете? Я е́ду в го́род.

PAGE 213 - *Drill 9*

1. Я иду́ на заво́д. Я несу́ ма́ленькие паке́ты на заво́д.
2. Она́ е́дет в Москву́. Она́ везёт больши́е паке́ты в Москву́.

PAGE 220 - *Drill 11*

1. писа́ла
2. написа́ла
3. писа́ла
4. написа́ла, написа́ла
5. прочита́л(а)
6. де́лали
7. сде́лали
8. стро́ила
9. чита́л(а)
10. прочита́л(а)
11. прочита́л, написа́л
12. постро́или
13. чита́л
14. крал
15. укра́ли
16. стро́или

PAGE 221 - *Drill 13*

1. говори́л
2. сказа́ла
3. говори́ли
4. сказа́ли, говори́ла

PAGE 222 - *Drill 14*

1. Мы понима́ем его́ бра́та.
2. Ива́н понима́ет своего́ бра́та.
3. Ива́н понима́ет его́ бра́та.
4. Ната́ша по́мнит своего́ му́жа.
5. Я по́мню её му́жа.
6. Ната́ша по́мнит её му́жа.
7. Все инжене́ры зна́ют их заво́ды.
8. Все инжене́ры зна́ют свои́ заво́ды.

CHAPTER 6

PAGE 229 - *Drill 1*

1. ва́шем молодо́м до́кторе
2. плохо́м сочине́нии
3. э́том забы́том го́роде
4. своём заво́де
5. мое́й ма́ленькой маши́не
6. э́той краси́вой же́нщине
7. моём лу́чшем дру́ге
8. большо́й пусты́не
9. э́том хоро́шем ме́сте
10. далёкой Ара́вии
11. большо́м столе́
12. свое́й лаболато́рии

PAGE 232 - Drill 2

1. него
2. его заво́да
3. у его́ учи́теля (есть)
4. у неё

5. у её му́жа (есть)
6. их
7. них

PAGE 234 - Drill 3

1. э́ту хоро́шую же́нщину
2. э́ту хоро́шую кни́гу
3. э́ту ста́рую ло́шадь

4. э́того хоро́шего граждани́на
5. э́тот хоро́ший парк
6. э́ту ста́рую дверь

PAGE 242 - Drill 4

1. Кому́ она́ пи́шет?
2. Она́ пи́шет ненорма́льному молодо́му инжене́ру Ивано́ву.
3. Она́ всегда́ чита́ет свои́ сочине́ния моему́ наи́вному му́жу.
4. Я ча́сто говорю́ моему́ лу́чшему дру́гу: "Мне всё равно́."
5. Как изве́стно э́тому вели́кому писа́телю, образо́ванные лю́ди лю́бят его́ кни́ги.
6. Она́ пи́шет письмо́ на́шему дире́ктору.
7. Я пишу́ одному́ това́рищу, а не друго́му.
8. Он изве́стный специали́ст по ди́кому за́падному джа́зу.

PAGE 244 - Translation

Пра́здник

Сего́дня большо́й пра́здник. На бето́нном заво́де никто́ не рабо́тает. В клу́бе заво́да напи́сано:

> Сего́дня Междунаро́дный бето́нный день.
> Поэ́тому бето́нный заво́д закры́т.
> За́втра он бу́дет откры́т.
>
> Директора́

В це́нтре Бетоногра́да есть парк культу́ры и о́тдыха. Сего́дня в па́рке культу́ры и о́тдыха день коллекти́ва бето́нного заво́да. Дире́ктор Ивано́в, изве́стный специали́ст по бето́ну, чита́ет ле́кцию на́шему коллекти́ву. Мы лю́бим и уважа́ем на́шего дире́ктора, и мы бу́дем по́мнить ка́ждое его́ сло́во.

- Това́рищи бето́нщики и бето́нщицы! Как изве́стно ка́ждому шко́льнику, сего́дня Междунаро́дный Бето́нный День.
                    [аплодисме́нты]
- Как изве́стно ка́ждому граждани́ну Бетоногра́да, наш го́род - бето́нный це́нтр всего́ ми́ра.
                    [аплодисме́нты]
                    (continued)

- Наш вели́кий го́род передаёт бра́тский приве́т всему́
прогресси́вному челове́честву.
                    [аплодисме́нты]
- И всё прогресси́вное челове́чество передаёт бра́тский
приве́т на́шему вели́кому го́роду.
                    [бу́рные аплодисме́нты]
- Сего́дня, това́рищи, мы говори́м всему́ ми́ру:
        Сла́ва бето́ну!
        Сла́ва на́шему вели́кому го́роду!
        Сла́ва на́шему вели́кому бето́нному заво́ду!
                    [ова́ция]

PAGE 246 - Drill 5

1. Же́нщина, кото́рая рабо́тала на заво́де, жена́ Гладко́ва.
2. Же́нщина, кото́рую я по́мню, всегда́ говори́ла с
большим энтузиа́змом.
3. Инжене́р, кото́рого она́ лю́бит, не лю́бит её.
4. Сло́во, кото́рое я по́мню, ока́нчивается на *а*.
5. Ма́льчик, кото́рому она́ ча́сто пи́шет, живёт о́коло
мспя́.
6. Заво́д, на кото́ром я рабо́таю, о́чень большо́й.
7. До́ктор, без кото́рого она́ не мо́жет жить, не лю́бит
её.
8. Инжене́р, кото́рый лю́бит её, не лю́бит меня́.
9. Сочине́ния, кото́рые я пишу́, о́чень хоро́шие.
10. Парк, в кото́ром я сижу́, са́мый чи́стый парк в го́роде,
в кото́ром мы живём.

PAGE 248 - Exercise 1

1. слежу́	следи́м	8. лечу́	лети́м
2. прощу́	прости́м	9. гружу́	гру́зим
3. вожу́	во́зим	10. прожу́	про́зим
4. ношу́	но́сим	11. ла́шу	ла́сим
5. оби́жу	оби́дим	12. мищу́	мисти́м
6. тра́чу	тра́тим	13. мичу́	ми́тим
7. грущу́	грусти́м	14. сружу́	сру́дим

PAGE 248 - Exercise 2

1. знако́млю	знако́мишь	8. ломлю́	ло́мишь
2. рублю́	ру́бишь	9. креплю́	крепи́шь
3. храплю́	храпи́шь	10. ме́влю	ме́вишь
4. гото́влю	гото́вишь	11. нимлю́	ними́шь
5. графлю́	графи́шь	12. роплю́	ро́пишь
6. ста́влю	ста́вишь	13. ла́флю	ла́фишь
7. оживлю́	оживи́шь	14. морблю́	мо́рбишь

PAGE 249 - Exercise 3

1. корм#ить	кормлю́	ко́рмят
2. греши́ть	грешу́	греша́т
3. кра́сить	кра́шу	кра́сят
4. чи́стить	чи́щу	чи́стят
5. гляде́ть	гляжу́	глядя́т
6. лежа́ть	лежу́	лежа́т
7. уточни́ть	уточню́	уточня́т
8. веле́ть	велю́	веля́т
9. отве́тить	отве́чу	отве́тят
10. висе́ть	вишу́	вися́т
11. положи́ть	положу́	поло́жат
12. води́ть	вожу́	во́дят
13. ви́деть	ви́жу	ви́дят
14. пусти́ть	пущу́	пу́стят
15. храни́ть	храню́	храня́т
16. учи́ть	учу́	у́чат
17. яви́ть	явлю́	я́вят
18. ласи́ть	лашу́	лася́т
19. руде́ть	ружу́	ру́дят
20. порзи́ть	поржу́	по́рзят
21. гужи́ть	гужу́	гу́жат
22. соне́ть	соню́	соня́т
23. прусти́ть	прущу́	пру́стят
24. куми́ть	кумлю́	кумя́т
25. зуве́ть	зувлю́	зу́вят
26. гласте́ть	глащу́	гласта́т
27. муфи́ть	муфлю́	му́фят

PAGE 252 - Drill 6

1. ку́рите - курю́ - ку́рят   9. дрожа́т - дрожу́
2. ви́жу - ру́бите   10. лежа́т - лежу́
3. сиди́те - сижу́   11. чи́стят - чи́щу
4. говори́те - говорю́   12. шу́тите - шучу́
5. смо́трите - смотрю́   13. храпя́т - храплю́
6. стро́ят   14. крича́т - кричу́ - молчу́
7. люблю́ - лю́бят   15. по́мните - по́мню
8. гото́вят - гото́влю   16. лети́те - лечу́

RUSSIAN - ENGLISH GLOSSARY FOR PARTS 1 AND 2

The number of the chapter in which the word or expression is first used is given in parentheses.

Idioms and Phrases

Listed under the first word of the phrase:

на са́мом де́ле - under *на*
таки́м о́бразом - under *тако́й*

Verb Entries

A. *Aspectual Pairs* are entered twice:

1. Perfective, then imperfective; separated by a slash. Where identical except for prefix, only the prefix is entered for the perfective.
   на/писа́+
   Where not identical, both are entered.
   изучи́+/изуча́й+

2. Imperfective (I), followed by perfective (P).
   писа́+ (I), написа́+ (P)
   изуча́й (I), изучи́+ (P)

B. *Stress:*

1. × shows mobile stress in present tense of vowel stems.
   кури́+: курю́, ку́ришь, ку́рит

2. → shows mobile stress in past tense of consonant stems.
   жив+: жил, жила́, жи́ли

Noun Entries

A. *Gender:*

1. Unless otherwise noted,
   Nouns in ∅ are assumed to be М (masculine)
   дом, князь
   Nouns in о are assumed to be С (neuter)
   сло́во, зда́ние
   Nouns in а are assumed to be Ж (feminine)
   оши́бка, ку́хня

2. Deviations are marked. Examples:
   жизнь Ж - ends in ∅, yet is feminine (a large group)
   дя́дя М - ends in а, yet is masculine (a small group)
   и́мя   С - ends in а, yet is neuter (a small group)

B. *Stress*

1. × shows stress shift from singular to plural.
       сло́во: Pl. слова́, слова́м,...
       жена́: Pl. жёны, жёнам,...

2. (a) shows nom. pl. а́ and plural end-stressed.
       до́ктор(a): Pl. доктора́, доктора́м,...

3. (pl×) shows shifting stress within the plural.
       мы́шь (pl×): Pl. мы́ши, мыше́й, мыша́м,...

C. *Mobile Vowel*

Nouns with mobile vowel are entered with the mobile vowel in parentheses.
       день(е) : день, дня, дню...
       оши́бка(о): оши́бка, оши́бки, оши́бок(gen.pl.)

D. *Prepositional y*

Nouns with stressed y in the prepositional singular are entered with (y).
       год(y): году́(prep.sg.)

Pronominal Entries

All four nominative forms are given:
       мой/моя́/моё/мой

Case Requirement

Case requirement is shown by the appropriate form of что or кто in square brackets.

            о [чём]   - the preposition о de-
                              mands the prepositional
                              case

            тре́бова+ [чего] - the verb тре́бова+ de-
                              mands the genitive case

RUSSIAN - ENGLISH GLOSSARY

А

а   -*and, but (2)*
автомоби́ль-*automobile(6)*
авто́ручка(е)-*fountain pen(10)*
а́збука   -*alphabet(10)*
А́зия   -*Asia(3)*
акаде́мик -*academician(8)*
ака́ция   -*acacia(5)*
активи́ст -*activist(2)*
алба́нец(е)-*Albanian(3)*
  алба́нцы -*Albanians*
алба́нский-*Albanian(adj.)(3)*
  по-алба́нски-*in Albanian*
алкого́льный-*alcoholic(5)*
Аме́рика   -*America(3)*
америка́нский-*American(6)*
англи́йский-*English(3)*
  по-англи́йски-*in English*
Анта́рктика-*Antarctica(3)*
аплоди́рова+[чему]-*applaud (8)*
аплодисме́нты-*applause(3)*
ара́бский -*Arabian(6)*
Ара́вия   -*Arabia(5)*
аризо́нский-*Arizona(adj.)(6)*
А́рктика   -*Arctic(3)*
арти́стка(о)-*artiste(8)*
а́рфа   -*harp(8)*
аспира́нт -*graduate student(10)*
астробиоло́гия-*astrobiology(6)*
астрономи́ческий-*astronomical(9)*
А́фрика   -*Africa(3)*

Б

ба́бушка(е)-*grandmother(5)*
балко́н   -*balcony(8)*
бана́льный -*banal(4)*
банди́т   -*bandit(7)*
банк   -*bank(7)*
бараба́н -*drum(3)*
бе́дный   -*poor(6)*
без [чего]-*without(2)*
безде́льник-*loafer(1)*

безобра́зие-*outrage, disgrace(2)*
  како́е безобра́зие-*what an outrage*
бе́лка(о)   -*squirrel(9)*
Белору́ссия -*Byelorussia(10)*
белору́сский-*Byelorussian (10)*
беспоко́и+ся-*worry(7)*
бето́н   -*concrete(3)*
бето́нный -*concrete(adj.) (3)*
бетономеша́лка(о)-*concrete-mixer(3)*
бетономеша́лочка(е)-*little concrete-mixer (8)*
бето́нщик -*concrete-worker(m)(3)*
бето́нщица -*concrete-worker(f)(3)*
библиоте́ка -*library(10)*
благода́рность Ж-*thanks, gratitude(10)*
бли́нский -*Blinsk(adj.)(3)*
бог   -*God(2)*
  сла́ва бо́гу-*thank God(5)*
  бо́же мой -*my God(5)*
Болга́рия -*Bulgaria(10)*
болга́рский -*Bulgarian(9)*
бо́лее   -*more(8)*
боло́то   -*swamp(4)*
бо́льше всего́-*more than anything(9)*
бо́льше не -*no more, no longer(8)*
большо́й -*big(3)*
боро́+ся за [что]-*fight for (7)*
Брази́лия -*Brazil(7)*
брат   -*brother(7)*
  бра́тья   -*brothers(10)*
бра́тский -*brotherly(6)*
бра́тство -*brotherhood(7)*
брига́да   -*brigade(3)*
бу́д+   -*will be(3)*
бу́дущее   -*future(9)*
бульва́р   -*boulevard(10)*

бу́рпый   *-stormy(3)*
бы́в+   *-was,were(5)*
бы́вший   *-former(6)*

В

в(о)[чём]   *-in(1)*
 в тако́м слу́чае-*in that case(3)*
ва́жный   *-important(4)*
вам   *-(dative of ви)(6)*
ва́ми   *-(instr. of ви)(7)*
вас   *-(gen.-acc.,prep. of ви)(4)(5)*
ваш/ва́ша/ва́ше/ва́ши-*your, yours(4)*
Вашингто́н   *-Washington(6)*
вдруг   *-suddenly(6)*
веду́щий   *-leading(6)*
ведь   *-(emphatic particle)(4)*
вели́кий   *-great(3)*
венге́рский-*Hungarian(10)*
Ве́нгрия   *-Hungary(10)*
ве́рность Ж-*loyalty(10)*
ве́рный   *-loyal, faithful(10)*
вероя́тно   *-probably(6)*
весь/вся/всё/все-*all(4)*
ве́чер(а)   *-evening(8)*
 ве́чером   *-in the evening*
вёд+(I), повёд+(P)-*lead, conduct(1)*
вёз+(I), повёз+(P)-*carry (by vehicle), take(5)*
взгляд   *-view(10)*
взро́слый   *-adult(4)*
вид   *-aspect, guise (5)*
ви́де+(I), уви́де+(P)-*see, catch sight of(4)*
визи́т   *-visit(3)*
вини́тельный-*accusative (10)*
вку́сный   *-delicious(9)*
владе́й+ [чем]-*control, master(10)*

влюби+ся во [что]-*fall in love(9)*
вме́сте   *-together(8)*
внизу́   *-below(5)*
вода́   *-water(9)*
во́дка(о)   *-vodka(5)*
вол   *-ox(9)*
во́лосы(Pl×)-*hair(8)*
вообще́   *-in general, generally(3)*
вопро́с   *-question(1)*
восемна́дцать-*eighteen(5)*
во́семь   *-eight(4)*
восково́й   *-wax(7)*
восто́рг   *-ecstasy(3)*
восто́чный   *-east,eastern(4)*
вот   *-here is(1)*
 вот как   *-Oh! You don't say! (4)*
впечатле́ние-*impression*
вре́мя С   *-time*
 вре́мя от вре́мени-*from time to time(9)*
все   *-everybody(2) (pl. of весь)*
всегда́   *-always(3)*
всего́   *-in all(8)*
всего́ хоро́шего-*good luck (8)*
всё   *-everything(6) (neuter of весь)*
встре́ти+/встреча́й+-*meet(8)*
встреча́й+(I), встре́ти+(P) *-meet(8)*
второ́й   *-second(4)*
вчера́   *-yesterday(3)*
вы   *-you(plural and formal)(2)*
выража́й+(I), вы́рази+(P) *-express(8)*
вы́рази+/выража́й+-*express (8)*
выходи+   *-go out(8)*

Г

га́дкий   *-vile(7)*
газе́та   *-newspaper(7)*
гара́ж   *-garage(5)*
где   *-where(1)*
где-то   *-somewhere(5)*

гéний   -genius (5)
геогрáфия -geography(9)
геофизúческий -geo-
               physical (9)
Гермáния   -Germany (10)
герóй   -hero (7)
гидростáнция -hydro-
               electric pow-
               er station(4)
гитáра   -guitar (6)
глáвный   -main,chief(8)
глагóл   -verb (4)
глаз(а)   -eye (7)
глáсный   -vowel (4)
глубокó   -deeply (10)
глýпость Ж-stupidity(10)
гóвор   -dialect (10)
говорú+(I), сказá+(P)
             -say,speak(3)
говорящий -talking (6)
год(у)   -year (8)
головá(Pl×)-head (9)
горá (Гl×)-mountain (9)
гóре   -grief (7)
гóрод(а)   -city
городóк(о)-town (7)
гóрький   -bitter (10)
господúн   -Mister (8)
госпожá   -Miss, Mrs.(8)
госудáрственный-state
               (adj.) (8)
госудáрство-state, gov-
               ernment (9)
готóви+(I), приготóви+
  (P)   -prepare (6)
готóви+ся к [чему]-pre-
               pare oneself
               for (10)
гражданúн -citizen(m)(1)
граждáнка(о)-citizen(f)
               (10)
граммáтика-grammar (5)
грамматúческий -gram-
               matical (1)
гриб   -mushroom (6)
грóмко   -loudly (3)
грóмче   -louder (4)
грýбый   -vulgar,
               coarse (1)
  грýбая ошúбка-terrible
               mistake (1)

грýппа   -group (6)
(с) грýстью-with sadness(4)
грыз+   -gnaw (10)

    Д

да   -yes (1)
дáже   -even (1)
да чтó вы -Aw, go on! (3)
да чтó вы говорúте! -But
               what are you
               saying (2)
далекó   -far (4)
дáльше   -further (9)
дáтельный -dative (10)
два   -two (2)
двáдцать   -twenty (5)
двенáдцать-twelve (5)
дéвочка(е)-little-girl
дéвушка(е)-girl (post-
               puberty)
девятнáдцать-nineteen (5)
дéвять   -nine (4)
декадéнтство-decadence (4)
дéлай+(I), сдéлай+(P)
             -do, make (1)
делегáция -delegation (10)
дéло   -affair, busi-
               ness, task (2)
  как делá?-How are things?
               (3)
день(е)   -day (1)
  ну и день!-What a day!(8)
дерéвня(е)(Pl×)- the
               country (10)
дéсять   -ten (4)
дéти   -children (3)
джаз   -jazz (4)
дивáн   -couch (5)
дúкий   -wild (4)
дирéктор(а)-director (2)
длúнный   -long (9)
для [чего]-for (6)
дóбрый   -kind (2)
довóльно   -enough (8)
дождь   -rain
  идёт дождь-it's raining
               (8)
доказáтельство-proof (9)
доклáд   -report (10)
дóлго   -long time (5)

долгие годы-*years to come (10)*

долой[что]-*down with (7)*

дом(а)   -*house (7)*
  дома   -*at home (7)*
  домой   -*(to) home (7)*
домик   -*little-house(6)*
дорога   -*road, highway (10)*

дорогой   -*dear (1)*
до свидания-*good-bye(1)*
дрожа+   -*shake (6)*
друг   -*friend(3), (pl)друзья(8)*

друг друга-*one another (8)*

другой   -*other (2)*
дружба   -*friendship(6)*
думай+   -*think (1)*
думая   -*thinking*
дурак   -*fool,idiot(7)*
дядя М   -*uncle*

Е

Европа   -*Europe (3)*
его   -*his(acc/gen of он/оно)(4)*
единственный-*singular (10)*

её   -*her, hers (acc/gen of она)(4)*

ей   -*(dat, instr, prep of она) (4)*

ему   -*(dative of он/оно)(6)*

если   -*if*
  если...то-*if...then(8)*
éxa+(I), поéxa+(P)-*go (by vehicle), ride, drive (5)*

ещё   -*still (4)*
  ещё не   -*not yet (8)*
  ещё раз   -*once again (9)*

Ж

жалéй+(I), пожалéй+(P)
              -*be sorry (8)*

жалкий   -*pitiful (7)*
же   -*emphatic particle (3)*

жена   -*wife (3)*
женский   -*feminine (3)*
женщина   -*woman (4)*
жив+   -*live (1)*
животное   -*animal (9)*
жидкий   -*liquid (9)*
жизнь Ж   -*life (1)*
житель   -*inhabitant (4)*
журнал   -*magazine (3)*
журналист -*journalist (m) (7)*

журналистка(о)-*journalist (f) (7)*

З

за[чем]   -*behind*
забыв+/забывай+-*forget (4)*
забывай+(I), забыв+(P)
              -*forget (4)*
забыт/а/о/ы-*forgotten (6)*
забытый   -*forgotten (6)*
завúсе+ от [чего]
              -*depend on (9)*
завод [на]-*factory, plant (1)*

завтра   -*tomorrow (3)*
завтрак   -*breakfast (9)*
задрожа+   -*begin to shake (7)*

закрыт/а/о/ы-*closed (5)*
закрытый -*closed (6)*
занимай+ся [чем]-*be occupied, study (8)*

западный -*west,western(4)*
запах   -*smell, aroma*
  чувствова+ запах-*smell(8)*
записка(о)-*note (10)*
заплака+   -*burst out crying (7)*

засмей+ся -*burst out laughing*
захихикай+-*burst out giggling (8)*
зва+   -*call*
  как вас зовут?-*What's your name? (3)*
звони+(I), позвони+(P)
  [чему]   -*call (7)*

зда́ние   -building(7)
здесь   -here (4)
здоро́вый   -healthy (8)
здра́вствуйте-hello (1)
земля́   -earth(7)(acc.
                sg. зе́млю)
зе́ркало   -mirror (9)
здой   -evil (8)
зна́й+   -know (1)
  зна́я   -knowing (1)
зна́чит   -means (2)
золото́й   -golden (5)
зооло́гия   -zoology (9)
зоопа́рк   -zoo (2)

И

и   -and (1)
  и...и   -both...and (5)
  и так да́лее (и.т.д.)
                -etcetera,
                 and so forth
                 (3)
ид+(I), пойд+(P)-go (on
                 foot), walk(5)
игра́й+   -play (8)
  в(о) [чём]-play a game
  на   [чём]-play an in-
                 strument
игру́шка(е)-toy (8)
из[чего]   -out of, from
                 (8)
изба́   -hut (9)
и́зверг ро́да челове́ческого
                -monster of
                 the human
                 race (6)
изве́стный -well-known
  как изве́стно-as is
                 well-known(2)
извини́те! -excuse me(4)
из-за[чего]-because of,
                 due to (8)
измени́+/-я́й+ -change
изуча́й+(I), изучи́+(P)
                -make a study
                 of,(P)master
                 (6)
изуче́ние   -study (9)
изучи́+/изуча́й+-make a study
                 of,(P)master(6)

и́ли   -or (4)
  и́ли...и́ли-either...or (4)
им   -(dative of они)
                 (6)
имени́тельный-nominative(10)
и́ми   -(instr. of они)
                 (7)
и́мя С   -name (7)
  и́мя существи́тельное-noun
                 (9)
индустриа́льный -industrial
                 (6)
инжене́р   -engineer (3)
иногда́   -sometimes (7)
иностра́нец(е)-foreigner(m)
                 (10)
иностра́нка(о)-foreigner(f)
                 (10)
инспе́ктор(а)-inspector (2)
институ́т   -institute (6)
интере́сный-interesting (4)
иска́+   -search, look
                 for (9)
исто́рия   -history (3)
исчеза́й+(I), исче́зну[1]+(P)
                -disappear (10)
исче́зну[1]+/исчеза́й+
                -disappear (10)
их   -theirs (acc-gen
                 of они)(4)

К

кабине́т   -office,study(5)
ка́ждый   -every,each (1)
ка́жется   -it seems (2)
как   -how (1)
  как вас зову́т?-What's
                 your name?(3)
  как вы пожива́ете?-How are
                 you? (1)
  как дела́?-How are things?
                 (3)
  как так   -How so? (2)
  как то́лько-as soon as (9)
како́й   -which, what
                 kind (1)
Калифо́рния-California (5)
капу́ста   -cabbage (6)
каранда́ш   -pencil (1)
катастро́фа-catastrophe (4)

ка́ша   -cereal (8)
кашу́бский   -Kashubian(10)
кем   -(instr. of кто) (7)
ки́т   -whale (5)
кла́сс   -grade, class (4)
класси́ческий-classical (5)
клу́б   -club (3)
кни́га   -book (1)
кня́зь   -prince (6)
ковбо́й   -cowboy (6)
когда́   -when (1)
кого́   -(acc-gen of кто) (4)
коллекти́в   -collective(6)
ком   -(prep. of кто) (5)
кома́р   -mosquito (6)
ко́мната   -room (8)
комплиме́нт-compliment (10)
кому́   -(dat. of кто) (6)
конгре́сс   -congress(10)
конду́ктор(а)-fare-collector (2)
коне́ц(е)   -end (7)
коне́чно   -of course (1)
конкре́тный-concrete, precise (3)
конча́й+ся -finish, end (5)
ко́рень(е)   -root (9)
коридо́р   -corridor (7)
ко́смос   -cosmos (6)
ко́сть Ж (Pl×)-bone (10)
костю́м   -suit (7)
кото́рый   -who, which, that(relative)
кра́д+(I), укра́д+(P) -steal (1)
краси́вый -pretty (4)
  краси́вее всех-prettier than all (9)
красне́й+ -blush (5)
  красне́я -blushing (3)
кра́сный   -red (6)
крича́+   -shout (4)
  крича́+ на [что]-shout at

крова́ть Ж -bed (10)
кро́ме [чего]-except (4)
кры́ша   -roof (5)
кто   -who (1)
куда́   -(to) where (5)
куда́-то   -(to) somewhere (5)
культу́ра   -culture (4)
культу́рный-cultured (1)
кумы́с   -fermented mare's milk (8)
кури́+   -smoke (2)
ку́хня   -kitchen (6)

Л

лаборато́рия-laboratory (5)
ла́сково   -tenderly (1)
лежа́+   -lie (4)
ле́кция   -lecture (2)
Ленингра́д -Leningrad (5)
лес(у)(а) -woods (9)
лета́й+   -fly (with no destination)
лете́+(I), полете́+(P)-fly (6)
лингафо́нный кабине́т- language lab (5)
лицо́   -face (4)
лови́+   -catch (9)
ло́дка(о)   -boat (9)
локомоти́в -locomotive (7)
ло́ндонский-London(adj.)(7)
ло́шадь Ж (Pl×)-horse (4)
луна́   -moon (6)
лу́чший   -best (3)
люби́+   -love, like (1)
люби́мый   -favorite, beloved (6)
люби́тель   -lover (6)
любо́вь(о) Ж-love (10)
лю́ди   -people (1)

М

македо́нский-Macedonian(10)
ма́ленький -little,small(3)
ма́льчик   -boy (4)
ма́ма   -mommy (2)
мать Ж   -mother (7)
маха́+   -wave (7)
маши́на   -machine,car (2)

медве́дь   -*bear (9)*
ме́жду [чем]-*between (7)*
междунаро́дный -*inter-*
              national (6)
ме́л   -*chalk (7)*
ме́нее   -*less (8)*
ме́ньше всего́-*lass than*
              anything (9)
меня́   -*(acc-gen of*
              Я) (2)
ме́сто   -*place (3)*
ме́сяц   -*month (10)*
ми́лый   -*dear,nice(8)*
ми́мо [чего]-*past (9)*
мини́стр   -*minister (8)*
ми́р   -*world, peace*
              (3)
мла́дший   -*younger (8)*
мне   -*(dat, prep*
              of Я)(4)(5)
 мне пора́ идти́-*it's*
              time for me
              to go (1)
мне́ние   -*opinion (10)*
 по ва́шему мне́нию-*in*
              your opinion
мно́го [чего]-*much, many*
              (4)
мно́жественный-*plural(9)*
мог+(I), смог+(P)-*can,*
              be able (5)
мо́жет быть-*maybe, per-*
              haps (2)
мо́жно   -*it's possible,*
              permissible(4)
мой/моя́/моё/мой -*my,*
              mine (4)
молоде́ц! -*well done!(3)*
молодёжь Ж-*youth (10)*
молодо́й   -*young (2)*
молча́+   -*be silent (4)*
монго́льский-*Mongolian(9)*
мо́ре   -*sea (3)*
Москва́   -*Moscow (4)*
моско́вский-*Moscow (adj)*
              (8)
му́ж   -*husband (5)*
мужско́й   -*masculine (2)*
му́зыка   -*music (5)*
муравьёй(е)-*ant (5)*
мураве́йник-*anthill (5)*

муравье́д   -*ant-eater (10)*
му́ха   -*fly (9)*
мы   -*we (2)*
мы́й+   -*wash (8)*
мы́й+ся   -*wash oneself(1)*
мы́ло   -*soap (8)*
мы́сль   -*thought (8)*
мы́шь (Pl×)-*mouse (9)*
мя́гкий   -*soft (9)*
мя́со   -*meat (9)*

Н

на [чём]   -*in,at,on (1)*
 на са́мом де́ле-*really (7)*
навсегда́   -*forever (7)*
над [чем] -*over (7)*
на́до   -*necessary (8)*
называ́й+[что][чем]-*call(8)*
 называ́й+ся-*be called (7)*
наи́вный   -*naive (2)*
на́ми   -*(instr. of мы)*
             (7)
наоборо́т   -*on the contrary*
             (9)
на/пиcа́+   -*write (4)*
напи́сан/а/о/ы-*written (5)*
напи́ток(о)-*beverage (5)*
наприме́р   -*for example (6)*
наро́д   -*nation, people*
             (8)
наско́лько -*as far as (1)*
настоя́щий -*real (1)*
нау́ка   -*science (6)*
научи́+ся   -*learn how (8)*
нау́чный   -*scientific (9)*
нахо́дится -*be located (3)*
начина́й+ся-*begin (8)*
наш/на́ша/на́ше/на́ши -*our,*
             ours (3)
не   -*not*
 не...а   -*not...but (2)*
неде́ля   -*week (8)*
недо́брый -*unkind (6)*
не́жный   -*tender (10)*
незабу́дка(о)-*forget-me-not*
             (10)
незабыва́емый-*unforgettable*
             (10)
неинтере́сный-*uninteresting*
             (4)

ней   -(prep. of она)
           (5)
не́который -certain (9)
некульту́рный-uncultured
           (1)
нело́вкий -awkward (1)
нельзя́   -it is for-
           bidden (4)
неме́цкий -German (10)
немно́го   -a little (4)
ненави́де+ -hate (6)
ненорма́льный-abnormal(2)
необразо́ванный-uneduca-
           ted (6)
непра́вильный-incorrect
           (8)
не́рвно   -nervously(6)
несоверше́нный-imperfec-
           tive (5)
нет   -no (1); there
           is not (6)
нём   -(prep. of он/
           оно) (5)
нёс+(I), понёс+(P)-carry
           (by foot),
           take (5)
нигде́   -nowhere (2)
ни...ни   -neither...nor
           (6)
ника́к   -in no way (9)
никако́й   -no kind (6)
никогда́   -never (1)
никто́   -nobody (2)
них   -(prep. of они)
           (5)
ничто́жный -insignifi-
           cant (7)
но   -but (2)
но́вый   -new (2)
нож   -knife (7)
(всё) норма́льно-every-
           thing is
           O.K. (3)
но́чь (Pl×)-night (6)
ну   -well (3)
 ну и день!-What a day!
           (8)
 ну так что ж!-So what!
           (7)
ну́жен/нужна́/ну́жно/нужны́
           -needed (8)

нуль   -zero (3)
Нью-Йо́рк -New York (5)

О

о/об [чём]-about (3)
 о том, о сём- about this
           and that (9)
оби́жен/а/о/ы-insulted (3)
обма́нывай+-deceive (9)
о́браз жи́зни-way of life (7)
образо́ванный-educated (6)
ова́ция   -ovation (3)
огро́мный -enormous (6)
оди́н/одна́/одно́/одни́-one,
           (pl)some (4)
оди́ннадцать-eleven (5)
одна́жды   -once (7)
одна́ко   -however (9)
ока́нчивай+ся на [что]-end
           in (3)
океа́н   -ocean (5)
о́коло [чего]-near (4)
оконча́ние -ending (9)
он   -he (1)
она́   -she (2)
они́   -they (1)
оно́   -it (3)
опера́ция -operation (7)
о́пыт   -experience, ex-
           periment (9)
осно́ва   -stem (9)
осо́бенно -especially (4)
от [чего] -from (4)
отве́ти+/отвеча́й+ [чему]
           -answer (8)
 на вопро́с-answer a ques-
           tion (3)
отвеча́й+(I), отве́ти+(P)
 [чему]   -answer (8)
отврати́тельный -loathsome
           (7)
отвраще́ние-disgust (2)
о́тдых   -rest (5)
отдыха́й+ -relax, rest (3)
оте́ц(е)   -father (7)
открыва́й+(I), откро́й+(P)
           -open (8)
откро́й+/открыва́й+ -open(8)
откры́т/а/о/ы -open (5)
откры́тие -discovery (9)

откуда   —*from where(3)*
  откуда вы знаете? —*How
                  do you know?
                  (3)*
отлично   —*excellently,
                  splendidly
                  (10)*
отсюда   —*from here (5)*
оттуда   —*from there (5)*
отчество   —*patronymic(3)*
очень   —*very (1)*
ошибка(о)   —*mistake,error
                  (1)*

П

пад+(I), попад+(Р)
                —*fall (10)*
падеж   —*case (9)*
пакет   —*package (5)*
памятник   —*monument (10)*
папа   —*daddy (2)*
парень(е)(Plx)—*lad,
                  boy (10)*
парк   —*park (1)*
патриот   —*patriot (7)*
пауза   —*pause (1)*
паха+   —*plow (7)*
первый   —*first (4)*
перевёд+   —*translate (3)*
перед[чем]—*in front of
                  (7)*
передаёт   —*(3rd sg.)hand
                  over,send(6)*
перо   —*pen (10)*
песня   —*song (6)*
пёк+   —*bake (8)*
пий+   —*drink (5)*
пирожок(о)—*pirozhok (8)*
писа+(I), написа+(Р)
                —*write (4)*
писатель   —*writer (5)*
письмо   —*letter (6)*
пишется   —*written (3)*
плака+   —*cry (7)*
план   —*plan (7)*
планета   —*planet (6)*
пластмассовый —*plastic
                  (10)*
плита   —*stove (8)*
плохо   —*badly (1)*

плохой   —*bad (2)*
площадь Ж (Plx)—*square(10)*
плуг   —*plow (7)*
плыв+   —*float (9)*
пляж   —*beach (4)*
по [чему]—*according to,
                  along (3)*
поведение —*behavior (10)*
по/вёд+   —*lead,conduct(1)*
по/вёз+   —*carry(by vehi-
                  cle),take (6)*
повтори+/повторяй+
                —*repeat (6)*
повторяй+(I), повтори+(Р)
                —*repeat (6)*
погода   —*weather (3)*
под [чем]—*under (7)*
подарок(о)—*gift (9)*
по/еха+   —*go (by vehicle),
                  drive (5)*
по/жалей+ —*be sorry (8)*
пожалуйста—*please (1)*
по/звони+[чему]— *call (7)*
поздно   —*late (8)*
поздрави+   —*congratulate(4)*
по/йд+   —*go (on foot),
                  walk (5)*
пойдём!   —*Let's go! (6)*
пока   —*while, so long
                  (5)*
показа+/показывай+
                —*show (9)*
показывай+(I), показа+(Р)
                —*show (9)*
поле   —*field (7)*
по/летé+   —*fly (6)*
полз+(I), пополз+(Р)
                —*crawl (5)*
политика   —*politics (5)*
политический—*political (1)*
полиция   —*police (7)*
половина   —*half (8)*
польский   —*Polish (9)*
Польша   —*Poland (10)*
помни+   —*remember (5)*
помог+/помогай+ [чему]
                —*help (7)*
по-моему —*in my opinion
                  (10)*
по/нёс+   —*carry (by foot),
                  take (5)*

понимай+   -understand(2)
по/пад+   -fall (10)
по/полз+   -crawl (10)
попробуйте!-try (7)
портфель   -briefcase(5)
последний -last, latest
                (4)
после того, как-after(5)
по/смотре+-watch
 на [что] -look at (4)
по/строи+ -build (4)
потому что-because (1)
почему   -why (1)
почта[на] -post office
                (5)
почти   -almost (6)
поэтому   -therefore(1)
правда   -truth (4)
 по правде говоря-to
                tell the
                truth (8)
правило   -rule (8)
праздник   -holiday (6)
предлог   -preposition
                (2)
предложный-prepositional
                (10)
предпочёл/чла бы -would
                prefer (5)
предсказа́+(P),
 предсказывай+(I)
              -predict (7)
предсказатель-sooth-
                sayer (7)
предсказывай+(I)
 предсказа́+(P)
              -predict (7)
презирай+ -despise (8)
прекрасный-fine,gorgeous,
                beautiful(6)
привет   -greetings (5)
привыкну[1]+-be accustomed
                (8)
примитивный-primitive(6)
приставка(о)-prefix (4)
приятно   -pleasant (3)
прогрессивный -progres-
                sive (6)
произносится -is pro-
                nounced (3)

произношение-pronunciation
                (8)
происхождение-origin (10)
проспект   -avenue (10)
прости+/прощай+-forgive(8)
 простите!-forgive me (1)
просто   -simply (2)
простой   -simple (7)
профессор(а)-professor (2)
про/читай+-read (1)
прошлый   -last, previous
                (10)
прощай!   -farewell (7)
прощай+(I), прости+(P)
              -forgive (8)
психиатр   -psychiatrist(6)
психология-psychology (9)
птица   -bird (7)
публика   -public (2)
пустыня   -desert (6)
пятнадцать-fifteen (5)
пять   -five (2)

Р

работа [на]- work (1)
работай+   -work (1)
(всё) равно- anyway (5)
 мне всё равно- I don't
                care (5)
рад/а/о/ы -happy (6)
ради[чего]-for the sake of
                (10)
разговаривай+ с [кем]
              -talk, converse
                with (9)
разговор   -conversation(1)
разница   -difference (8)
ракета   -rocket (6)
ракетный   -rocket(adj.)(6)
раньше   -formerly (3)
реза+   -cut (7)
река (Pl×)-river (9)
ремонт   -repair
 на ремонт-for repair (5)
республика-republic (10)
род   -gender, birth,
                sort, kind (2)
родительный-genitive (9)
рождение   -birth
 день рождения-birthday

с днём рожде́ния-*happy birthday(8)*
Росси́я   -*Russia (4)*
руби́+   -*hack,chop(6)*
Румы́ния   -*Rumania (10)*
румы́нский   -*Rumanian(10)*
ру́сский   -*Russian (3)*
 по-ру́сски-*in Russian*

С

с [чем]   -*with (7)*
с [чего]   -*from (9)*
сам   -*oneself (6)*
самолёт   -*airplane(7)*
са́мый   -*most (2)*
све́жий   -*fresh (8)*
Сверхчелове́к-*Superman(7)*
свой/своя́/своё/свои́
                -*one's own(5)*
с/де́лай+   -*do, make (1)*
себя́   -*oneself (1)*
сего́дня   -*today (3)*
сейча́с   -*now, right away (6)*
секу́нда   -*second (8)*
семна́дцать-*seventeen(5)*
семь   -*seven (4)*
се́рбский   -*Serbian (10)*
серьёзный   -*serious (7)*
сестра́   -*sister (5)*
сига́ра   -*cigar (5)*
сиде́+   -*sit (4)*
си́ла   -*force,power (7)*
си́льный   -*strong, powerful*
 сильне́е, чем -*stronger (7)*
ска́жем   -*let's say(10)*
сказа́+/говори́+ -*say, speak (3)*
скамья́(е) -*bench (5)*
сканда́льный-*scandalous (6)*
ско́ро   -*soon (4)*
сла́бый   -*weak (8)*
 слаб от недоеда́ния-*weak from malnutrition (5)*
сла́ва [чему]-*glory to(6)*

сла́ва бо́гу-*thank God (7)*
славя́нский-*Slavic (10)*
сле́дующий -*following (6)*
слеза́(Pl×)-*tear (10)*
сли́шком   -*too (6)*
слова́цкий -*Slovak (10)*
слове́нский-*Slovenian (10)*
сло́во   -*word (2)*
 одни́м сло́вом-*in a word(7)*
сло́жный   -*complex (9)*
слу́шай+   -*listen to (4)*
слы́ша+   -*hear (8)*
сме́лый   -*bold,daring (7)*
смея́+ся над [чем] -*laugh at (7)*
с/мо́г+   -*can, be able(5)*
смо́кинг   -*tuxedo (4)*
смотре́+(I), посмотре́+(P)
                -*watch*
 на [что] -*look at (4)*
снег   -*snow (8)*
 идёт снег-*it's snowing*
снима́й+   -*take off (7)*
соверше́нный-*perfective, complete*
сове́тский -*Soviet (10)*
согла́сный -*consonant (4)*
состоя́+   -*consist (9)*
социалисти́ческий-*socialist (10)*
социоло́гия-*sociology (6)*
сочине́ние -*composition (4)*
сою́з   -*union (7)*
спаси́бо   -*thank you, thanks (1)*
специали́ст-*specialist (3)*
спле́тник   -*gossip (9)*
спо́ри+   -*argue (5)*
спо́рт   -*sport (9)*
спра́шивай+(I), спроси́+(P)
 [кого] у [кого] -*ask (8)*
спроси́+/спра́шивай+ [кого]
 у [кого]-*ask (8)*
сре́дний   -*neuter, middle, average (3)*
ста́н+[чем](P)-*become (7)*
стара́й+ся -*try (4)*
старославя́нский-*Old Church Slavic (10)*
ста́рший   -*older (8)*
ста́рый   -*old (2)*

стена́(Pl×)-*wall (5)*
сто́ит   -*is worth,*
              costs(10)
сто́л   -*table (6)*
столи́ца   -*capital(10)*
сторона́(Pl×)-*side*
 в сто́рону-*aside (7)*
стоя́+   -*be standing*
              (6)
страна́×   -*country (9)*
стра́нный   -*strange (7)*
стра́х   -*fear (6)*
стри́г+   -*clip (8)*
стро́и+(I), постро́и+(P)
              -*build (4)*
строи́тель   -*builder(4)*
студе́нт   -*student(m)(1)*
студе́нтка(о)- *student*
              (f)(1)
сту́л×   -*chair (7)*
су́п×   -*soup (6)*
су́ффикс   -*suffix (9)*
счастли́вый-*happy (6)*
 счастли́вого пути́ -*bon*
              voyage (6)
сча́стье   -*happiness(4)*
счита́й+[что][чем]-*con-*
              sider X to
              be Y (7)
сы́н   -*son (7)*
сюда́   -*(to)here(5)*
сюрпри́з   -*surprise (9)*

T

тайва́нский-*Taiwan (adj)*
              (9)
та́йна   -*secret (7)*
так   -*so (2)*
 так как   -*in as much as*
              (2)
 так мно́го, как-*as much*
              as (5)
та́кже   -*also (in ad-*
              dition) (6)
тако́й   -*such (4)*
 таки́м о́бразом -*in this*
              manner (9)
такти́чный   -*tactful (9)*
тала́нтливый-*talented(9)*
там   -*there (3)*

танцева́+   -*dance (8)*
тарака́н   -*cockroach (6)*
тве́рдый   -*hard (9)*
твой/твоя́/твоё/твой -*your,*
              yours (4)
твори́тельный -*instrumental*
              (10)
тебе́   -*(dat, prep of*
              ты) (5) (6)
тебя́   -*(gen-acc of ты)*
              (8)
телеви́зор -*television set*
              (4)
телефо́н   -*telephone (7)*
те́ло×   -*body (9)*
тебо́рия   -*theory (9)*
тепе́рь   -*now (4)*
тепло́   -*warm (10)*
тече́ние   -*flow (9)*
тёк+   -*flow (9)*
тёмный   -*dark (7)*
тётя   -*aunt (7)*
ти́гр   -*tiger (2)*
типи́чный   -*typical (2)*
ти́хо   -*quietly (3)*
то   -*emphatic parti-*
              cle (3)
тобо́й   -*(instr.of ты)*
              (8)
това́рищ   -*comrade (1)*
то есть   -*that is (to say)*
              (3)
то́же   -*also (1)*
то́лько   -*only (3)*
 как то́лько-*as soon as(9)*
 то́лько что- *just (6)*
тому́ наза́д-*ago (9)*
тополо́гия -*topology (6)*
то́чно   -*exactly, pre-*
              cisely (4)
 точне́е   -*more precisely*
трава́×   -*grass (5)*
тре́бова+[чего]-*demand (10)*
три   -*three (2)*
три́дцать   -*thirty (5)*
трина́дцать-*thirteen (5)*
тролле́йбус-*trolleybus (1)*
тролле́йбусик-*little-trol-*
              leybus (8)
тро́нут/а/о/ы-*touched (8)*
тру́дно   -*difficult (8)*

туда́   -(to)there(7)
турба́за   -tourist base
              (4)
тури́ст   -tourist (3)
тут   -here (5)
ту́фля   -shoe (5)
ты   -you (infor-
              mal) (2)

У

у [чего]   -by, at the
              home of(4)(8)
убега́й+   -flee (8)
убо́рщик   -janitor (8)
убо́рщица   -washerwoman(8)
уважа́й+   -respect (6)
у/ви́де+   -see,(P) catch
              sight of (4)
уго́дно   -pleasing (8)
  как вам уго́дно-as you
              wish
уда́рник   -shock-worker
              (1)
уже́   -already (5)
у́жин   -supper (9)
узна́й+   -find out(6)
у/кра́д+   -steal (1)
Украи́на [на]-Ukraine(10)
украи́нский-Ukrainian(10)
у́лица   -street (8)
уничтожа́й+(I), уничто́жи+
  (P)   -destroy (7)
уничто́жи+/уничтожа́й+
              -destroy (7)
упру́гий   -elastic (10)
ура́   -hurrah (3)
уро́к [на] -lesson (2)
у́тро   -morning (8)
  до́брое у́тро-good morn-
              ing (8)
  у́тром   -in the morn-
              ing (2)
учёный   -scholar,
              scientist(9)
учи́тель(а)-teacher(m)(1)
учи́тельница- teacher(f)
              (1)

Ф

фа́кт   -fact (6)
фа́ктор   -factor (9)

фами́лия   -last name (3)
фигу́ра   -figure (6)
фи́зика   -physics (6)
физи́ческий-physical (8)
филантро́п -philanthropist
              (7)
филармо́ния-philharmonic(8)
фило́соф   -philosopher (2)
фонети́ческий-phonetic (2)
фотогра́фия-photograph (4)
фра́за   -sentence (6)
фру́кт   -fruit (5)
футбо́л   -soccer (8)

Х

хихи́кай+   -giggle (5)
хо́лодно   -coldly (4)
хо́р   -chorus (3)
хорва́тский-Croatian (10)
хоро́ший   -good (1)
хорошо́   -well (1)
хоте́+   -want (6)
  хоте́+ сказа́ть-mean (6)
храпе́+   -snore (6)
ху́же   -worse (6)
хулига́н   -hooligan (2)
хулига́ни+ -act like a
              hooligan (8)

Ц

царе́вич   -prince (9)
цари́ца   -queen (6)
ца́рство   -kingdom (9)
цвёт+   -bloom (5)
це́лый   -whole (5)
це́нтр   -center (6)

Ч

чай   -tea (5)
час(у)   -hour (8)
ча́сто   -often (1)
часть Ж   -part (9)
чей/чья/чьё/чьи-whose (4)
челове́к   -person (1)
челове́ческий-human (6)
челове́чество-mankind (6)
чем   -(instr. of что)
              (7)
чемпио́н   -champion (8)

чему́   -(dat. of что) (6)

че́рез [что] -through, within (9)

честь Ж   -honor (8)

в честь   -in honor (8)

четы́ре   -four (2)

четы́рнадцать -fourteen (5)

Чехослова́кия -Czechoslovakia (10)

че́шский   -Czech (10)

чём   -(prep. of что) (5)

число́   -number (9)

чи́стый   -clean, pure (1)

чита́й+(I), прочита́й+(P) -read (1)

чита́тель   -reader (8)

что́   -what (1)

что́ ли?   -...or something? (7)

что́ случи́лось? -what happened? (10)

что́ тако́е Х? -what is X? (3)

что   -that (conjunction) (1)

чтобы   -in order to (5)

чу́вствова+ -feel

чу́вствова+ запах -smell (8)

Ш

ша́йка   -gang (7)

шампа́нское -champagne (8)

шепта́+   -whisper (7)

шестна́дцать -sixteen (5)

шесть   -six (2)

шика́рный   -chic (5)

шипя́щий   -sibilant (9)

шко́льник   -schoolchild (2)

шля́па   -hat (4)

шпио́н   -spy (3)

шути́+   -joke (6)

Э

элеме́нт   -element (7)

энтузиа́змом -enthusiasm (1)

эсто́нец(е) -Estonian (3)

эсто́нцы   -Estonians

эсто́нский -Estonian (adj)

по-эсто́нски -in Estonian (2)

этноло́гия -ethnology (6)

э́то   -this is/that is (1)

э́тот/э́та/э́то/э́ти -this/that (5)

Ю

Югосла́вия -Yugoslavia (10)

Я

я́блоко   -apple (5)

язы́к   -language (3)

на како́м языке́ -in what language

яйцо́   -egg (5)

я́сно   -clear (5)

ENGLISH - RUSSIAN GLOSSARY

A

abnormal	-ненорма́льный
about	-о/об [чём]
about this and that	-о том, о сём
acacia	-ака́ция
academician	-акаде́мик
accusative	-вини́тельный
accustomed	-привы́кну[1]+
activist	-активи́ст
adult	-взро́слый
affair, business, task	-де́ло
Africa	-А́фрика
after	-по́сле того́, как
ago	-тому́ наза́д
airplane	-самолёт
Albanian(adj)	-алба́нский
in Albanian	-по-алба́нски
alcoholic	-алкого́льный
all	-весь/вся/всё /все
in all	-всего́
almost	-почти́
alphabet	-а́збука
already	-уже́
also	-то́же
also(in addition)	-та́кже
always	-всегда́
America	-Аме́рика
American(adj)	-америка́нский
and	-и, а
animal	-живо́тное
answer(noun)	-отве́т
(verb)	-отве́ти+/ отвеча́й+[чему]
ant	-мураве́й(е)
ant-eater	-муравье́д
Antarctica	-Антаркти́ка
anthill	-мураве́йник
anyway	-всё равно́
applaud	-аплоди́рова+ [чему]
applause	-аплодисме́нты
apple	-я́блоко

Arabia	-Ара́вия
Arabian(adj)	-ара́бский
Arctic	-А́рктика
argue	-спо́ри+
Arizona(adj)	-аризо́нский
artiste(fem)	-арти́стка
as far as	-наско́лько
aside	-в сто́рону
as is well known	- как изве́стно
as much as	-так мно́го как
as soon as	-как то́лько
as you wish	-как вам уго́дно
Asia	-А́зия
ask	-спроси́+/ спра́шивай+ [кого],у [кого]
aspect, guise	-вид
astrobiology	-астробиоло́гия
astronomical	-астрономи́ческий
at, in, on	-на [чём]
at the home of	-у [кого]
aunt	-тётя
automobile	-автомоби́ль
avenue	-проспе́кт
aw, go on!	-да что́ вы!
awkward	-нело́вкий

B

bad	-плохо́й
badly	-пло́хо
bake	-пёк+
balcony	-балко́н
banal	-бана́льный
bandit	-банди́т
bank	-банк
beach	-пляж
bear	-медве́дь
because	-потому́ что
because of, due to	-из-за [чего]
become	-ста́н+[чем] (P)
bed	-крова́ть Ж
begin	-начина́й+ся
behavior	-поведе́ние
behind	-за [чем]
below	-внизу́
bench	-скамья́(е)

between   —ме́жду [чем]
beverage   —напи́ток(о)
big   —большо́й
bird   —пти́ца
birth   —рожде́ние
  birthday—день рожде́ния
bitter   —го́рький
Blinsk(adj)—бли́нский
bloom   —цвёт+
blush   —красне́й+
  blushing—красне́я
boat   —ло́дка(о)
body   —те́ло
bold, daring —сме́лый
bone   —ко́сть Ж (Pl×)
bon voyage—счастли́вого
                пути́
book   —кни́га
both...and—и...и
boulevard —бульва́р
boy   —ма́льчик
Brazil   —Брази́лия
breakfast —за́втрак
briefcase —портфе́ль
brigade   —брига́да
brother   —брат,
             бра́тья(pl)
brotherhood—бра́тство
brotherly —бра́тский
build   —по/стро́и+
builder   —строи́тель
building   —зда́ние
Bulgaria   —Болга́рия
Bulgarian(adj)
             —болга́рский
but   —а, но
  *but what are you
    saying*—да что́ вы
             говори́те!
by   —у [чего]
Byelorussia—Белору́ссия
Byelorussian(adj)
             —белору́сский

         C

cabbage   —капу́ста
California—Калифо́рния
call   —по/звони́+
             [чему]
  be called —называ́ется

calm   —споко́йный
can, be able —с/мо́г+
capital   —столи́ца
car   —маши́на
care
  X doesn't care - [dat.]
             всё равно́
carry(by foot),take
             —по/нёс+
carry(by vehicle), take
             —по/вёз+
case   —паде́ж
  in that case—в тако́м
             слу́чае
catastrophe—катастро́фа
catch   —лови́+
center   —це́нтр
cereal   —ка́ша
certain   —не́который
chair   —сту́л
chalk   —ме́л
champagne —шампа́нское
chic   —шика́рный
children   —де́ти
chop, hack—руби́+
chorus   —хор
cigar   —сига́ра
citizen (m)—граждани́н
        (f)—гражда́нка(о)
city   —го́род(а)
classical —класси́ческий
clean   —чи́стый
clear   —я́сно
clip   —стри́г+
closed   —закры́тый
  (short form)—закры́т/а/о/ы
club   —клуб
cockroach —тарака́н
coldly   —хо́лодно
collective—коллекти́в
complex   —сло́жный
compliment—комплиме́нт
composition—сочине́ние
comrade   —това́рищ
concrete   —бето́н
concrete(adj)—бето́нный
  (precise)—конкре́тный
concrete-mixer
             —бетономеша́лка(о)
  little concrete-mixer
             —бетономеша́лочка(е)

concrete-worker
    (M) -бето́нщик
    (F) -бето́нщица
congratulate-поздра́ви+/
    поздравля́й+
congress -конгре́сс
consider X to be Y
    -счита́й+
    [что] [чем]
consonant -согла́сный
control, master
    -владе́й+ [чем]
conversation-разгово́р
converse -разгова́ривай+
    с [кем]
correctly -пра́вильно
corridor -коридо́р
cosmos   -ко́смос
costs, is worth-сто́ит
couch   -дива́н
country   -страна́
 (the) country
    -дере́вня(е)
cowboy   -ковбо́й
crawl   -по/полз+
Croatian -хорва́тский
cry   -пла́ка+
 burst out crying
    -запла́ка+
culture   -культу́ра
cultured -культу́рный
cut   -ре́за+
Czech   -че́шский
Czechoslovakia
    -Чехослова́кия

D

daddy   -па́па
dance   -танцева́+
dark   -тёмный
dative   -да́тельный
day   -день
 what a day!-ну и день!
dear   -дорого́й
 (nice) -ми́лый
decadence -декаде́нтство
deceive   -обма́нывай+
deeply   -глубоко́
delegation-делега́ция
delicious -вку́сный

demand   -тре́бова+ [чего]
depend on -зави́се+ от
    [чего]
desert   -пусты́ня
despise   -презира́й+
destroy   -уничто́жи+/
    уничтожа́й+
dialect   -го́вор
difference-ра́зница
difficult -тру́дно
director -дире́ктор(а)
disappear -исче́зну[1]+/
    исчеза́й+
discovery -откры́тие
disgust   -отвраще́ние
do, make -с/де́лай+
down with -доло́й [что]
drink   -пий+
drum   -бараба́н

E

earth   -земля́,
    (acc. sg.) зе́млю
east, eastern-восто́чный
ecstasy   -восто́рг
educated -образо́ванный
egg   -яицо́
eight   -во́семь
eighteen -восемна́дцать
either...or-и́ли...и́ли
elastic   -упру́гий
element   -элеме́нт
eleven   -оди́ннадцать
emphatic pasticle
    -ведь, же, то
end (noun)-коне́ц(е)
English   -англи́йский
 in English-по-англи́йски
engineer -инжене́р
enough   -дово́льно
enormous -огро́мный
enthusiasm-энтузиа́зм
especially-осо́бенно
Estonian -эсто́нец(е)
Estonian(adj)-эсто́нский
 in Estonian-по-эсто́нски
etcetera, and so forth
    -и так да́лее
    (и т.д.)
ethnology -этноло́гия

Europe —Евро́па
even —да́же
evening —ве́чер(а)
  in the evening—ве́чером
every, each —ка́ждый
everything—всё(neuter of
          весь)
  everything is O.K.
          —всё
          норма́льно
  everything that
          —всё, что
evil —злой
(for) example —наприме́р
exactly —то́чно
excellent(ly),
  splendid(ly) —отли́чно
except —кро́ме [чего]
excuse me —извини́те!
experience,
  experiment —о́пыт
express —вы́рази+/
          выража́й
eye —глаз(а)

  F

face —лицо́
fact —фа́кт
factor —фа́ктор
factory, plant—заво́д[на]
fall —по/па́д+
fall in love —влюби́+ся
          во [что]
far —далеко́
fare-collector
          —конду́ктор(а)
farewell —проща́й!
father —оте́ц(е)
favorite, beloved
          —люби́мый
fear —стра́х
feel —чу́вствова+
feminine —же́нский
field —по́ле
fifteen —пятна́дцать
fight for —боро́+ся за
          [что]
figure —фигу́ра
find out —узна́й+
fine, gorgeous, beauti-
  ful —прекра́сный

first —пе́рвый
five —пять
flee —убега́й+
float —плыв+
flow (noun) —тече́ние
    (verb) —тёк+
fly —му́ха
fly —по/лете́,(with
          no specific
          destination)
          лета́й+
following, next—сле́дующий
fool, idiot—дура́к
for —для [чего],
          за [что]
  for example —наприме́р
  for repair —на ремо́нт
  for the sake of —ра́ди
          [чего]
(it is) forbidden —нельзя́
force, power —си́ла
foreigner(m)—иностра́нец(е)
        (f)—иностра́нка(о)
forever —навсегда́
forget —забы́в+/забыва́й+
forget-me-not—незабу́дка(о)
forgive —прости́+/проща́й+
  forgive me —прости́те!
forgotten —забы́тый
  (short form)—забы́т/а/о/ы
former —бы́вший
formerly —ра́ньше
fountain pen—авторучка(е)
four —четы́ре
fourteen —четы́рнадцать
fresh —све́жий
friend —друг,(pl)друзья́
friendship—дру́жба
from —от [чего],
          из [чего]
  from here —отсю́да
  from where —отку́да
(in) front of—пе́ред[чем]
fruit —фру́кт
further —да́льше
future —бу́дущее

  G

gang —ша́йка
garage —гара́ж

gender, birth, sort,
  kind   -род
generally, in general
           -вообще
genitive -родительный
genius   -гений
geophysical
           -геофизический
German   -немецкий
Germany   -Германия
gift   -подарок(о)
giggle   -хихикай+
  burst out giggling
           -захихикай+
girl(post puberty)
           -девушка(е)
  little-girl-девочка(е)
glory(to) -слава [чему]
gnaw   -грыз+
go(on foot), walk-по/йд+
go(by vehicle), drive
           -по/еха+
go out   -выходи+ из
           [чего]
God   -бог
  my God -боже мой
  thank God-слава богу
golden   -золотой
good   -хороший
  good luck -всего
           хорошего
goodbye   -до свидания
gossip   -сплетник
grade, class -класс
graduate student
           -аспирант
grammar   -грамматика
grammatical
           -грамматический
grandmother-бабушка(е)
grass   -трава
great   -великий
greeting -привет
grief   -горе
group   -группа
guitar   -гитара

           H

hack, chop -руби+
hair   -волосы(Pl×)

half   -половина
hand over, send -передаёт
           (3rd sg.)
happy   -счастливый,
           рад/а/о/ы
  happy birthday -с днём
           рождения
happiness -счастье
hard   -твёрдый
harp   -арфа
hat   -шляпа
hate   -ненавиде+
he   -он
head   -голова(Pl×)
healthy   -здоровый
hear   -слыша+
hello   -здравствуйте!
help   -помог+/помогай+
           [кому]
her   -её (acc-gen of
           она)
           ей (dative)
           ей (instr.)
           ней(prep.)
here   -здесь, тут
  (to)here-сюда
here is   -вот
hero   -герой
him   -его (acc-gen of
           он)
           ему (dative)
           им (instr.)
           нём (prep.)
history   -история
holiday   -праздник
home, house -дом(а)
  (at)home-дома
  (to)home-домой
honor   -честь Ж
  (in)honor -в честь
hooligan -хулиган
  act like a hooligan
           -хулигани+
hour   -час(у)
house   -дом(а)
  little-house -домик
how   -как
  how are things -как
           дела?
  how are you -как вы
           поживаете?

how do you know-откуда
вы знаете?
how so -как так?
however -однако
human -человеческий
humanity -человечество
Hungary -Венгрия
Hungarian(adj)
-венгерский
hurrah -ура
husband -муж_x
hut -изба
hydroeletric power
station -гидростанция

I

if -если
if...then-если...то
imperfective
-несовершенный
important -важный
impression-впечатление
in -в(о) [чём]
in a word-одним словом
in as much as-так как
in no way-никак
in order to -чтобы
in that case -в таком
случае
in this manner -таким
образом
incorrect -неправильный
industrial-индустриаль-
ный
inhabitant-житель
insignificant-ничтожный
inspector -инспектор(а)
institute -институт
instrumental
-творительный
insulted -обижен/а/о/ы
interesting-интересный
international
-международный
it -оно
it seems-кажется

J

janitor -уборщик
Japan -Япония

jazz -джаз
joke -шути+
journalist(m)-журналист
(f)-журналистка
(o)
just -только что

K

Kashubian -кашубский
kind -добрый
kingdom -царство
kitchen -кухня
knife -нож
know -знай+
knowing -зная
koomis -кумыс

L

laboratory-лаборатория
language laboratory
-лингафонный
кабинет
lad, boy -парень(е)(Pl×)
language -язык
in what language -на
каком языке
last, latest-последний
last name -фамилия
late -поздно
laugh at -смея+ся над
[чем]
burst out laughing
-засмея+ся
lead, conduct -по/вёд+
conduct oneself badly
-вёд+ себя плохо
leading -ведущий
learn how -научи+ся
lecture -лекция
Leningrad -Ленинград
less -менее
less than anything
-меньше всего
lesson -урок [на]
let's go -пойдём!
let's say -скажем
letter -письмо
library -библиотека
lie -лежа+
life -жизнь Ж

way of life -образ
                жизни
liquid   -жидкий
listen to -слушай+
little, small-маленький
   a little-немного
live   -жив+
loafer   -бездельник
loathsome -отвратительный
(be)located-находится
locomotive-локомотив
London(adj)-лондонский
long   -длинный
long time -долго
look at   -по/смотре+
                на [что]
loudly   -громко
louder   -громче
love, like-люби+
love   -любовь(о) Ж
lover   -любитель
loyal, faithful -верный
loyalty   -верность Ж

              M

Macedonian-македонский
machine, car -машина
magazine   -журнал
main, chief -главный
mankind   -человечество
manner   -образ
   in this manner -таким
                образом
mare's milk(fermented)
                -кумыс
masculine -мужской
master/study -изучи+/
                изучай+
maybe, perhaps-может
                быть
me   -меня(acc-gen
                of я)
                мне (dative)
                мной(instr.)
                мне (prep.)
mean   -значи+,хоте+
                сказать
meat   -мясо
meet   -встрети+/
                встречай+

minister   -министр
mirror   -зеркало
Miss, Mrs.-госпожа
mistake, error -ошибка
   terrible mistake-грубая
                ошибка
Mister   -господин
mommy   -мама
Mongolian -монгольский
monster of the human race
                -изверг рода
                человеческого
month   -месяц
monument   -памятник
moon   -луна
more   -более
   more precisely -точнее
   more than anything
                -больше всего
morning   -утро
   good morning-доброе утро
   in the morning-утром
Moscow   -Москва
Moscow(adj)-московский
mosquito   -комар
most   -самый
mother   -мать Ж
mountain   -гора   (Pl×)
mouse   -мышь Ж(Pl×)
much, many-много
mushroom   -гриб
music   -музыка
my, mine   -мой/моя/моё/мой

              N

naive   -наивный
name(first)-имя
      (last) -фамилия
   my name is-меня зовут
   what's your name?-как
                вас зовут?
nation, people -народ
near   -около
necessary -надо
needed   -нужен/нужна/
                нужно/нужны
neither...nor-ни...ни
nervously -нервно
neuter, middle, average
                -средний

never	—никогда́
new	—но́вый
New York	—Нью-Йо́рк
newspaper	—газе́та
night	—но́чь Ж(Pl×)
nine	—де́вять
nineteen	—девятна́дцать
no, not	—нет
no kind	—никако́й
no more, no longer	—бо́льше не
no one	—никто́
nominative—имени́тельный	
not	—не
not...but	—не...а
not yet	—ещё не
note	—запи́ска(о)
nothing, that's all right	—ничего́
noun	—и́мя существи́тельное
now	—тепе́рь
now, right away—сейча́с	
nowhere	—нигде́
number	—число́

O

ocean	—океа́н
of course	—коне́чно
office, study	—кабине́т
often	—ча́сто
Oh!What do you say!	—вот как!
old	—ста́рый
Old Church Slavic—старославя́нский	
older	—ста́рший
on the contrary—наоборо́т	
on the way to	—по доро́ге к
once	—одна́жды
once again—ещё раз	
one	—оди́н/одна́/одно́
(some)	—одни́
one another—друг дру́га	
one's own	—свой
oneself	—сам, себя́
only	—то́лько

open	—откро́й+/открыва́й+
(short-form adj.)	—откры́т/а/о/ы
operation	—опера́ция
opinion	—мне́ние
in my opinion	—по-мо́ему
in your opinion	—по ва́шему мне́нию
or	—и́ли
...or something?—что ли?	
origin	—происхожде́ние
other	—друго́й
our, ours	—наш/на́ша/на́ше/на́ши
out of, from—из [чего]	
outrage, disgrace	—безобра́зие
what outrageous behavior	—како́е безобра́зие!
ovation	—ова́ция
over	—над [чем]
ox	—вол

P

package	—паке́т
park	—парк
park of culture and rest	—парк культу́ры и о́тдыха
part	—часть Ж
past	—ми́мо [чего]
patriot	—патрио́т
patronymic—о́тчество	
pause	—па́уза
peace, world—мир	
people	—лю́ди
pen	—перо́
pencil	—каранда́ш
perfective, complete	—соверше́нный
perhaps	—мо́жет бы́ть
person	—челове́к
philanthropist—филантро́п	
philharmonic—филармо́ния	
philosopher	—фило́соф
phonetic	—фонети́ческий
photograph—фотогра́фия	
physical	—физи́ческий

physics —фи́зика
pirozhok —пирожо́к(о)
pitiful —жа́лкий
place —ме́сто
plan —план
planet —плане́та
plastic —пластма́ссовый
play —игра́й+
  a game —во [что]
  an instrument—на [чем]
pleasant —прия́тный
please —пожа́луйста
pleasing —уго́дно
  as you wish—как вам
        уго́дно
plow —паха́+
  (noun) —плу́г
plural —мно́жественный
Poland —По́льша
Polish —по́льский
political —полити́ческий
politics —поли́тика
poor —бе́дный
(it's)possible, permis-
  sible —мо́жно
post office —по́чта [на]
precise —то́чно
  more precisely—точне́е
predict —предсказа́+/
        предска́зывай+
(would)prefer—предпочёл/
        ла бы
prefix —приста́вка(о)
prepare —при/гото́ви+
  prepare oneself for
        —гото́ви+ся к
        [чему]
preposition —предло́г
prepositional—предло́жный
pretty —краси́вый
  prettier than all
        —краси́вее всех
primitive —примити́вный
prince —князь,
        царе́вич
probably —вероя́тно
professor —профе́ссор(а)
progressive—прогресси́вный
pronounced—произно́сится
pronunciation
        —произноше́ние

proof —доказа́тельство
psychiatrist-психиа́тр
psychology-психоло́гия
public —пу́блика

Q

queen —цари́ца
question —вопро́с
quiet —ти́хий
quietly —ти́хо

R

rain —дождь
  it's raining-идёт дождь
read —про/чита́й+
reader —чита́тель
real —настоя́щий
really —на са́мом де́ле
red —кра́сный
relax, rest-отдыха́й+
remember —по́мни+
(for)repair-на ремо́нт
repeat —повтори́+/
        повторя́й+
report —докла́д
republic —респу́блика
respect —уважа́й+
rest —о́тдых
river —река́ (Pl×)
road, highway —доро́га
rocket —раке́та
rocket(adj) —раке́тный
roof —кры́ша
room —ко́мната
root —ко́рень(е)
rule —пра́вило
Rumania —Румы́ния
Rumanian —румы́нский
Russia —Росси́я
Russian —ру́сский
  in Russian-по-ру́сски

S

(with)sadness —с гру́стью
say, speak-сказа́+/говори́+
scandalous-сканда́льный
scholar, scientist-учёный
schoolchild —шко́льник
science —нау́ка

scientific-научный
sea   -мо́ре
search, look for-иска́+
second   -второ́й
second   -секу́нда
secret   -та́йна
see,catch sight of
           -у/ви́де+
(it)seems -ка́жется
sentence   -фра́за
Serbian   -се́рбский
serious   -серьёзный
seven   -семь
seventeen -семна́дцать
shake   -дрожа́+
   begin to shake-задрожа́+
she   -она́
shock-worker -уда́рник
shoe   -ту́фля
shout   -крича́+
   shout at -крича́+ на [что]
show   -показа́+/
             пока́зывай+
sibilant   -шипя́щий
side   -сторона́(Pl×)
be silent -молча́+
simple   -просто́й
simply   -про́сто
singular   -еди́нственный
sister   -сёстра́
sit   -сиде́+
six   -шесть
sixteen   -шестна́дцать
Slavic   -славя́нский
Slovak   -слова́цкий
Slovenian -слове́нский
smell,aroma(noun)-за́пах
   smell (verb)
           -чу́вствова+
             за́пах
smoke   -кури́+
snore   -храпе́+
snow   -снег
   it's snowing-идёт снег
so   -так
   so what -ну так что ж
soap   -мы́ло
soccer   -футбо́л
socialist -социалисти́-
             ческий
sociology -социоло́гия

soft   -мя́гкий
sometimes -иногда́
somewhere -где-то
(to)somewhere -куда́-то
son   -сын
song   -пе́сня
soon   -ско́ро
soothsayer-предсказа́тель
(be)sorry -по/жале́й+
soup   -су́п
Soviet   -сове́тский
specialist-специали́ст
spelled   -пи́шется
sport   -спорт
spy   -шпио́н
square   -пло́щадь Ж (Pl×)
(be)standing -стоя́+
state (noun) -госуда́рство
state, governmental(adj)
           -госуда́рственный
steal   -у/кра́д+
stem   -осно́ва
still   -ещё
stormy   -бу́рный
stove   -плита́
strange   -стра́нный
street   -у́лица
strong, powerful -си́льный
   stronger than -сильне́е
             чем
student(m)-студе́нт
       (f)-студе́нтка(о)
study (noun)-изуче́ние
study,(P)master-изучи́+/
             изуча́й+
study(be occupied)-зани-
             ма́й+ся [чем]
stupidity -глу́пость Ж
such   -тако́й
suddenly   -вдруг
suffix   -су́ффикс
suit   -костю́м
Superman   -Сверхчелове́к
supper   -у́жин
surprise   -сюрпри́з
swamp   -боло́то

   T

table   -сто́л
tactful   -такти́чный

Taiwan	—тайва́нский
take off	—снима́й+
talented	—тала́нтливый
talk,converse with	
	—разгова́ривай+ с [кем]
talking	—говоря́щий
tea	—чай
teacher(m)	—учи́тель(а)
(f)	—учи́тельница
tear	—слёза́ (Pl×)
telephone	—телефо́н
television set	—телеви́зор
ten	—де́сять
tender	—не́жный
tenderly	—ла́сково
thank God	—сла́ва бо́гу
thank you,thanks	—спаси́бо
thanks,gratitude	
	—благода́рность Ж
that(conjunction)	—что
that's how	—вот как
that is	—это
that is to say	—то есть
theirs	—их
them	—их (acc-gen of *они́*)
	им (dative)
	и́ми(instr.)
	них(prep.)
then	—тогда́
there	—там
(from)there	—отту́да
(to)there	—туда́
there is not	—нет
therefore	—поэ́тому
they	—они́
think	—по/ду́май+
thinking	—ду́мая
thirteen	—трина́дцать
thirty	—три́дцать
this/that	—э́тот/э́та/э́то /э́ти
thought	—мысль
three	—три
through,within	—че́рез[что]
tiger	—тигр
time	—вре́мя
it's time for me to go	
	—мне пора́ идти́

from time to time	
	—вре́мя от вре́мени
today	—сего́дня
together	—вме́сте
tomorrow	—за́втра
too	—сли́шком
topology	—торполо́гия
touched	—тро́нут/а/о/ы
tourist	—тури́ст
tourist base	—турба́за
town	—городо́к(о)
translate	—переве́д+
trolleybus	—тролле́йбус
little trolleybus	
	—тролле́йбусик
truth	—пра́вда
to tell the truth	—по пра́вде говоря́
try	—по/про́бова+, стара́й+ся
Turkey	—Ту́рция
tuxedo	—смо́кинг
twelve	—двена́дцать
twenty	—два́дцать
two	—два
typical	—типи́чный

U

uncle	—дя́дя М
uncultured	—некульту́рный
under	—под [чем]
understand	—понима́й+
uneducated	—необразо́ванный
unforgettable	—незабыва́емый
uninteresting	—неинтере́сный
union	—сою́з
unkind	—недо́брый
Ukraine	—Украи́на [на]
Ukrainian	—украи́нский

V

verb	—глаго́л
very	—о́чень
Vietnamese	—вьетна́мский
view	—взгляд
vile	—га́дкий
visit	—визи́т
vodka	—во́дка
vowel	—гла́сный

vulgar, coarse-грубый

W

wall	-стена́
want	-хоте́+
warm	-тепло́
was, were	-бы́в+
wash	-мы́й+
wash oneself	-мы́й+ся
washerwoman	-убо́рщица
Washington	-Вашингто́н
watch	-по/смотре́+
water	-вода́
wave	-маха́+
wax	-восково́й
way of life	-о́браз жи́зни
we	-мы
weak	-сла́бый

weak from malnutrition
   -слаб от
   недоеда́ния

weather	-пого́да
week	-неде́ля
well	-хорошо́
well-known	-изве́стный

 as is well-known-как
   изве́стно

well done!-молоде́ц!

west, western-за́падный

whale	-кит
what	-что́(nom/acc)
	чего́(gen)
	чему́(dat)
	чем (instr)
	чём (prep)

what happened -что́
   случи́лось?

what is X?-Что́ тако́е X?

what is X called? -Как
   называ́ется X?

when	-когда́
where	-где
(to)where	-куда́
while,so long	-пока́
whisper	-шепта́+
who	-кто(nom)
	кого́(acc/gen)
	кому́(dat)
	кем(instr)
	ком(prep)

who,which,that(relative)
   -кото́рый

whole	-це́лый
whose	-чей/чья/чьё/чьи
why	-почему́
wife	-жёна́
wild	-ди́кий
will be	-бу́д+
with	-с [чем]
without	-без [чего]
woman	-же́нщина
woods	-лес(у)(а)
word	-сло́во

 in a word-одни́м сло́вом

work(noun)-рабо́та [на]
  (verb)-рабо́тай+

world,peace	-мир
worry	-беспоко́и+ся
worse	-ху́же
write	-на/писа́+
writer	-писа́тель
written	-напи́сан/а/о/ы

Y

year	-год(у)

 years to come-до́лгие го́ды

yes	-да
yesterday	-вчера́
you(informal)-ты(nom)
	тебя́(acc/gen)
	тебе́(dat)
	тобо́й(instr)
	тебе́(prep)
you(formal)-вы(nom)
	вас(acc/gen)
	вам(dat)
	ва́ми(instr)
	вас(prep)
young	-молодо́й
younger	-мла́дший
your,yours-твой/твоя́/твоё
	/твой

your,yours(formal)-ваш/
  ва́ша/ва́ше/ваши

youth	-молодёжь Ж
Yugoslavia	-Югосла́вия

Z

zero	-нуль
zoo	-зоопа́рк
zoology	-зооло́гия

GRAMMATICAL INDEX

RITUALS

WORKBOOKS

PEOPLE, PLACES AND CONCEPTS

B. L. Derwing and T. M. S. Priestly: *Reading Rules for Russian A Systematic Approach to Russian Spelling and Pronunciation with Notes on Dialectal and Stylistic Variation.*

C. E. Gribble: *Russian Root List with a Sketch of Russian Word Formation.*

C. E. Gribble: Словарик русского языка 18-го века/*A Short Dictionary of 18th-Century Russian*

W. S. Hamilton: *Introduction to Russian Phonology and Word Structure.*

J. F. Levin: *Reading Modern Russian.*

M. I. Levin: *Russian Declension and Conjugation: A Structural Sketch with Exercises.*

A. D. Nakhimovsky and R. L. Leed: *Advanced Russian.*

M. Shapiro: *Aspects of Russian Morphology A Semiotic Investigation.*

C. E. Townsend: *Russian Word-Formation.*

S. Wobst: *Russian Readings and Grammatical Terminology.*

D. S. Worth: *A Bibliography of Russian Word-Formation.*

R. G. A. de Bray: *Guide to the Slavonic Languages, Third Edition, Revised and Expanded,* in three parts: *Guide to the South Slavonic Languages; Guide to the West Slavonic Languages; Guide to the East Slavonic Languages.*

H. Birnbaum: *Common Slavic Progress and Problems in Its Reconstruction.*

E. Chances: *Conformity's Children: An Approach to the Superfluous Man in Russian Literature.*

C. V. Chvany and R. D. Brecht, eds.: *Morphosyntax in Slavic.*

R. C. Elwood, ed.: *Reconsiderations on the Russian Revolution.*

and many more! Write for a catalog.